시민주도 코로나 대응

한국·중국·베트남 대학생 글로벌 프로젝트

김의영, 윤순진, 이봉주, 최진영, 한·중·베 글로벌 프로젝트 수강생 외 **지음**

진인진

시민주도 코로나 대응: 한국·중국·베트남 대학생 글로벌 프로젝트

초판 1쇄 발행 | 2021년 3월 31일

지은이 | 김의영, 윤순진, 이봉주, 최진영, 한·중·베 글로벌 프로젝트 수강생 외
편　집 | 배원일
발행인 | 김태진
발행처 | 진인진
등　록 | 제25100-2005-000003호
주　소 | 경기도 과천시 별양상가 1로 18 614호(별양동 과천오피스텔)
전　화 | 02-507-3077-8
팩　스 | 02-507-3079
홈페이지 | http://www.zininzin.co.kr
이메일 | pub@zininzin.co.kr

ⓒ 진인진 2021
ISBN 978-89-6347-462-5 93300

* 이 책은 대한민국 교육부와 한국연구재단의 지원을 받아 수행된 연구(NRF-2018S1A5A2A03034198)와
　2020학년도 서울대학교 '대학 연구성과 사회환원 프로그램'의 지원을 받아 제작되었습니다.

목차

서문

이 책은 2020년 2학기 서울대 정치외교학부 전공과목인 '글로벌 리더십 연습'의 수업프로젝트 결과다. 이 프로젝트의 기본적인 취지와 내용은 이 책의 프롤로그와 에필로그 부분에 비교적 상세하게 정리·설명되어 있다.[1] 한마디로 '코로나 시대의 국제적인 대학 발(發) 사회혁신 실험'이라 할 수 있다. 수업프로젝트에 참여한 27명의 한국·중국·베트남 대학생들은 코로나19 상황에 위축되기보다는 오히려 비대면 소통·회의 기술을 적극적으로 활용하면서, '지구적으로 생각하고 지역적으로 행동하라(think global, act local)'라는 말 그대로 각국의 시민주도형 코로나 대응 방안을 함께 배우고, 연구하며, 그 솔루션을 찾아 실천하고자 하였다. 이 과정에서 필자 포함 4명의 서울대 교수진과 서울대 사회혁신 교육연구센터 스태프, 행복나눔재단 SK 대학생 자원봉사단 SUNNY의 매니징 팀, 그리고 15명[2]에 이르는 국내외 멘토가 프로젝트를 함께 이끌었다.

돌이켜보건대 길고 힘든 여정이었다. 근본적인 문제는 현 코로나 위기 와중에 '지역 참여형·사회문제 해결형 수업'을 가르쳐야 한다는 점이었다. 이 수업은 서울대 사회혁신 교육연구센터(CSIER, https://csier.snu.ac.kr/)를 중심으로 추진해 온 소위 '대학 발(發) 사회혁신' 프로젝트로,

---

1   필자는 지난 학기 두 편의 중앙일보 시평을 통해 이 수업프로젝트의 기본적인 취지와 내용 및 결과를 발표한 바 있다. "코로나 시대의 대학 발 사회혁신 실험"(2020.09.04. https://news.joins.com/article/23864357)와 "코로나 시대의 대학 발 사회혁신 실험 결과"(2021.01.22.,https://news.joins.com/article/23976126) 참고.

2   본서 265쪽 참고.

지역참여형 학습을 통해 교육·연구의 수월성을 추구하면서, 학생들을 사회적 가치에 민감한 공적·민주적 리더로 양성하고, 나아가 지역발전에 실질적으로 이바지하는 것을 목표로 했다.

이전 수업에선 학생들이 성북구, 관악구, 시흥시, 강동구, 서울시 등을 대상으로, 주요 지역 이슈와 사례를 선정하여 참여 관찰 연구를 수행하면서 정책적·실천적 대안을 제시하였다. 가령 성북구 '동행(同幸) 아파트 민주주의' 모델을 발표하고, 관악구의회 의정 모니터링 운영 조례 제정과정에 관여했으며, 시흥시 사회적경제 모델 전략계획과 강동구 마을공동체 기본계획을 수립했고, 관악구를 대상으로 서울시 참여예산 제안서를 제출한 바 있다. 학생들은 필자와 함께 연구 결과를 활용하여 논문과 편저를 공동 집필하기도 하였다.

코로나 시대에도 과연 이러한 방식의 수업이 가능할까? 사회적 거리 두기가 2.5단계로 강화된 시점에 비대면으로 수업으로 진행하면서, 이러한 '발로 뛰는' 참여형 교육·연구·실천 프로젝트를 성공적으로 수행할 수 있을까? 위드(with) 코로나 시대를 맞아, 어떤 주제를 잡아 어떤 방식으로 가르치고 연구하며 실천할 수 있을지 솔직히 고민이 되었다. 하지만 코로나 시대에도 '대학 발 사회혁신'은 계속 중요할 터, 솔선수범해 시행착오를 경험하는 심정으로 실험에 뛰어들었다. 코로나의 와중에도, 교실 안 교과서 위주의 수업을 벗어나, 코로나19가 초래한 각종 사회적 문제들을 주제로 현장 참여형 수업프로젝트를 시도했다.

수업 주제는 '코로나19의 정치'로 잡았다. 방역과 경제 문제로부터 돌봄, 교육, 환경, 코로나 블루, 민주주의와 인권 등 코로나19로 인하여 일어나는 여러 사회적 문제를 둘러싼 정치 현상을 분석 대상으로 삼았다. 다만 여기서 정치는 여의도(국회)와 광화문(청와대)보다는 로컬 풀뿌리 수준에서 자치(自治)적으로 혹 협치(協治)적으로 문제를 해결하려는 시민들의 집합적 행동을 의미했다. 학생들의 과제는 주로 로컬 수준의 다양한 시민주도형 혹 시민참여형 솔루션 사례들을 찾아보고 분석작업을 수행하는 것이었다.

수업프로젝트 운영 방식에서는 SK 대학생 자원봉사단 SUNNY가 제안한 온라인 한·중·베 대학생 사회혁신 프로젝트(Global Happinnovator Project)를 적극 수업에 끌어와 국제적 수업프로젝트로 진행하기로 했다. SK 측에서는 한국·중국·베트남 국가별 2팀, 총 6개 팀이 코로나 상황 속 쓰레기 문제 해결을 위한 공동 프로젝트를 진행하고, 매달 온라인으로 이들에게 피어(peer) 멘토링 기회를 제공하며, 12월에 최종 결과 발표회를 화상으로 개최한다는 흥미로운 아이디어를 제시했다. 필자는 공동 프로젝트 범위를 위에 열거한 다양한 사회적 문제들을 포함하는 방향으로 넓히고, 대학생 팀도 국가별 팀이 아니라 이슈별로 3국 대학생들이 관심 분야에 따라 함께 구성한 다국적 팀을 생각해보길 역제안했다. 한 가지만 예를 들어보자면, '코로나 블루(blue)' 시대의 심리방역과 사회적 연결 문제를 두고 한·중·베 3국에서 각각 3명의 대학생이 한 팀을 구성한 후, 서울·북경·하노이의 시민주도형·참여형 솔루션 사례들을 연구하고, 매달 온라인으로 만나 서로 토론하고 배우며, 최종 화상 회의를 함께 준비하는 방식이었다. 지금 생각하면 허황한 기대였지만, 혹시 연말까지 기적적으로 코로나 상황이 나아져 베트남 하노이 같은 곳에서 직접 만나볼 수 있게 된다면 더할 나위 없이 좋을 것이라는 생각도 들었다.

물론 시작부터 쉽지 않은 작업이 될 게 분명했다. 하지만 여러 가지로 배우고 체험할 좋은 기회이기도 했다. 비대면 화상 회의 기술은 이미 오래전부터 준비되어 있었지만, 코로나 시대의 도래로 비로소 더욱 적극적으로 수용하고 활용할 수 있는 환경이 마련되었다. 그동안 그렇게 '지구적으로 생각하고, 지역적으로 행동하자(think global, act local)'라고 되뇌어 왔지만, 국경 없는 팬데믹 시대를 맞이하여 지금처럼 이 말이 실감 나게 다가온 적은 없었다. 인류 생존을 위해서는 인간, 지구, 번영, 평화, 파트너십 5개 영역의 17개 지속가능발전목표(SDGs)를 추구해야 하며, 글로벌 수준의 목표 이행(implementation)에 있어 로컬 수준의 민관협력이 관건이라는 유엔의 글로벌 담론 또한 마찬가지였다. 여하튼 이번 한·중·베 수업프로젝트가 '코로나 시대의 대학 발 사회혁신'을 위한 의미 있는 실험이 될 수 있기를 바라며 한 학기의 긴 여정이 시작되었다.

계획에 따라 한·중·베 3국 대학생들은 코로나로 인한 사회적 문제 중 '아동 돌봄과 교육', '플라스틱 쓰레기', '코로나 블루' 문제를 선정한 후, 이슈별로 다국적 팀을 구성하여, 한 학기 동안 서울·북경·하노이의 시민주도형 솔루션 사례들을 함께 배우고 분석하며 실천적 대안을 제시했다. 이 책 본론의 풍부한 사례 분석 결과를 여기서 요약하긴 힘들고, 일부만 간략하게 소개하자면, '아동 돌봄' 문제에 있어, 돌봄공동체를 정부와 가정 돌봄에 대한 대안으로 제시하고, 돌봄공동체 통합 애플리케이션을 솔루션으로 제안하는 식이었다. '플라스틱 쓰레기' 팀도 일반 대중의 친환경 '제로웨이스트(zero waste)' 실천을 돕는 애플리케이션을 만들고, '코로나 블루' 팀은 노인층의 코로나 우울증을 해소하기 위한 감정일기(emotion diary)와 취미 키트를 개발하기도 했다. 학생들은 각국 상황과 정부 정책에 대한 면밀한 사전 연구(desk research)에 기초하여 시민주도형 솔루션이 유효한 보완책이 될 수 있다는 점을 설득력 있게 밝히고, 풍부한 현장 연구(field research)를 통해 관련 사례를 분석하고 자신들의 솔루션을 제안하며 그 효과에 대한 정량·정성적 검증 또한 시도했다.

책이 출판되는 이 시점에 다시 돌이켜보건대, 이번 수업프로젝트는 절대 만만한 작업이 아니었다. 언어와 비대면 원격 교육의 문제야 극복 못 할 장애는 아니었다. 문제는 정치학자인 필자가 잘 모르는 사회적 이슈들에 대해 어떻게 효과적으로 잘 가르칠 수 있느냐였다. 고민 끝에 사회복지학과, 환경대학원, 심리학과의 동료 교수 3명과 관련 분야 전문가와 활동가들의 특강과 멘토링을 적극적으로 활용해 대처하고자 했다. 사전 연구, 현장 조사, 솔루션 창출 및 검증에 이르는 학생들의 체계적인 탐색 과정을 어떻게 제대로 지도해줄 수 있느냐도 어려운 문제였다. 3국 학생들은 정규 수업 시간 외 정기적인 팀별 온라인 미팅을 통해 상호 토론과 공동 연구를 지속해서 수행했으며, 초기 체크인 워크숍, 중간 점검 워크숍, 그리고 최종 성과공유 워크숍 등의 자리를 마련하여 연구 내용을 발표·점검·개선할 기회를 제공했다. 이 과정에서 필자와 서울대 사회혁신 교육연구센터 및 SK SUNNY 운영진은 필요에 따라 조직, 조율, 모니터링, 치어리딩, 넛징(nudging) 등 다양한 퍼실리테이터의 역할을 담당하기에 바빴다.

하나의 실험에 불과하고 부족한 부분도 많았다. 그러나 한 가지 분명한 건 이번 '시민주도형 코로나 대응' 한·중·베 수업프로젝트 실험이 우리 학생들에게 '지구적으로 생각하고, 지역적으로 행동하라(think global, act local)'라는 진정한 글로벌 교육·연구·실천의 기회를 줬다는 점일 것이다. 힘들어도 이거 하나면 해볼 만했다는 생각이다.

이번 수업프로젝트 여러 참여자와 지원자 덕분에 가능했다. 우선 필자의 수업을 수강한 9명의 서울대 정치학 전공 학생들과 이번 다국적 수업프로젝트에 참가한 18명[3]의 중국과 베트남 대학생들에게 감사한다. 이들은 코로나 블루, 환경, 돌봄을 주제로 3개의 다국적 팀을 구성하여,

---

3   중국 및 베트남 참가 학생: Christina Yang, Aki Bai, Bill Song, Yolanda Zhao, Hari Lin, Wan Yamei, Xinlu Li, Feiyu Yan, Xvchang Chen, Dao Thi Nhat Le, Ngo Van Duc, Nguyen Huyen Linh, Mai Ngan Ha, Nguyen Phuong Anh, Nguyen Thi Minh Hoa, Nguyen Ha Phuong, Nguyen Quynh Nhu, Do Duc Tam

한 학기 내내 정기적인 수업뿐 아니라 자율적인 줌(zoom) 미팅과 3번의 공식 워크숍 그리고 최종 영어 영상 결과물 제작에 이르기까지 모든 프로젝트 과정에 적극적으로 참여했다. 특히 9명의 서울대생은 프로젝트 리더의 역할을 성실히 수행하면서 최종 책 출판을 위한 저자로도 참여했다. 영어 영상 결과물(https://www.youtube.com/watch?v=fbShFAa7l8M)은 이 책에 대한 일종의 자매 편(companion)이자 프로젝트 내용을 간략하게 소개하는 영상물이기도 하다. 이 두 결과물이 이들 27명의 대학생에게 한 학기 수고의 결과 성취한 남다른 업적이자 평생 의미 있는 경험으로 기억되길 바란다.

이 수업프로젝트는 서울대 사회혁신 교육연구센터(CSIER)와 행복나눔재단의 SK 대학생 자원봉사단 SUNNY의 협업 프로젝트다. SK SUNNY는 한·중·베 Global Happinnovator Project의 이름으로 이 프로젝트를 함께 디자인하고 이끌었다. 에필로그에 나와 있지만, SUNNY의 철학은 '대학 발 사회혁신'을 추구하는 CSIER의 비전과 부합했으며, SUNNY의 매니징 팀과 국제적 네트워크 그리고 각종 인프라와 노하우(knowhow)의 도움이 없었다면 이번 수업프로젝트의 성공적인 수행은 불가능했을 것이다. 특히 협업 과정에서 SUNNY의 곽예슬 매니저는 체계적이면서도 헌신적인 일 처리 방식과 프로페셔널리즘을 보여주었다.

모든 멘토께 감사하지만, 특히 이 프로젝트의 자문단(advisory group)으로 참여해 준 이봉주(사회복지학과, 돌봄), 윤순진(환경대학원, 환경), 최진영(심리학과, 코로나 블루) 교수께 감사한다. 이들은 각자 이슈별 특강을 제공하고. 중요한 워크숍에 참여하여 다국적 대학생 팀들을 직접 지도해주었으며. 나아가 전문적인 해설 챕터의 저자로 이 책의 출판에 동참해주었다. CSIER의 연구팀(선임연구원인 미우라 히로키 박사, 윤성은 연구원, 정치학과 대학원의 강예원 박사과정생과 박정문 석사과정생)에게도 감사한다. 이들의 도움이 있었기에 수업프로젝트의 시작부터 최종 책 출판에 이르기까지 모든 과정이 매끄럽게 진행될 수 있었다. 특히 최종 책 출판의 편집 과정을 이끌어준 미우라 히로키 박사에게 감사의 마음을 전한다. 마지막으로 이 책은 서울대학교 '대학 연구성과 사회 환원 프로그램'의 지원을 받아 제작되었음을 밝힌다.

2021년 3월
김의영
서울대학교 정치외교학부 교수
서울대학교 사회혁신 교육연구센터장

사회변화를 일으키는 시민:

시민정치와 서울대 문제해결형 수업

서울대학교 수업 운영팀

김의영(서울대학교 정치외교학부 교수)

강예원(서울대학교 정치외교학부 박사과정)

박정문(서울대학교 정치외교학부 석사과정)

미우라 히로키(서울대학교 사회혁신 교육연구센터 수석연구원)

윤성은(서울대학교 사회혁신 교육연구센터 연구원)

I 시민이 사회문제 해결을 주도하는 시대

1. 시민정치의 등장 배경과 기본적 의미

환경, 복지, 인권, 상업, 교육 등 우리 주변에 존재하는 현실적인 문제나 과제들을 누가, 어떻게 해결할 것인가? 현대적 시스템에서 이와 같은 공동체적 혹은 사회적 문제를 해결하기 위해서 가장 강력한 힘과 수단을 가진 주체는 아마도 정부이며, 국가나 권력일 것이다. 우리가 잘 알고, 경험하고 있는 것처럼, 정부 또는 국가는 문제에 대해서 강제력 있는 공공정책을 마련하여, 예산을 투입해 제도적으로 해결할 수 있다. 미국의 정치학자 이스턴(David Easton)은 정치 개념을 '가치의 권위적 분배'(authoritative allocation of values)로 표현했던 것은 유명하다.

그렇다면, 다양한 문제가 혼재하는 현실에서 공정하고, 효과적이고, 시의적절한 공공정책의 도입이나 가치 분배는 어떻게 가능한가? 이에 대한 기본적인 답도 우리는 이미 잘 알고 실천하고 있다. 주기적 선거와 다수결 원칙을 통해 국가·정부를 민주적으로 통제하는 것이며, 대의 민주주의(representative democracy)를 성실하게 실천하는 일이다. 또한 행정부, 입법부, 사법부의 3권 분리 원칙에 따라 서로가 견제를 하면서 유능한 정부, 효과적인 공공정책을 지속적으로 구현해 가는 것도 현대 정치 시스템에 내재된 중요한 메커니즘이다.

그런데, 문제가 매우 심각하거나 복잡·광범위해서 정부나 국가의 노력이나 기존 방법만으로 충분한 성과를 기대할 수 없는 경우에는 누가, 어떻게 이를 해결할 것인가? 현대사회에서 일어나고 있는 많은 중요한 문제들은 이와 같은 유형에 속한다. 저출산·고령화로 인한 사회구조나 시설, 서비스의 근본적인 재조정 문제, 과도한 도시화나 경제발전의 부작용으로서의 삶의 질 저하나 환경 악화, 전통적인 상부상조 정신의 쇠퇴나 소득 격차 확대 등이다. 최근의 코로나19로 인한 방역·보건 문제도 이와 같이 기존 시스템에서 해결하기 어려운 '고약한 문제들'(wicked problems)에 속한다고 할 수 있다.

이러한 문제의식을 가진 활동가나 연구자들은 1990년대를 전후하여 기존 시스템에 대한 반성과 문제해결을 위한 새로운 '동력'의 발견에 노력해 왔고, 이에 따라 정치에 대한 이해나 정치 시스템의 비전은 세계적으로 크게 변화하고 있다. 바로, 자율·자발적으로 움직이고, 문제해결에 적극적, 창의적으로 도전하여, 연대와 네트워크를 형성하는 무수의 현명한 시민들의 등장이다. 문제의 완전한 해결은 아니어도 '유효한 해법'을 미시적으로 시도하고 거시적으로 확산해 가는 시민에 의한 사회혁신, 공동체 회복, 정부 운영 등 이른바 시민정치의 활동 사례는 세계 각지에서 매우 활발하게 전개되고 있다. 다시 말해, 정부, 정책, 선거 등도 물론 중요하지만, 현대사회의 다양하고 심각한 문제를 해결하기 위해서는 개인, 조직, 기업 등을 포함한 모든 시민들의 잠재력, 창의력, 역할 그리고 협력과 신뢰, 공통의 목적 의식 등을 향상시키는 것이 중요한 과제인 것이다.

2. 시민정치의 이론·개념적 맥락

시민정치에 대한 보다 의미 있는 이해를 위해, 1990년대를 전후하여 등장한 이 패러다임의 이론·개념적 맥락을 중요한 키워드를 중심으로 간략하게 개관하면 다음과 같다.

첫째, 1980년대에 시작한 민주주의 이론의 대안 모색 흐름이다. 세계적인 민주화의 흐름이나 민주적 선진국들의 질적 성장 등을 바탕으로, 1980년대에서 1990년대 정치학에서는 대의 민주주의를 보완하는 대안에 관한 연구가 급속히 확산했다. 이 흐름의 중심에 위치한 이론·키워드는 참여민주주의(participatory democracy), 결사체 민주주의(association-al democracy), 심의민주주의(deliberative democracy)라고 할 수 있다. 모두 공통적으로 주기적 선거와 다수결 원리에 제약 받지 않고, 자발·자율적으로 정치에 참여하거나 다양한 형태의 조직을 창의적으로 설립·운영하여(비영리조직이나 사회적기업, 소셜벤처 등), 공공정책에 대한 현실적인 의견이나 이성적인 토론을 활발하게 전개하는 일반 시민의 역할과 잠재력에 주목한다.

이 밖에도 다음과 같은 다양하고 의욕적인 대안 제시가 있다. Pest-off(1998)는 협동조합과 같이 민주적으로 운영되는 사회경제조직의 확산과 이로 인한 공공복지 문제의 해결을 시민민주주의(civil democracy)로 구상했다. 전 세계의 시민의식 동향을 분석한 세계가치관조사로 유명한 Welzel과 Inglehart(2008)는 현대적 일반 시민들은 기존의 정치적 자유(평등한 선거권 보장)나 경제적 생존권뿐만 아니라 본인의 창의성이나 능력을 보다 발전적으로 발휘할 수 있는 경제사회적 기회를 희망하고 있는 점을 중요시해 인간의 역량강화(human empowerment)를 현대 민주주의가 지향해야 할 방향으로 제시했다. 또한 Fung과 Wright(2003)은 시민들의 실천적 참여와 심의적 의사결정 방식을 보편화하려고 하는 역량강화된 참여민주주의(empowered participatory democracy) 모델이 확산되고 있으며(주민자치 모델, 참여예산 모델 등), 이는 특히 분권(devolution)과 지역 내의 조율(coordination)을 촉구하고, 단순 봉사활동적인 참여가 아닌 공식적인 제도화를 모색한다고 주장했다.

둘째, 역시 1980년대에 등장한 거버넌스 이론들과 그 발전적 흐름이다. 거버넌스 이론은 기본적으로 기존의 조직경영론이나 민주주의 이론보다 넓은 관점에서 조직이나 사회의 운영이나 통치, 관계구조 등을 포괄적 관점에서 파악하는 의도가 있다. 80-90년대에 기업 거버넌스

(corporate governance)나 공공기관 거버넌스(public governance), 근린 거버넌스(neighborhood governance), 네트워크 거버넌스, 중앙-지방의 다층 거버넌스(multi-level governance) 등 적용하는 대상에 따라 다양한 이론들이 등장했다. 이후에도 이론적 발전에 따라 2세대, 3세대 이론들 혹은 다른 이론들과의 융합적 발전이 이루어지고 있다. 조직·사회의 보다 심층적 구조나 복합성에 주목하는 흐름(예를 들어 복합적응시스템론 complex adoptive system)이나 거버넌스적 행위나 과정, 전략에 주목하는 흐름(예를 들어 협력적 거버넌스론 collaborative governance, 공동생산론 co-production, 공진화론 co-evolution) 그리고 거버넌스의 결과나 공통적 지향가치에 주목하는 흐름(예를 들어 공유가치 창출론 creating shared value, 공공가치론 public value, 사회적가치론 social value) 등이다. 이와 같은 이론의 등장과 발전이 주는 한 중요한 시사점은 사회를 변화시키는 방법 혹은 사회변화 자체의 메커니즘이란 다각적인 관점에서 설명할 수 있으며, 따라서 언뜻 보기에 매우 견고하고 수정 불가, 해결 불가로 보이는 기존 시스템이나 사회문제도 변화와 해결을 위한 돌파구를 찾을 수 있다는 점이다. 이때 조직이나 사회를 구성하는 근본적 주체의 자발성이나 책임성, 주체들의 협력·협업·시너지, 공통의 목적 의식의 설정, 신뢰 관계 수립 등은 자주 거론되는 거버넌스의 성공 요인이다. 이러한 맥락에서 결국 사회나 국가, 분야별 정책 영역 등에 관한 정치적 거버넌스에 있어서는 특히 사회 구성의 근본적 주체인 시민의 주체적 역할과 책임, 변화를 위한 창의적인 노력이나 협력이 중요하게 되는 것이다.

셋째, 공동체 규범이나 사회기업가정신, 신뢰 등 시민의 의식적·도덕적 변화나 정신적 혹은 지적 역량의 강화 흐름이다. 위에서 언급한 민주주의 이론이나 거버넌스 이론의 발전을 심층적으로 보면 공통적으로 시민에 대한 이해 자체가 과거 혹은 고전 정치학적 이해와 다른 점이 분명하다. 즉, 과거의 일부 정치이론에서는 시회구성 주체의 측면에 관해서 알반 시민을 대중이나 군중 혹은 이기적인 개인과 같은 부정적인 개념으로 이해했다. 플라톤(Plato)이 민주주의를 우중(愚衆)의 정치로, 홉스(Hobbes)가 시민의 의한 정치를 무질서상태(anarchy)로 설명한 것이 유명하다. 시민들은 이기적으로 각자의 이익을 추구하기 때문에 합리적으로 집단적 목표를 달성할 수 없고, 이들을 대신할 정부나 권력기구 그리고 엘리트가 꼭 필요하게 되는 것이다. 경영학에서 소비자를 비합리적 주체로만 바라봤던 과거의 이론도 이와 유사한 맥락이다. 이러한 이해에 대한 선구적인 비판은 19세기 토크빌(Tocqueville)에 의해 제시되었는데, 그는 미국 민주주의의 성공 요인으로서 시민들이 풀뿌리 차원에서 자발적으로 모여 토론하고, 상대반과의 대화와 성찰을 통해 문제를 해결하는 점에 주목했다. 교육이 보편화되며, 소통기술이 발달하고, 제도나 기회, 사회경제적 조건이 개선된 현대사회에서는 더 이상 모든 시민을 우중으로 보는 관점은 현실적이지 않을 것이다. 서로 신뢰하고 협력하는 시민, 이타적이고 자기희생적인 시민, 높은 교양, 지식, 기술을 가진 시민 등 현명한 시민, 창의적인 시민은 현실에서 얼마든지 나타나고 있고, 세계 각지에서 변화를 주도하고 있다. 다시 말해 현대적 상황에서는 사회 차원에서 지식이나 의식의 수준 혹은 토양이나 도덕관이 서서히 개선되면서 시민의 잠재력이 꾸준히 증가하고 발휘되고 있는 것이다. 이러한 시민적 도덕관·잠재력의 변화니 재구성은 정치학 뿐만 아니라, 인류문화학, 경제학, 사회학, 행정학 등 사회과학 일반에서 널리 주목받고 있는 시대적 흐름이다. 시민정치가 주목받게 된 심층적 배경에는 이러한 시민적 도덕관의 회복이나 잠재력의 증가 즉, 시민력의 발휘라는 공통적인 패러다임이 자리 잡고 있다.

3. 문제해결형 수업: 시민력을 키우고, 사회혁신을 시도하기 위한 실천적 대학 교육

시민정치를 유익하게 실천하고, 발전시킬 수 있는 '시민'을 어떻게 키울 것인가? 위의 이론적 흐름에서 알 수 있듯이 시민정치가 원활하게 작동하기 위해 가장 중요한 전제는 의식이 높고, 현명하고, 창의적인 시민들의 육성, 활동, 협력이다.

이러한 사회적 과제 중 대학의 역할과 이상은 '시민의 육성'과 깊이 관련된다. 특히 시민적 도덕성이나 시민력을 본격적으로 익히기 위해서는 강의실에서만 이루어지는 주입식 교육이 아니라 시민들이 사회를 혁신하는 현장을 교재로 하여, 현장에서 배우며, 현장에서 본인의 생각을 실험하는 실천적 교육이 중요하다. 강의실에서만 배운 학생의 경우, 지식의 양은 풍부하더라도, 졸업 후에 사회생활, 직장생활, 공직생활 등을 시작하면서 배운 지식을 현실 상황에 적용하는데 어려움을 느끼게 되는 경우를 자주 목격할 수 있다. 사회문제의 현실 대부분의 경우, 전공분야의 일반화된 유명 이론에 전혀 맞지 않거나 이를 훨씬 초월하는 경우가 종종 있다. 이러한 현실적 사회문제에 대해서 유익한 변화를 만들어 내거나 공공적으로 기여하기 위해서는 이론적 학습뿐만 아니라 다양한 현장 경험이 분명히 필요하다. 현실을 통해 이론이 가지는 본질적 의미와 함께 한계나 문제를 발견할 수 있으며, 특정 사회나 제도가 가진 고유의 성격에 대한 대처 방법을 익힐 수 있다. 나아가, 학교에서 배울 수 없었던 새로운 이론의 제안이나 새로운 활동 방식을 학생 스스로 제안하는 것도 가능해진다.

이러한 주제와 교육 목적을 바탕으로, 최근 문제해결형 수업이나 지역기반 수업, 사회혁신 수업 등이 널리 확산되고 있다. 이러한 교육 방식의 선구 모델이나 프로토타입의 등장은 사실 오래된 일이다. 예를 들어 민주시민교육은 이미 1950년대에 등장했고 문제기반 학습(prob-lem-based learning)이나 서비스 러닝(service learning) 등도 1970-80년대에 개발되었다. 서구 대학들에서는 이들을 제도적으로 발전시키면서 이른바 Capstone Program로서 사회문제의 현장과 재학생의 학습·실습을 연계하고 있다.

최근 국내에서 나타나고 있는 대학 교육혁신, 수업 혁신, 인재 육성 지원전략 등의 움직임은 이러한 모델들을 현대적 사회혁신이나 민주주의, 거버넌스, 시민력의 시대에 맞게 재구성하면서, 서로를 연계해 규모를 확대하고, 결과물이나 성과를 확산해 청년이 직접 사회문제를 해결하는 새로운 지식 기반 혹은 플랫폼을 만들고 있다.

서울대학교 사회과학대학에서도 이러한 흐름에 맞춰, 2015년경을 시점으로, 본격적으로 시민력을 함양하기 위한 실천 지향적인 수업을 지속적으로 시도해 왔다. 2019년 이후에는 사회혁신을 위한 청년 인재 육성을 지향하는 SK그룹과의 협업이 발전하면서 다양한 학부·학과에서 문제해결형 수업을 개설해 왔다.

II 문제해결형 수업의 실천: 코로나19에 대한 시민 주도적 해결안을 제시하라

1. 수업 개요와 프로젝트 미션

시민 패러다임과 교육 혁신을 배경으로, 2020학년도 가을 학기, 서울대학교 정치외교학부에서는 전공과목인 '글로벌리더십연습'을 문제해결형 수업으로 운영했다. 글로벌 차원에서 사회문제를 발견·조사하여, 교수-학생-현장의 밀착형 프로젝트를 통해 문제해결안을 대학생들이

스스로 제시하여 시민력을 키우는 수업이다. Think Global, Act Local
(글로벌 차원에서 생각하고, 지역차원에서 행동하라)라는 명언처럼, 글로벌 차
원의 리더십도 본질적으로는 풀뿌리 차원의 문제 현장에서 배운 현실적
인 시민력이나 시민 의식이 요구된다고 할 수 있다.

　　또한 이러한 의도를 위해 이 수업을 특별히 서울대학교 사회혁신교
육연구센터와 행복나눔재단의 SK 대학생 자원봉사단 SUNNY(이하 SK
SUNNY)이 협조하여, 동 봉사단이 추진 중인 한국·중국·베트남 Global
Happinnovator Project와 연계하는 형태로 구상했다. 수업 주제는 코로
나19 확산에 따른 주요 사회문제들에 대해 사회혁신적 해결 방안을 탐
색해 보고 시민사회의 다양한 기관·단체와 협력해 대안을 제시하는 것
이다. 한국·중국·베트남의 대학생들은 6명의 정도의 다국적 팀을 구성
하고, 코로나19와 관련된 특정 사회문제를 함께 연구하여, 각국의 사정
을 고려한 현실적인 시민 주도적 해결안을 제시하는 방식이다. 이와 같
은 문제해결형 프로젝트를 중심으로 수업이 진행되며, 이 과정에서 시민
정치나 거버넌스에 관한 이론 학습을 비롯해, 코로나19에 대한 기존의
정부 정책이나 시민사회 활동 현황의 조사, 해결하지 못한 문제의 발견,
전문가들의 특강과 현장 실무자들의 자문과 멘토링 그리고 국제적인 토
론 등이 이루어진다. 이론 학습에서 대안제시까지 프로젝트 미션의 전반
에서 시민 주도, 시민력의 함양이라는 점을 중요시했다.

팀 프로젝트 미션: 코로나19 팬데믹이 장기화되고 사회적 거리두기와
같은 방역 지침이 각국에서 오래 지속되면서 다양한 사회문제들이 발
생하고 있다. 중국 및 베트남의 대학생들과 팀을 꾸미며, 코로나19에 관
한 특정 사회문제에 대한 시민 주도적 해결안을 제시하라.

---

2. Global Happinnovator Project의 교육 툴(tool)

행복나눔재단의 적극적인 국가별, 토픽별 멘토링 및 다양한 온라인 협업 툴 활용을 통해 수강생들은 팀별로 자율적으로 프로젝트를 진행하면서 이해관계자 인터뷰, 전문기관 방문, 협력기관 활용 등 현장 기반 연구를 수행했다. 또한 중국 및 베트남 학생들과 정기적으로 프로젝트 현황을 공유하면서 상호 조언을 통해 공동으로 과제를 수행하였다. 특히 코로나19 팬데믹이 장기화되면서 직접적인 해외 답사 및 대면 활동이 어려워 정기모임 및 멘토링 세션 등은 온라인 화상회의를 통한 비대면 미팅으로 진행하였고, 이 과정에서 협업 툴(JANDI)을 통해 지속적으로 소통하고, 자료 및 진행사항을 공유하였다. 행복나눔재단은 공동의 온라인 플랫폼(NOTION)을 활용하여 한국·중국·베트남 학생들에게 정기모임 마다 수행해야 할 작업(task)을 이해하고 토론하기 쉽게 정리·제시해 주었다. 학생들은 프로젝트 수행 과정 전체를 직접 주도하고, 세부적으로 공유하고, 서로의 아이디어에 댓글 등으로 반응하며 팀 혹은 국가의 구분을 넘어선 공동의 문제의식을 구축해 나갔다. 뿐만 아니라, 학생들이 사용한 협업 툴 및 온라인 플랫폼 내 아카이빙 기능 덕분에 학생들의 문제해결 과정을 체계적으로 기록하고 보관할 수 있었다.

3. 수업의 진행 과정: Kick-off~팀 구성

수업은 먼저 코로나19 팬데믹 장기화에 따른 다양한 사회문제들을 파악하는데 초점을 맞추었다. 국내외 주요 매체의 전문가 기고문, 지방자치단체 내부자료, 주요 사회단체 자료 등을 통해 사회적 거리두기 같은 방역 지침으로 인해 발생한 중요 사회문제의 원인과 대응 현황을 학습했다. 학기 초 전문가 좌담 행사인 "2020 서울시민회의: 포스트 코로나 새로운 서울"(1차~6차 온라인 회의, 전문가 패널, 시민패널)을 통해 방역,

경제, 디지털 사회, 돌봄, 환경 및 지속가능한 사회, 민주주의와 인권 관련 다양한 문제를 확인하고 자유로운 토론을 진행했다. 2~3주차에 걸친 문제 탐색 과정을 거쳐 총 3개의 문제 영역을 선정하고, 3개 팀을 구성했다.

1팀: 심리적 우울감(코로나 블루)
2팀: 일회용 플라스틱 쓰레기 급증
3팀: 초등학생 돌봄 공백

---

4. 수업의 진행 과정: 문제정의~세부 조사와 전문가 특강

이후 학생들은 팀 프로젝트 주제에 맞춰 주제별 문헌조사(subject research), 현황분석(problem analysis), 문제정의(problem definition) 관점의 연구 활동을 진행했다. 학기 중반 수업은 강의와 전문가 특강으로 진행했는데, 시민정치, 민주주의, 거버넌스와 같은 이론 강의를 통해 코로나19 관련 시민 주도적 문제해결의 정치학적 의미나 중요성을 확인했다. 또한 서울대 사회복지학과의 이봉주 교수의 돌봄에 대한 특강(Care: What, Why, and How), 서울대 환경대학원의 윤순진 교수의 한국의 폐기물 관리 정책에 대한 특강(Waste Management Policy in South Korea), 서울대 심리학과 최진영 교수의 코로나블루 현상에 대한 심리학적 분석(COVID 19 and Psychological Health) 특강을 통해 각 주제별 쟁점을 보다 분석적으로 접근했다. 나아가 전세계 주요 도시 정부의 코로나19 대응 현황을 공유하는 행사 'Cities Against COVID 19 Global Summit 2020'을 함께 보면서 각 프로젝트가 지닌 문제해결 상의 중요성과 특징을 비교정치학적 관점에서 평가해 보고, 실제 추진 상의 어려움과 장애 요인들에 대해 각 팀별로 현황을 공유했다. 이와 같은 개별적인 문제 탐색과 심화 과정을 통해 각 주제별 프로젝트 과제를 다음과 같이 보다 구체화했다.

1팀: 심리적 우울감(코로나 블루) → 노년층 코로나블루 해소 방안
2팀: 일회용 플라스틱 쓰레기 급증 → 개인의 제로 웨이스트 유인 방안
3팀: 초등학생 돌봄 공백 → 초등학생 돌봄 채널 다각화 방안

---

5. 수업의 진행 과정: 현장 연구~실천적, 시민 주도적 대안 제시

이후 학생들은 문헌조사나 대안 아이디어에 대한 현실 검증 등을 위해 협력기관 탐색에 초점을 맞추는 등 현장 연구를 진행했다. 중국과 베트남 학생 전체가 참가하는 중간 점검 워크숍을 통해 각 주제별 추진 현황을 점검했다. 특히 프로젝트의 추진 현황을 문제정의(problem definition), 문제해결 전략(project strategy), 해결 대안 및 협력 기관(detailed action and cooperation organization), 기대효과(expected performance), 기대예산(budget bill)과 같은 항목을 기준으로 평가했다. 중간 워크숍에서는 전문가 특강으로 참여한 한국 교수진 3명 외에 중국과 베트남의 해당 주제 전문가가 함께 참여하여 각 프로젝트의 추진 방향 및 개선 이슈에 대해서 조언을 제공했다.

중간 워크숍 이후 팀별 대안의 실효성과 실제 적용 가능성을 검토하고 개선하기 위해 각 주제별 현장 전문가 멘토링을 온라인으로 진행했다. 돌봄 주제의 경우, 태블릿 기반 개발도상국 아동 읽기·쓰기·셈하기 교육 소프트웨어 개발 업체인 '에누마(Enuma)'의 이수인 대표, 대학생 놀이시터와 학부모를 연결하는 소셜벤처 '놀담'의 문미성 대표가 멘토로 참여했고, 플라스틱 사용 감소 문제에 대해서는 SK SUNNY의 기존 프로젝트 사례 중 대학교 내 일회용컵 감소를 위한 공유 텀블러 대여

및 세척 서비스를 운영했던 담당자와 청년 주도로 지역에서 환경 활동과 교육을 진행하는 베트남 단체 'Live & Learn for Environment and Community'의 이사가 참여해서 현실적 쟁점들을 코칭해 주었다. 코로나블루 문제의 경우, 한국의 심리상담 사회적기업 '토닥토닥협동조합'의 대표가 코로나19 상황 속 심리 건강을 위한 실질적인 솔루션 기획 및 수행 과정 상의 이슈들에 대해 조언을 해 주었고, 베트남의 지역 사회 기반 정신건강 서비스 개발 조직인 'BasicNeeds'의 이사 역시 실제 감정 관리에 대한 전문적 조언을 제공해 주었다.

전체적으로 수강생들은 강의와 문헌조사, 학계 전문가 특강 및 현장 전문가의 멘토링, 팀별 지역사회 현장 연구를 병행함으로써 프로젝트 미션을 연구논문 형태로 작성했다.

1팀: 한국·중국·베트남 3국의 코로나 블루를 이겨내는 마음돌봄 프로젝트 -감정사전과 취미키트 제시

사회적 거리두기 장기에 따라 우울감, 불안, 두려움 등 심리적으로 부정적인 감정이 심화되는 문제에 주목하였고, 특히 주로 온라인을 활용한 다양한 심리방역 프로그램들에서 노년층의 심리 문제는 크게 다루어지고 있지 않다는 점에 주목했음. 노인들이 가정 내에서 자신들의 심리 문제를 관리할 수 있는 방안의 일환으로 감정일기, 취미키트 활용 등의 사회혁신 모델을 제안했음.

2팀: 개인의 제로웨이스트 습관 형성을 통한 코로나19 일회용품 폐기물 문제 대응 -제로웨이스트 동기유발 유인 제시

사회적 거리두기 장기화에 따라 온라인 쇼핑 및 배달 서비스 이용 급증으로 인해 플라스틱 일회용품이 급증하게 된 문제에 주목하였음. 개인들이 일회용품 사용을 자발적으로 줄일 수 있는 동기 유발 방식을 연구했음.

> **3팀: 돌봄공동체 통합 어플리케이션 개발을 통한 돌봄공동체 확산 방안 제시**
>
> 사회적 거리두기 단계가 격상되고 등교 중지가 잦아지면서 학교를 비롯한 기존 공공 돌봄 서비스에 공백이 생기는 문제에 집중했음. 성인의 보호 없는 '자기보호아동'의 문제를 해결하기 위해 돌봄의 공급 주체를 다각화하는 방안의 일환으로 앱(app) 활용 모델을 제시했음.

6. 비대면 상황에서 협력기관의 지원과 시너지

Global Happinnovator Project 참여는 사회문제에 대한 강의실에서의 이론적, 개념적 논의를 넘어, 실제 문제 해결에 종사하는 현장의 풀뿌리 지역 단체들과의 협력을 연계해 봄으로써, 현장 참여형 연구의 강점을 확인해 보는 시간이었다. 물론 코로나19 방역 지침으로 인해 참여 관찰 및 대면 인터뷰 등과 같은 전통적인 현장 조사 방법을 제한적으로밖에 적용할 수 없었지만, 행복나눔재단의 협조를 통해 다양한 온라인 플랫폼을 활용하여 현장 활동가 멘토링 연계, 전통적 사회복지기관에서부터 개인, 소셜벤처, 협동조합, 기업까지 시민사회의 다양한 조직과의 협력을 연계해 봄으로써 강의실에서는 확인할 수 없는 문제해결 상의 현실적 어려움과 장애 요소를 발견하고 그 대처 방안을 모색해볼 수 있었다. 동시에 문제해결을 위한 창의적이고 새로운 제안도 만들어 볼 수 있었다. 나아가 개인의 소비행태 조절에서부터 지역 공동체의 자발적인 참여와 연대, 지방자치정부와의 협력 등 사회문제 해결에 관련되는 다양한 주체들의 현실적인 정치적 동학을 확인해 볼 수도 있었다. 뿐만 아니라, 한국과 중국, 베트남 3개국에서 동일한 주제로 각자 프로젝트를 추진했던 방식은, 코로나19 펜데믹 장기화라는 공통의 배경 하에서 국가별로 사회문제가 발현되는 양식이나 이를 둘러싼 시민 주도적 해결안의 차이를 비교정치학적 관점에서 연구해 볼 수 있는 의의 있는 기회였다.

참고문헌

알렉시스 드 토크빌 저. 임효선, 박지동 공역. 1997[1935].『미국의 민주주의』.
　　서울: 한길사.

Easton, David. 1953. *The Political System: an Inquiry into the State of Po-
　　litical Science*. New York: Knopf.

Fung, Archon and Erik Olin Wright eds. 2003. *Deepening Democracy:
　　Institutional Innovations in Empowered Participatory Gover-
　　nance*. New York: Verso.

Pestoff, Victor Alexis. 1998. *Beyond the Market and State: Social Enter-
　　prises and Civil Democracy in a Welfare Society*. Aldershot:
　　Ashgate Pub.

Welzel, Christian and Ronald Inglehart. 2008. "The Role of Ordinary Peo-
　　ple in Democratization." *Journal of Democracy* 19(1).

2020년 1학기 "글로벌리더십연습" 수업 개요

수업 명	글로벌리더십연습	교수자명	김의영
대학 명	서울대학교	학부/학과 명	정치외교학부
수업 유형	전공선택	수강 인원	8명
연계 지역/기관	행복나눔재단 및 서울대학교 사회혁신 교육연구센터		
수업 목적	행복나눔재단과 사회혁신교육연구센터가 공동으로 주관하는 한국·중국·베트남 Global Happinnovator Project와 연계하여 코로나19 확산에 따른 주요 사회문제들에 대해 사회혁신적 해결 방안을 탐색해 보는 팀프로젝트 활동으로 구성된다.		
주요 교재	• 『동네 안의 시민정치: 서울대생들이 참여 관찰한 서울시 자치구의 시민정치 사례』, 김의영 외, 푸른길 (2015) • 『동네 안의 시민경제: 서울대생들이 참여 관찰한 서울시 자치구의 시민경제 사례』, 김의영 외, 푸른길 (2016) • 『관악구의 시민정치』, 김의영 외, 푸른길 (2018) • 『캠퍼스 임팩트 2019: 서울대학교 사회혁신 교육 프로젝트』, 서울대학교 사회혁신교육연구센터, 푸른길 (2019) 이 외 주차별 수업 주제에 따른 논문, 공공기관 보고서, 신문기사, 동영상 자료 등을 활용함.		

수업 일정

제1주(9월 1일): 오리엔테이션- 수업 소개

제2주(9월 8일): 주제 탐색 및 팀 구성 논의

[동영상 참고자료]

• '2020 서울시민회의: 포스트 코로나 새로운 서울'(1차~6차 온라인

회의(전문가 패널, 시민패널)이며 방역, 경제, 디지털 사회, 돌봄, 환경 및 지속가능한 사회, 민주주의와 인권 관련 전문가 좌담임.)

[참고기사]

- Yuval Harari (Financial Times): "the world after coronavirus" (MARCH 20 2020)
- Francis Fukuyama (Foreign Affairs): "The Pandemic and Political Order: It Takes a State" (July/August 2020)
- "How to reduce the mental trauma of covid-19" (Economist, Aug 29th 2020 edition)
- "Worldwide covid-19 is causing a new form of collective trauma" (Economist, Aug 29th 2020 edition)

제3주(9월 12일): 글로벌 활동 오리엔테이션

- SK SUNNY Global Happinnovator Project 글로벌 활동 안내 워크숍
- 한국, 중국, 베트남 참여 학생 소개 및 주제별 팀 미팅

제4주(9월 15일): 시민정치 개념 및 프로젝트 접근 방법 소개

[참고도서]

- 『동네 안의 시민정치: 서울대생들이 참여 관찰한 서울시 자치구의 시민정치 사례』, 김의영 외, 푸른길 (2015)
- 『동네 안의 시민경제: 서울대생들이 참여 관찰한 서울시 자치구의 시민경제 사례』, 김의영 외, 푸른길 (2016)

- 『관악구의 시민정치』, 김의영 외, 푸른길 (2018)
- 『캠퍼스 임팩트 2019: 서울대학교 사회혁신 교육 프로젝트』, 서울대학교 사회혁신교육연구센터, 푸른길 (2019)

제5주(9월 29일): 시민정치와 거버넌스 개념 강의

[참고자료]

- "3,000명 시민의 집단지성으로 함께 만드는 서울정책: 2020 서울시민회의 시민총회 의제 설명 자료집"
- "[시론] 마음의 병 치유할 '심리 방역' 절실하다"(서울대학교 심리학과 최진영 교수, 중앙일보, 2020.3.19)
- "[시론] 가정 평화 위협하는 코로나 시대 가족 갈등"(서울대학교 심리학과 최진영 교수, 중앙일보, 2020.7.28)
- "국가의 돌봄 책임 법제화하고 학교·지자체 아울러야"(한겨레, 2020, 9.29)

제6주(10월 6일): 전문가 특강 및 한국·중국·베트남 팀별 프로젝트 1차 발표

[전문가 특강]

- "COVID19 & Psychological Health"(최진영 교수, 서울대 심리학과)
- "Waste Management Policy in South Korea" (윤순진 교수, 서울대 환경대학원)
- "Care: What, Why, and How" (이봉주 교수, 서울대 사회복지학과)

[3개 주제별 팀 발표]

- Corona Blue, Environment, Care& Edu

- 주제별 문제 탐색(Subject Research), 현황 분석(Problem Analysis), 문제정의(Problem Definition) 현황 발표 및 피드백

제7주(10월 13일): 프로젝트 진행 현황 점검
- 3개 팀별 프로젝트 진행 현황 및 이슈 공유: 중국 및 베트남 팀과의 정기 미팅 이슈

제8주(10월 20일): 코로나 관련 주요 쟁점별 토론
- 시민참여 코로나 대응 국제회의 시청 및 중요 쟁점별 토론
[참고자료]
- "Cities Against Covid19 Global Summit 2020" (동영상)

제9주(11월 1일): 프로젝트 중간 워크숍(현황 발표 및 평가)
- 국가별 3개 주제별 팀 발표: Corona Blue, Environment, Care& Edu
- 발표 몇 평가 항목: Problem Definition, Project Strategy, Detailed Action and Cooperation Organization, Expected Performance, Budget Bill

- **Corona Blue**
    - √ Korea: Corona Blue of the elderly
    - √ China: Emotion Dictionary for university dictionary
    - √ Vietnam: Mental Care for university dictionary
- **Environment: Reducing Plastic Waste**
    - √ Korea: Zero-waste Lifestyle for university dictionary

√ China: Reducing Takeaway wastes

√ Vietnam: Changing People's perspective on consuming disposable products

- **Childcare**

    √ Korea: Organizing communal childcare community

    √ China: Remote volunteer online teaching for rural children

    √ Vietnam: Raising parent's awareness about childcare

제10주(11월 10일): 프로젝트 현황 점검

- 시민주도 코로나대응 관련 서울시 등 지자체 대응 성과 강의
- 3개 팀별 프로젝트 진행 현황 및 이슈 공유: 주제별 협력기관 선정 및 이해관계자 인터뷰 현황 발표, 중국 및 베트남 진행 현황 공유

[참고자료]

- "서울시 시민사회 코로나19 대응사례 기록을 위한 수집 및 분석 연구용역 보고서"(건강세상네트워크, 2020.9)

제11주(11월 17일): 주제별 전문가 멘토링

- **Corona Blue**

    √ 토닥토닥협동조합 대표 (한국, 심리상담 사회적기업): 코로나19 상황 속 정부 지자체 및 기업들과 다양한 협업 활동 경험 공유, 진행 심리 건강을 위한 실질적인 솔루션을 기획하고 수행하는 과정에 대한 인사이트 및 조언

√ BasicNeeds 이사 (베트남, 지역 사회 기반 정신 건강 서비스 개발 조직): 코로나 상황 속, 사람들이 감정을 표출해야 하는 이유, 타겟 그룹별 감정을 표현하게 만드는 방법, 감정의 종류 등에 대한 전문적 조언

- **Environment: Reducing Plastic Waste**

   √ SUNNY 텀블러 사례 소개(한국, SK SUNNY 프로그램): 대학교 내 일회용컵 감소를 위해 공유 텀블러 대여 및 세척 서비스 운영 경험 공유 (주체별 역할, 프로세스, 필요 자원 등)

   √ Live & Learn for Environment and Community 이사 (베트남, 청년 주도 및 지역 기반 환경 활동 및 교육 기관): 환경 문제 조사 방법 및 실용적이고 구체적인 솔루션 (시민주도 캠페인, 정책 조사, 연구 제안 등) 도출 방법 조언, 캠퍼스 내 제로웨이스트 구현 방안 및 솔루션 기획 과정에 대한 인사이트 및 조언 제공

제12주(11월 24일): 주제별 전문가 멘토링

- **Childcare**

   √ 에누마(Enuma) 대표 (한국, 태블릿 기반 개발도상국 아동 읽기/쓰기/셈하기 교육 소프트웨어 개발 업체) – 글로벌 교육격차 현황 (한국, 중국, 베트남 위주 사례 소개) 및 실질적으로 도움이 되는 솔루션 도출 방법 소개

   √ 놀담 대표(한국, 대학생 놀이시터와 학부모 연결 소셜벤처) – 코로나 19 이후 현장에서 느끼는 돌봄 문제의 심각성 공유 및 보육 문제 해소를 위한 실질적인 솔루션을 기획하고 수행하는 과정에 대한 인사이트 및 조언 제공

※ 'SK SUNNY' 활동 관련 '사회적 가치' 특강 동영상 시청 (50분):
수업 종료 후 팀별로 시간을 자율적으로 조정하여 12주차 중에 개
별적으로 시청함

제13주(12월 1일): 최종 점검
- 한국·중국·베트남 각 팀별 최종 성과 공유회 (12/19) 준비
- 3개 팀별 프로젝트 진행 현황 및 이슈 공유: 3개국 프로젝트 추진
  현황 비교, 국가별 특징과 차이 분석, 각 팀별 솔루션의 실효성
  평가 및 개선 사항 논의

제14주(12월 8일): 종강
- 한국·중국·베트남 각 팀별 최종 성과 공유회 (12/19) 준비
- 3개 팀별 프로젝트 진행 현황 및 이슈 공유: 프로젝트 진행 소감
  및 이후 추진 계획 발표, 최종 보고서 작성 Q&A

1장

한국, 중국, 베트남 삼국의 코로나 블루를 이겨내는 마음돌봄 프로젝트

-감정사전과 취미키트를 중심으로-

김성현(서울대학교 정치외교학부)

백지은(서울대학교 정치외교학부)

조용준(서울대학교 국사학과)

프로젝트 요약

Q1 〔관심 문제〕어떤 문제에 관심을 가지고 있나요?

A1 본 연구자들은 코로나 19 발생 이후 감염 위험에 대한 불안과 공포, 외출 자제로 인한 답답함 등의 부정적인 감정의 경험을 일컫는 '코로나 블루' 현상에 주목했다. 감염병 재난으로 인한 심리 변화가 사회 전체로 확산되는 양상이 전개되며, 어떤 개인도 코로나 블루로부터 자유롭지 못하다는 점에서 코로나 블루는 코로나 팬데믹 상황에서 관심을 기울여야 할 중요한 사회 문제라고 판단했다. 더욱이, 한국 사회에서는 20~30대를 중심으로 코로나 블루가 정의되고 대책이 마련되며 코로나 블루의 실질적 취약계층임에도 불구하고 노인층은 사회적 관심에서 소외되는 편파성이 나타났다. 이에 따라 노인층의 코로나 블루 극복을 위한 해결 방안을 모색하고 실행에 옮겨보는 프로젝트를 수행하기로 결심했다.

Q2 〔연구 과정〕조사와 연구를 어떻게 진행했나요?

A2 우선 코로나 블루의 현황을 조사하기 위해 언론기사와 연구논문, 정부 및 지자체에서 발간한 정책 자료집 등을 살펴보며 자료를 수집하였다. 중국과 베트남의 현지 상황에 대해서는 주로 중국과 베트남 연구자들과의 화상회의를 통해 정기적으로 정보를 공유 받았고, 해외 학술사이트를 통해 관련 자료들을 확보하기도 했다. 수집된 자료를 토대로 구체적인 해결방안을 기획하는 과정은 한국, 중국, 베트남 삼국의 연구자들 간 토의 및 토론을 통해서 진행되었다. 아이디어의 구체화는 각국의 사정에 맞춰 진행했으며, 실제로 아이디어를 적용해볼 때는 협업 기관인 압구정노인복지센터의 실무 담당자들과의 인터뷰를 통해 조언을 받아

수정 및 보완 작업을 거쳤다. 이처럼 본 연구는 문헌 조사, 인터뷰, 삼국 연구자들 간의 논의 등 다양한 방법을 거쳐 이루어졌다.

Q3 〔아이디어〕어떤 새로운 해결책을 제시했나요?

A3 한국, 중국, 베트남 삼국이 공통적으로 기획하고 실행한 '코로나 블루를 이겨내는 마음돌봄 프로젝트'는 '감정사전' 제작과 '취미키트'로 구성되어 있다. 이때 각국의 코로나 블루 현황과 구체적인 적용 대상에 따라 감정기록의 형태가 상이하다. 한국의 경우 노인층의 감정 표현을 장려하고자 매일의 감정을 기록하는 '감정일기'를 제작하였고, 중국과 베트남 연구자들은 20~30대 젊은 층을 대상으로 각각 '감정 어플리케이션'과 '감정용어 매뉴얼'을 만들었다. 이때 코로나 블루를 해소하기 위한 심리방역 대책으로서 개인의 감정 표현을 돕기 위해 내면의 감정을 기록하고 감정단어들을 정리하여 감정사전으로 발전시키는 형태의 해결방안은 지금껏 제시된 바 없었다. 또한 한국 연구자들이 제시한 노인 맞춤형 취미키트의 개발은 20~30대를 중심으로 발전한 취미키트 산업의 특성을 고려할 때 차별되는 특성을 가지며, 베트남 연구자들이 직접 제작한 취미키트는 베트남 내에서 취미키트 시장이 발달하지 않았다는 사실을 고려할 때 새로운 해결방안이라 이해된다.

Q4 〔국제적 시너지〕한국 · 중국 · 베트남 대학생들이 어떻게 협력했나요? 이 과정에서 어떤 시너지나 어려움, 발견이 있었나요?

A4 한국, 중국, 베트남 삼국 연구자들은 6개월 간 꾸준히 비대면 화상회의를 통해 코로나 블루 현황, 확진자 추이 등의 정보를 공유했고 적극적인 토의 및 토론을 통해 프로젝트 기획부터 실행까지의 과정을 함께했다. 특히 각국의 문화적 특성을 공유하는 과정에서 삼국의 시민들이 연

령에 관계없이 가족과 친구, 이웃 등 가까운 관계에 대해 애착을 강하게 느낀다는 사실을 발견했다. 이러한 특성은 주변에 부정적인 영향을 끼칠 것을 우려해 스스로 우울한 상태임을 표현하는 것을 꺼려하는 내향적인 성향으로 이어졌다. 이에 정부의 일괄적인 심리방역 대책의 형태로는 코로나 블루의 경험을 드러내지 않으려 하는 개인들의 심리적 고통을 해소하기가 어려움을 깨달았다. 이는 삼국 연구자들이 마음돌봄 프로젝트의 방향성을 함께 설정하는 데 결정적 계기가 되었다. 개인이 스스로 우울한 상태라는 사실을 인정하고 표출하는 과정을 장려할 필요성을 절감하며, 개인의 감정 표현을 돕기 위한 방안을 마련하겠다는 목표를 설정하였다.

Q5 〔자기 혁신〕프로젝트를 마치고 나서 시민의 역할이나 Sympathy에 대해서 새롭게 느낀 점이 있다면? 또는 이 프로젝트·수업이 본인에게 어떤 의의가 있었나요?

A5 코로나 19라는 전례 없는 감염병 재난 속에서 삼국이 공통적으로 겪는 코로나 블루라는 사안을 놓고 머리를 맞대 함께 고민하고 해결방안을 도출해내는 과정은 결코 쉽지 않았지만 그만큼 잊지 못할 값진 경험이었다. 문헌 자료만으로는 파악하기 힘든 현장의 정보들을 수집하며 실제 사회 문제의 단면이 어떠한지를 확인할 수 있었고, 이를 해결하기 위해 다각도에서 접근하고 고민하는 과정이 수반되어야 함을 깨닫게 되었다. 프로젝트를 수행하는 동안 아이디어를 직접 기획하고 실행에 옮기는 과정 전반을 주도해보며 문제 해결과 그로 인한 사회 변화에 기여하고 싶다는 열정과 의지를 갖게 되었고, 앞으로도 끊임없이 보다 나은 해결책을 모색하고 실천하는 사람으로 성장해나가고 싶다는 소명의식을 느꼈다.

I 한국, 중국, 베트남 삼국의 코로나 블루 현황

2020년 전 세계로 확산된 코로나바이러스감염증-19(이하 코로나 19)는 전례 없는 공중보건 위기를 초래했다. 세계보건기구(WHO)는 2020년 1월 30일 코로나 19에 대해 '국제적 공중보건 비상사태(Public Health Emergency of International Concern, PHEIC)'를 선포했으며, 3월 11일에는 감염병의 최고 위험 단계인 '팬데믹(pandemic)'을 선언했다. 이러한 팬데믹 선언 이후 감염병 재난에 대응하기 위한 다양한 시도들이 전개되었지만, 여전히 코로나 19의 확산세는 꺾이지 않았으며, 확진자 및 사망자 수는 계속적으로 증가하는 추세에 있다. 한국의 경우 2020년 1월 20일 중국 우한시 입국자 검역 과정에서 발열 등의 증상 환자를 검역 조사해 확진자로 분류한 이후로, 일상생활 곳곳에서의 소규모 집단 감염이 전국적으로 확산되었고, 2020년 12월 27일 기준 누적 확진환자는 56,872명, 사망자는 808명에 이르렀다.[1] 이때 코로나 19 감염 그 자체뿐만 아니라, 감염병 재난에서 기인한 정신적 스트레스 또한 심각한 사회 문제로 부상했다. 감염병 재난을 포함해 다양한 재난 상황에서 개인과 사회는 모두 재난 경험에 대한 부정적인 정서적 반응을 경험하게 되는데, 이와 같은 심리 변화는 재난이 종식된 다음에도 지속되는 경향이 있다. 재난을 직접 경험 혹은 목격할 경우, 개인은 불안, 우울 등의 심리적 충격을 받게 되고, 이것이 모여 사회 전체로 긴장, 두려움 등을 확산되기도 한다.[2] 이는 코로나 19 상황에도 적용된다. 코로나 19에 감염되어 격리된 이들은 사회적 격리 조치에 대한 분노, 우울, 외로움, 공포 등을 겪는 것에 더

---

[1] 코로나바이러스감염증-19 홈페이지 참조(검색일: 2020.12.29.).

[2] 이은환, 「코로나19 세대, 정신건강 안녕한가!」, 『이슈&진단』, 경기연구원, 2020, p.5.

해, 감염되었다는 사실에 대한 두려움, 고립감 및 소외감, '코로나 19 확진자'가 됨에 따라 받게 될 사회적 낙인에 대한 불안감 등을 경험한다. 또 격리 조치에 따라 여러 가지 행동의 자유가 제약을 받게 되면서 개인이 스스로 자기 조절을 할 수 없다는 데에서 비롯되는 부정적인 감정 변화 역시 겪게 된다. 이와 같은 부정적인 감정 변화는 코로나 19에 감염되지 않은 일반 시민들에게서도 포착된다. 국립건강정신센터에서 2020년 3월에 실시한 국민 정신건강 실태조사에 따르면, 전체 국민의 47.5%가 코로나 19로 인한 불안과 우울감을 경험하였다고 응답했다. 3월 말 한국트라우마스트레스학회에서 진행한 대국민 온라인 설문조사 결과, 약 20%의 국민이 중증에 달하는 불안, 우울을 경험하는 고위험군에 속한다는 사실이 밝혀졌다.[3]

이에 코로나 19 상황에서 기인한 우울감, 불안, 공포감, 두려움 등의 부정적인 감정 변화를 지칭하는 신조어인 '코로나 블루(Corona Blue)'가 등장하였다. 코로나 블루의 확산 원인으로는 감염에 대한 걱정과 우려, 외출 자제로 인한 답답함, 대인관계 단절로 인한 고립감, 경제적 어려움, 코로나 관련 정보의 범람으로 인한 불안과 긴장 등이 있다. 이때 코로나 블루로 인한 피해는 비단 한국 사회에 국한되지 않으며, 중국과 베트남을 포함해 전 세계적으로 경험하였다. 특히 20~30대를 중심으로 코로나 블루가 확산되었다는 점에서 한국과 중국, 베트남(이하 한·중·베)은 공통된 양상을 보였다. 중국은 코로나 19 발원지로서 가장 먼저 코로나 19가 확산되며 감염 위험에서 기인한 심리적 불안과 공포 등의 정신 건강 문제가 일찍이 수면 위로 드러났다. 중국에서 실시된 설문조사 결과에 따르면, 설문참여자 7000여 명 중 35.1%가 불안 증세, 20.1%가 우울

---

3 김수연, 「코로나 블루, 코로나 앵그리-여러분의 마음은 괜찮으신가요?」, 『여성우리』 64, 부산여성가족개발원, 2020, p.15.

증, 18.2%가 수면 장애를 경험하고 있다고 응답했다.[4] 노인층보다는 젊은 층에서 불안과 우울 증세, 수면 장애 등의 코로나 블루 증상을 경험한 비율이 높게 나타났다. 베트남에서도 감염 우려가 있는 4,000여 명을 대상으로 설문조사를 실시한 결과, 코로나 19 감염 위험뿐만 아니라, 매체를 중심으로 감염병 재난 상황을 둘러싼 잘못된 정보와 가짜 뉴스가 확산되면서 상당수가 우울증과 낮은 삶의 질을 경험하고 있다는 응답이 나타났다.[5] 특히 소셜네트워크서비스(Social Network Service, 이하 SNS) 의존도가 높은 젊은 세대는 코로나 19 관련 가짜뉴스에 상시적으로 노출되면서 코로나 블루에 취약한 모습을 보였다. 한국 역시 20~30대를 중심으로 코로나 블루의 심각성이 나타나는 양상이 전개됐다. 이는 "코로나 블루(우울증) 급속 확산..20·30대 청년층 '심각'"[6], "'코로나 블루' 심각...20대 우울증 환자, 4년 새 두 배 증가"[7]와 같은 기사 제목을 통해 단적으로 확인이 가능하다. 이처럼 한·중·베 삼국 모두 20~30대 젊은 층을 중심으로 코로나 블루의 확산이 이루어지며 코로나 19로 인한 정신건강 피해가 발생했다.

그러나 코로나 블루를 타개하기 위한 노력에 있어 삼국 간 차이가 드러났다. 인구 밀집도가 높고 중앙 집권화된 정부를 지닌 중국은 전 국민을 대상으로 한 돌봄과 복지 서비스를 제공하기가 어렵다. 높은 수준

---

4   Yeen Huang, Ning Zhao, *Chinese mental health burden during the COVID-19 Pandemic*, Asian Journal of Psychiatry, 2020.

5   H. C. Nguyen et al, *People with Suspected COVID-19 Symptoms Were More Likely Depressed and Had Lower Health-Related Quality of Life: The Potential Benefit of Health Literacy*, Journal of Clinical Medicine, 2020.

6   축제뉴스, "코로나블루(우울증) 급속 확산..20·30대 청년층 '심각'", 2020.09.13.

7   한국경제, "'코로나 블루' 심각…20대 우울증 환자, 4년 새 두 배 증가", 2020.09.23.

의 교육을 받은 세대를 중심으로 감염병 재난 상황 속 정신건강 문제들의 중요성에 대한 인식이 확산되기도 하였지만, 심리방역은 보다 시급한 코로나 19 확산 방지를 위한 대책 마련으로 인해 후순위로 밀려났다. 그러나 코로나 19 발발 이후 10-20대 학생들의 자살 시도가 2배 증가하는 등 코로나 블루의 심각성이 드러나며 중국 교육부에서는 학생들을 대상으로 정신건강 강의들을 제작해 배포하는 등 심리방역을 실시하기도 하였으나, 코로나 블루를 경험하는 20~30대의 심리적 고통을 덜어내기엔 부족했다. 베트남 역시 교육부에서 "코로나 19 상황에서 학생들과 함께하기" 프로그램을 기획해 전염병 예방과 관리, 건강 증진에 더해, 심리적 안정 유지를 주제로 강연을 제공했다. 또 교육대학교와 베트남 국립대학교에서는 대학생들을 위한 심리방역 매뉴얼을 보급했다. 그럼에도 불구하고 SNS를 통해 빠르게 양산되는 다양한 가짜뉴스로 인해 젊은 세대의 불안과 공포는 고조되었다. 베트남 도시들이 전부 봉쇄될 것이라는 루머가 확산되었으며, 코로나 19로 인한 사망자 수가 조작되어 유포되었고 마스크와 음식이 부족하다는 가짜 뉴스 또한 만들어졌다. 이에 베트남의 코로나 블루를 해소하기 위해서는 가짜뉴스의 확산을 방지하거나 20~30대의 SNS 의존도를 낮추기 위한 방안 마련이 요구되었다. 이와 달리, 한국에서는 중앙정부와 각 지방자치단체에서 코로나 블루를 심각한 사회 문제로 정의하고 이를 해결하기 위한 대책을 마련하려는 다양한 노력을 펼쳤다. 일례로 서울시에서는 COVID-19 심리지원단 웹사이트(website)를 개설하고 심리 안정 콘텐츠, 코로나 19 관련 가짜뉴스에 대한 팩트체크, '마음처방전', '치유레터'와 같은 우울감 해소 프로그램 등을 제공했다.[8] 또 대구시에서는 남구청, 달서구청, 수성구청 등 각 구

---

8 서울시 COVID 19 심리지원단 홈페이지 참조(검색일: 2020.12.29.).

청별로 시민들의 코로나 블루 해소를 위해 걷기 동아리 추진, 비대면 마라톤 대회 개최, 건강관리 동영상 제공 등을 시도했다. 이러한 노력들은 코로나 블루의 심각성에 대한 사회적 공감대가 형성되며 '심리 방역'[9]의 필요성이 제기됨에 따라 나타나게 되었는데, 코로나 블루를 극심하게 겪는 20~30대 청년층을 위주로 진행되는 경향이 나타났다. 앞서 소개한 서울시의 심리상담 사이트와 대구시의 건강 습관 장려에 더해, 비대면 문화예술 공연 및 축제, 명상 프로그램 등은 SNS를 통해 홍보되고 진행되었다는 점에서 SNS를 주로 활용하는 20~30대를 주된 대상으로 심리 방역 대책이 마련되고 제공되었음을 알 수 있다.

한국의 경우, 코로나 블루의 주된 대상이 20~30대로 인식되면서 코로나 블루의 또 다른 취약계층인 노인들에 대한 사회적 관심이 부족한 실정이다. 실제로 코로나 19로 인한 사망자의 90% 이상이 60세 이상 노인이라는 점에서 다른 연령대에 비해 노인들이 느끼는 코로나 19 감염에 대한 공포감은 훨씬 크게 나타났다. 더욱이, 노인들이 모여 있는 요양병원, 요양원, 노인주간보호센터에서 계속적으로 집단감염이 발발하자 정부 및 지자체에서 노인층의 집단감염을 막고자 노인복지센터, 경로당 등의 운영을 중단하며 노인들은 홀로 집에 방치된 채 사회적 고립감을 느끼고 있다. 이에 외로움을 느낀 노인들이 자신들에게 친절한 방문판매원들과 접촉하고 심지어는 직접판매 홍보관에 방문하면서 방문판매를 중심으로 집단감염이 나타나기도 했다. 이를 두고 한 정신건강 전문의는 위험군에 있어 '편파성'이 두드러지는 코로나 19의 경향성을 지적했으며, 대다수의 노인들은 코로나 19 시대 노인들에게 유독 엄격하면서도 노인층의 집단 감염을 막기 위한 제대로 된 해결책을 내놓지 못하고 있

---

9   민주주의 서울 홈페이지 참조, "알아보기 온-서울 캠페인"(검색일: 2020.12.29.).

는 정책들에 대해 '화가 난다', '억울하다', '겁난다' 등의 표현으로 억울함, 분노의 감정을 표출했다.[10]

이에 더해, 노인들을 위한 심리 방역 대책 또한 제대로 마련되어 있지 않다. 앞서 소개했던 심리방역 대책들은 대부분 SNS를 통해 온라인으로 진행된다는 점에서 디지털 기기 사용에 친숙하지 않아 디지털 소외 계층이 되고 있는 노인들보다는 SNS를 적극적으로 이용하는 20~30대 청년층에게 초점이 맞춰져 있음을 드러낸다. 그럼에도 불구하고 사회적 거리두기의 장기화로 대면 만남이 어려워진 코로나 19 상황을 고려할 때, 노인들의 코로나 블루 해결책 또한 비대면 방식으로 진행되지 않을 수 없다. 이에 본 연구자들은 노인들의 접근성을 높일 수 있는 비대면 프로그램을 고안할 필요성을 절감했다. 물론 일부 노인복지관에서는 프로그램 운영방식을 비대면으로 전환하기도 했으나, 실제 진행 상황을 살펴보면 유튜브(Youtube)나 네이버 밴드(Band) 등과 같이 노인들이 접근하기 어려운 매체를 활용한다는 한계가 나타났다. 일방적으로 동영상 강의를 제공하는 형태로 진행될 뿐 아니라, 동영상을 시청할 수 있는 플랫폼 자체가 노인들의 입장에서 실제로 사용하기가 어렵다. 비대면 프로그램에 대한 홍보 및 신청 절차마저 인터넷을 통해 이뤄졌기에 인터넷으로 비대면 프로그램에 대한 정보를 습득해야만 접근할 수 있다는 점에서 비대면 프로그램의 실효성에 한계가 있었다. 또한 비대면 프로그램을 진행 중인 대다수의 노인복지센터에서 제공하는 영상은 건강 체조, 트로트와 같이 일부 주제에만 국한되는 모습을 보였다. 이는 노인들의 수요를 고려해 비대면 프로그램의 콘텐츠를 다양화할 필요성을 시사한다.

10 　남보라, "'우리한테만 편파적' 겁나고 억울한데... 노인을 위한 정책이 없다", 2020.12.08.

이에 한·중·베 삼국 연구자들은 포스트 코로나 시대를 대비해 각국의 사정에 맞게 '코로나 블루를 이겨내는 마음돌봄 프로젝트'를 기획하고 실행하였다. 중국, 베트남 현지 연구자들과 함께 6개월 간 비대면 화상회의를 통해 코로나 19 이후 삼국이 공통적으로 마주한 사회 문제를 살펴보고 그 문제를 해결하는 방안을 논의했다. 이러한 논의에 기초해 삼국 연구자들은 공통적으로 '감정사전' 제작과 '취미키트'를 심리방역 방안으로 제시하였다. 이때 중국과 베트남 연구자들의 경우, 20~30대의 코로나 블루 해결방안이 미비한 현지 상황에 맞춰 20~30대를 대상으로 한 프로젝트를 추진했다. 이와 달리, 한국 연구자들은 앞서 언급했듯 코로나 블루의 취약계층인 노인들을 대상으로 한 코로나 블루 해소책을 고안했다. 2장에서는 삼국 연구자들이 고안한 마음돌봄 프로젝트를 소개하고자 한다.

II 코로나 블루를 이겨내는 마음돌봄 프로젝트

삼국 연구자들 간 정보 공유와 의견 교환을 통해 코로나 블루를 극복하기 위한 구체적인 아이디어를 발전시키는 것이 가능했다. 중국과 베트남 연구자들로부터 현지에서 수집된 코로나 블루 현황을 전달받음으로써 비단 한국에만 국한된 것이 아니라, 한·중·베 공통적으로 적용 가능한 해결방안을 도출해내는 것을 목표로 설정할 수 있었다. 또한 각국의 문화적 특성을 서로 공유하는 과정에서 삼국의 시민들이 연령에 관계없이 가족과 친구, 이웃 등 가까운 관계에 대한 애착을 강하게 느낀다는 공통점을 지녔음을 확인했다. 이러한 특성으로 인해 주변에 부정적인 영향을 끼칠 것을 우려한 개인들이 우울한 감정들을 표현하는 것을 꺼리고 내향적인 성향을 드러냈는데, 이와 같은 발견은 마음돌봄 프로젝트를 기획하는 단계에서 중요한 방향성을 제시해주었다. 코로나 블루를 겪고 있음에도 불구하고 주변 사람들에게 스스로 우울한 상태임을 알리고 도움을 요청하기를 꺼려하는 개인의 성향으로 인해 심리방역 대책을 마련하기가 까다로워지기 때문이다. 이에 따라 한·중·베 연구자들은 개인이 스스로 우울한 상태에 처해 있음을 인정하고 부정적인 감정들을 표현해도 된다는 사실을 인지하게 하는 것을 가장 시급한 사안으로 설정하고, 감정 표현을 돕기 위한 방안을 함께 모색했다. 이때 코로나19 상황 속에서 개인들이 느끼는 감정들을 모아 감정사전을 제작해보자는 중국 연구자들의 초기 제안에서 착안해 삼국 연구자들은 심층적으로 논의를 이어가며 각국의 상황과 적용 대상의 특성을 고려해 구체적인 형태를 확정했다. 20~30대 청년층을 대상으로 한 중국과 베트남의 경우, 각각 '감정 어플리케이션(Emotion Application, 이하 감정 어플)'과 '감정용어 매뉴얼(Emotion Vocabulary Manual, 이하 감정 매뉴얼)'을 제작했고 노인층을 상대로 프로젝트를 기획한 한국은 '감정일기(Emotion Diary)'를 만들었다. 나아가, 삼국 연구자들은 감정 어플, 감정 매뉴얼, 감정일기를 통해 수집된 감정단어들을 모아 감정사전을 제작하는 것을 최종적인 목표로 삼았다. 삼국 연구자들이 각각 마련한 감정기록 방안을 파일럿 프로그램으로 운영하면서 참여자들로부터 확보한 피드백(feedback)을 반영하고, 향후 참여 인원을 늘려 감정단어들을 계속적으로 수집하게 되면 누적된 감정단어 데이터로 감정사전을 만들 수 있을 것이라 기대한다.

이에 더해, 한국과 베트남은 미디어에 대한 의존도를 낮추고 미디어 이용을 대신하여 시간을 생산적으로 보낼 수 있는 활동을 기획해야 한다는 공통된 인식을 지녔다. 한국 연구자들이 주목한 노인층의 경우, 집에서 홀로 장시간 머무르면서 TV 시청 외에는 별다른 활동을 할 수 없었다. 더욱이, 노인들이 장시간 노출되는 미디어에서는 코로나 19 확진 자 및 사망자 수, 치료제의 부재, 고령층의 높은 사망률 등과 같은 정보 들이 끊임없이 보도되며 불안과 공포를 고조시켰다.[11] 베트남에서는 앞 서 언급한 것처럼 코로나 19 관련 가짜뉴스가 SNS를 통해 확산되는 와 중에 외출 자제와 대인관계 축소로 SNS를 통해 주변 친구들의 소식을 확인하고 무료함을 달래고자 20~30대의 SNS 이용 빈도가 높아지며 청 년층의 코로나 블루가 심각했다. 이에 한국과 베트남 연구자들은 취미 활동을 집에서 즐길 수 있도록 '취미키트(Hobby Kit)'를 제작해 보급하는 방안을 고안했고, 적용 대상의 연령대에 맞춰 취미활동의 종류를 달리 구성했다.

1. 중국 · 베트남의 마음돌봄 프로젝트

중국 연구자들은 지능형 컴패니언(Intelligent Companion, 이하 컴패 니언)과 대화를 주고받는 형식으로 대학생들이 자신의 감정을 표현할 수 있는 감정 어플을 제작하였고, 34명의 대학생들이 감정 어플의 시범 적 운영에 참여했다. 이용자가 감정 어플에 접속해 개인 계정을 생성하 고 나면, 본격적으로 컴패니언과 대화하기에 앞서, 사전 설문에 응하도 록 구성되어 있다. 설문조사 결과에 따르면, 참여자 중 53%가 감염 예방 을 위한 격리 기간 동안 '패닉(panic)' 상태에 빠진 적이 있었고, 63%가 '피로감(tired)'을 경험하였다. 사전 설문을 끝마치고 난 이용자는 컴패니 언을 자신이 원하는 대화상대로 설정한다. 이름과 성별, 나이, 성격, 이 미지 등을 이용자가 자유롭게 지정함으로써 컴패니언은 스스로의 감정

---

11 한국일보, "집에 갇혀 16시간, 홀로 버틴다… "노래교실 · 교회 바삐 다녔는데"", 2020.12.08.

과 생각을 털어놓기에 가장 편한 상태가 되는 것이다. 이용자들은 2-3주의 기간 동안 컴패니언과 자유롭게 대화를 나누며 매일매일 있었던 사건과 자신의 감정을 솔직하게 이야기했다. 이때 이용자들은 순간의 감정을 가장 잘 묘사한 이모지(Emoji)[12]를 하나 고르고, 해당 이모지를 지칭하는 단어를 직접 기입해 컴패니언에게 전달했다. 감정 어플의 시범 운영 결과, 대부분의 이용자들이 내비친 주된 감정들은 다음과 같이 정리된다. '평온함(calm)', '피곤함(tired)', '행복함(happy)', '불안(anxiety)', '우울(depression)', '무감정(no feeling)'. 이와 더불어, '분노(anger)', '고통(pain)', '수치심(embarrassment)', '공포(fright)'와 같은 감정 단어들도 앞선 감정들보다는 사용빈도가 낮았으나 등장한 바 있다. 중국 연구자들은 이와 같은 감정단어들을 종합해보았을 때 현재 중국에서 코로나 19가 종식되면서 코로나 19가 확산되던 시점에 비해서 부정적인 감정들이 감소하였다고 분석했다. 그럼에도 불구하고 장기간 방역과 격리, 제한조치가 이뤄지며 누적된 피로감과 상존하는 코로나 19의 재확산 위험으로 인한 불안감이 삶 전반에 녹아들면서 재난 종식 이후에도 코로나 블루의 증상이 유지되고 있었다. 이에 중국 연구자들은 젊은 층이 포스트 코로나 시대에 점차 적응해나가는 과정에 놓여 있으며, 코로나 블루로 인한 피해는 코로나 19 종식 이후에도 여전히 이들의 삶에 큰 영향을 끼치고 있다고 설명했다.

감정 어플 이용자의 93%가 앞으로도 어플을 계속 이용하고 싶다는 의사를 밝혔고, 82%가 어플을 통해 부정적인 감정의 발생을 줄였으며 90%가 긍정적으로 생각하고 행동하게 되었다고 응답했다. 이러한 결과를 토대로 중국 연구자들은 향후 감정 어플을 발전시켜 보다 많은 이용

---

12   감정을 드러내는 얼굴 표정을 담은 간단한 그림을 뜻한다.

자들에게 도움을 줄 수 있도록 확대할 의지를 밝혔다. 시범용 감정 어플에서 이용자들은 일기 형식으로 혼자 감정을 기록하기보다 컴패니언과의 대화를 통해 감정을 표현하는 것이 보다 친근하고 편안하다는 소감을 밝혔지만, 컴패니언이 이용자들과 나눌 수 있는 대화 주제와 수준이 한정적이라는 점에서 한계를 지니고 있었다. 이에 중국 연구자들은 컴패니언의 학습 능력을 향상시켜 보다 풍부한 대화주제를 토대로 이용자들의 감정 표현을 효과적으로 이끌어낼 수 있도록 보완이 필요하다고 지적했다. 또한 연구자들은 어플을 이용하기에 앞서 실시하는 사전 설문조사를 보완해 어플 이용 전 이용자의 정신건강 상태를 점검함으로써 우울 증세가 심한 경우 정신건강 전문의와의 상담을 권장하는 기능을 추가할 필요성을 느꼈다.

베트남 연구자들은 감정 매뉴얼과 취미키트를 제작한 다음, 이를 나눠주며 코로나 블루의 부정적인 감정들과 이를 해소하기 위한 방안들에 대해 또래들끼리 의견을 나누는 워크샵(workshop)을 진행했다. 먼저 감정 매뉴얼은 국민경제대학교(National Economics University) 재학생들을 대상으로 사전 설문조사를 실시하여 수집된 부정적인 감정들의 종류

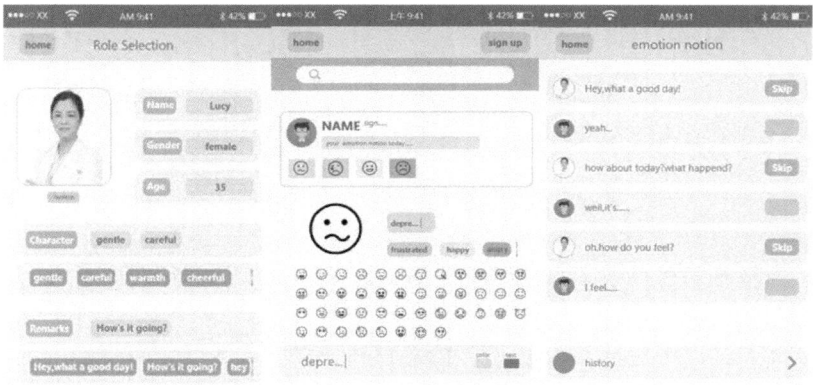

그림1 중국의 감정 어플

와 원인, 영향을 설명하고 그러한 감정들을 해소하는 데 도움이 되는 조언들을 서술한 소책자다. 매뉴얼에 서술된 감정단어들의 분류와 의미 설명은 심리 연구자 칼라 맥라렌(Karla McLaren)의 웹사이트 및 저서를 참고하였다. 사전 설문참여자의 85%가 재난 상황에 대한 '두려움(scared)'을 느꼈으며, 93%가 '슬픔(sad)'과 '피로감(bored)'을, 79%가 '외로움(lonely)'을 경험하였다. 이를 토대로 베트남 연구자들은 감정 매뉴얼을 작성함에 있어 크게 '스트레스(stress)', '불안(anxiety)', '패닉 어택(panic attack)'으로 부정적인 감정들을 분류하였고, 각각의 감정의 범주에 포함되는 감정단어들을 배치하고 정의하였다. 취미키트의 경우, 아트키트(art kit)와 재배키트(plant kit)의 두 가지 종류로 구성되어 있다. 아트키트는 쌀이나 콩과 같은 씨앗과 그림, 접착용 풀 등을 제공함으로써 참여자들이 씨앗을 활용해 밑그림을 완성하도록 하는 것이다. 재배키트는 화분과 흙, 3가지 다른 종류의 씨앗 등으로 이루어져 있다.

베트남 연구자들이 기획한 워크샵은 20명의 또래 대학생들이 모여 감염 예방을 위한 격리 기간 동안 자신이 경험한 감정 변화를 공유하고

그림2   베트남팀의 재배키트와 아트키트

서로 공감하는 자리였다. 이에 워크샵이 총 세 가지 섹션(section)으로 나뉘어 진행되는 동안 참여자들은 소그룹으로 모였다가 전체 참여자들이 둥글게 둘러앉는 등 다양한 방식으로 다른 참여자들과 소통하였다. 특히 두 번째 섹션에서는 미국에서 공부하다가 베트남으로 돌아와 14일 간의 자가 격리를 하며 감염이 되었을지도 모른다는 불안과 공포를 극심하게 경험하였던 대학생 두 명의 이야기를 듣는 시간을 마련했다. 이에 더해, 워크샵에서 연구자들이 직접 제작한 감정 매뉴얼과 취미키트를 참여자들에게 나눠준 다음 감정 매뉴얼을 함께 살펴보는 시간을 가졌으며, 연구자들은 워크샵이 종료된 이후에 취미키트를 직접 해보고 그 후기를 사진과 함께 전해달라고 요청했다. 80%의 참여자들이 워크숍 종료 직후 바로 취미키트를 진행해보고 싶다는 의지를 밝혔으며, 90%가 워크숍에 대한 만족도를 매우 높게 평가했다. 워크샵에서 적극적으로 발언하였던 대학생들은 연구자와의 인터뷰에서 부정적인 심리변화를 인정하고 다른 참여자들과 공유함으로써 스스로의 감정적 문제를 해소할 수 있는 방법을 함께 모색해나갈 수 있는 커뮤니티(community)의 중요성을 깨달았다고 말했다. 이와 같은 긍정적 피드백에 기초해 베트남 연구자들은 향후 200명의 대학생들이 함께 모여 코로나 블루의 경험을 공유하는 보다 큰 규모의 워크샵을 개최하고 싶다는 의지를 밝혔으며, 취미키트 참여율을 제고하기 위해 참여자들 간 사진과 영상 등을 공유함으로써 소통하는 등의 방안을 모색 중에 있다.

2. 한국의 마음돌봄 프로젝트 1: 노인들의 자기표현을 위한 감정일기

코로나 19 이후 노인들은 감염병 확산으로 인해 자신이 감염될 것에 대한 불안, 치료제 없음에 대한 불안, 코로나 19 확진자 및 사망자 수 증가에 대한 두려움, 외출 자제로 인한 답답함, 무기력함, 우울 등을 경험하였다.[13] 이에 서울 강동구의 '포스트 코로나 대응 복지 실태조사'에 따르면 우울척도 조사 결과 60대 남성과 70대 여성이 각각 20.6점, 19.6점으로 가장 높게 나왔다.[14] 여기서 노인들이 경험하는 부정적인 감정은 기존에 노인층이 빈번하게 경험하던 우울증과는 달리, 코로나 19로 인한 일상의 제약, 코로나 19의 감염에 대한 두려움 등에서 기인한다는 점에서 코로나 19라는 감염병 재난이 초래한 '코로나'로 인한 '블루(blue)'로 이해된다. 정신건강 전문가들은 이와 같은 노인층의 코로나 블루가 노인 치매로 이어질 것을 우려하고 있는데, 이는 일반적인 노인 우울증이 주의력과 집중력 저하, 정신운동 지체와 같은 증상을 수반할 수 있다는 점과 연결된다.[15] 이때 전문가들은 자기표현에 익숙하지 않은 노인들의 경우, 자신이 우울한 상태라는 사실을 주변에 알리지 않을 뿐더러, 스스로 우울증을 앓고 있다는 것 자체를 인지하지 못하기도 한다고 말한다. 우울증과 함께 나타나는 식욕 부진, 불면증, 어지럼증 등의 신체질환이 부각됨에 따라 본질적인 문제인 우울증이 드러나지 않는 '가면성 우울증'도 노인층에서 빈번하게 관찰할 수 있다. 이러한 맥락에서 본 연구자들은 노인 코로나 블루의 해소를 위한 가장 시급한 문제는 노인들이 스스로의 감정을 제대로 인식하지 못하거나 표현하지 못하는 것이라고 정의하였다. 이에 노인들의 자기표현 과정을 돕고자 자신의 감정을 매일매일 언어적 표현으로 서술할 수 있는 '감정일기'를 제작하였다.

자기표현이란 긍정적이거나 부정적인 면을 다 포함하여 개인이 자

---

13   이나윤, 강진호, op.cit., pp.171-179.

14   아주경제, "[코로나와 노인] ① 일자리·여가생활 모두 '스톱'… 치매 증가 우려까지", 2020.10.14.

15   매일신문, "'마음의 감기' 우울증", 2018.03.07.

신의 생각이나 기분, 감정을 언어적 또는 비언어적으로 표현하는 것을 의미한다.[16] 코로나 19 상황에서는 대면 만남이 제약되어 있어 노인들이 내비치는 동작, 표정 등의 비언어적 표현을 확인하기가 어렵다는 점을 감안한다면 비언어적 표현에 기반한 자기표현 프로그램은 진행하기 어렵다. 또 디지털 기기 활용에 친숙하지 않은 노인들이 곧바로 화상 어플리케이션을 활용해 감정을 표현하도록 하는 프로그램 역시 실효성이 떨어진다. 이에 노인들이 언어적 표현으로 감정과 기분, 생각을 표출하면서도 노인들이 쉽게 참여할 수 있는 감정일기를 고안하게 되었으며, 감정일기와 함께 감정 표정을 이미지화시킨 감정스티커를 함께 전달했다. 감정스티커를 통해 노인들의 비언어적 표현을 담아내지 못하는 일기의 한계를 보완하고자 했다. 본 연구자들이 직접 제작한 감정일기는 감정일기 작성 가이드라인(guideline)과 더불어, 노인들이 참고할 만한 감정단어들을 목록의 형태로 제시한다. 먼저 가이드라인에는 감정일기라는 생소한 형태의 자기표현 방법을 접하게 된 노인들을 위해 표1과 같은 질문들을 제시한다.

표1에 서술된 질문들은 노인 대상의 자기표현 프로그램, 정서치료 프로그램 등에 대한 선행 연구들을 참고하여 작성했다. 1번부터 5번까지의 질문은 노인들이 매일의 일상을 기록하는 과정에서 느끼는 순간의 감정들을 포착하고 자신의 감정 변화에 주목해볼 수 있도록 하기 위한 목적을 지닌다. 6번부터 9번까지는 매일의 일상을 기록하는 것 이외에도 과거의 자신을 돌아보면서 스스로 느꼈던 감정들을 회상해보기, 자신이 친밀하다고 느끼는 주변 사람에게 자신의 감정을 전달하는 편지 작

16　최옥순·박경숙, 「경증 치매노인을 위한 푸드표현예술치료 프로그램이 인지기능, 자기표현 및 우울에 미치는 효과」, 『노인복지연구』, 74(3), 2019, pp.29-63.

표1 감정일기 가이드라인

1. 오늘 하루는 어떠셨나요? 어떤 기분 좋은 일들이 있으셨나요? 기분 상할 일이 있지는 않으셨나요?
2. 오늘 나에게 가장 중심이 되는 감정은 무엇이었나요?
3. 그 감정은 어떠한 일이나 생각으로부터 비롯되었나요?
4. 감정을 어떻게 표현했나요?
5. 오늘 감정이 여러 번 바뀌었나요? 오늘 내가 느낀 주된 감정이 아직 바뀌지 않았다면, 어떤 감정으로 변하기를 원하시나요? 오늘의 감정을 바꾸기 위해서 무엇을 해볼까요?
6. 과거에 가장 기억에 남는 감정을 느꼈던 순간은 언제였고 어떠한 감정을 느끼셨나요?
7. 20대(30대, 40대, 50대, 60대)의 나에게 편지를 써볼까요? 지금의 나는 그때의 나를 어떻게 생각하나요?
8. 지금 이 순간 가장 생각나는 사람에게 편지를 써봅시다. 그 사람을 떠올리면 어떤 감정이 떠오르나요? 그 감정이 떠오르는 이유는 무엇인가요?
9. 지난 1년 간 경험했던 일 중에 가장 기억에 남는 일은 무엇인가요? 그때 느꼈던 감정이 무엇이었는지도 알려주세요.
10. 지금 키우고 있는 상추가 말을 들을 수 있다면 어떤 말을 해주고 싶으신가요? 상추에게 나의 감정을 말해본다면 무슨 말을 할 수 있을까요?

성하기와 같이 색다른 주제로 감정을 기록해볼 수 있도록 마련한 질문들이다. 마지막 10번의 질문은 3에서 소개할 취미키트 중 상추 재배키트와 연결된다. 반려 식물을 키우는 것은 사회적 고립감을 느끼는 노인들의 외로움을 해소하고 정서적 안정에 도움을 줄 수 있다. 이에 상추 재배키트를 활용하는 과정에서 노인들이 상추를 '친구'로 생각하며 자신의 감정을 표현하는 연습을 해볼 수 있다는 취지에서 해당 질문을 추가했

다. 이러한 질문 이외에도 감정일기의 내지에는 '오늘의 행복함', '오늘의 감사함'이라는 제목의 작은 칸이 포함되어 있다.

감정일기 내지에 마련한 '오늘의 행복함'과 '오늘의 감사함'은 우울감을 해소하고 부정적인 감정을 긍정적인 감정으로 전환하기 위해서 필요한 '행복'과 '감사'라는 감정을 환기하려는 의도를 지닌다. 특히 '감사'의 감정은 웰빙(well-being)에 기여하는 긍정적 정서로 이해된다. 감사는 주로 다른 사람으로부터 대가가 크고 소중하며, 이타적인 도움을 받은 후에 경험하게 되는 정서로 이해되었으나, 최근 삶 속의 긍정적인 측면에 주목하여 이에 감사하는 삶의 지향성으로 개념화되고 있다.[17] 감사하는 정서를 증진시킬 수 있는 감사편지 작성하기, 감사한 일의 목록 만들기 등의 활동은 노인들의 우울감 해소에 큰 기여를 할 수 있다고 평가된다.[18] 이에 본 연구자들 또한 노인들이 매일매일 감사한 일을 하나씩 찾아 기록할 수 있도록 감정일기장에 '오늘의 감사함'을 작성하는 란을 마련했다. 이와 같은 감정일기 가이드라인에 더해, 감정을 표현하는 어휘들이 나열된 감정단어 목록을 함께 첨부했다. 앞서 언급했듯, 자기표현에는 긍정적인 감정뿐만 아니라, 부정적인 감정을 표출하는 시도 역시 포함된다는 점에서 감정단어 목록에는 '사랑스럽다', '만족스럽다', '행복하다', '자랑스럽다', '희망차다' 등의 긍정적인 감정어휘와 더불어, '화난다', '실망스럽다', '괘씸하다', '분통 터진다' 등과 같은 부정적인 감정표현도 서술되어 있다.

본 연구자들이 제작한 감정일기는 협업 기관인 압구정노인복지센

---

17 이승연·한미리, 「노인의 감사성향 및 감사표현과 정신적 웰빙의 관계-관계만족의 매개효과를 중심으로」, 『한국심리학회지:발달』, 29(3), 2016, pp.53-73.

18 조아라·정영숙, 「노인의 감사와 성숙한 노화 및 주관적 안녕감 간의 관계」, 『한국심리학회지:발달』, 25(4), 2012, pp.185-206.

터에 소속된 노인 3명에게 각각 1부씩 전달해 3주 간 작성하도록 했다. 감정일기를 작성하는 과정에서 노인들이 갖는 의문점, 불편함 등을 즉각적으로 해결하고자 연구자들은 2~3일에 한 번씩 감정일기 진행 현황에 대해 묻고 참여 노인들로부터 피드백을 받았다. 3주 간의 감정일기에는 코로나 19 상황 속에서 노인들이 경험하는 코로나 블루의 증상들이 노인들이 자주 사용하는 부정적인 감정단어들로 표현되어 있었다. '게으름', '귀찮음', '나태함', '불편함', '무기력감', '실망스러움', '밋밋함', '무료함', '심심함', 참여노인들은 밖에 나가지 못하게 되면서 느낀 무기력감, 반복되는 일상 속에서의 밋밋함과 무료함, 집 안에서 아무 것도 하기 싫어하는 나태함, 게으름 등의 감정들을 직시하고 표출했으며, 다음날에는 하기 싫더라도 무언가라도 해봐야겠다는 다짐을 적기도 하였다. 이처럼 참여자들은 내면의 부정적인 감정들을 돌아보고 기록함으로써 스스로의 감정 상태를 확인하고 개선할 수 있는 방안을 고민했다. 실제로 참여자 L은 감정일기를 작성하면서 "'나'의 내면을 더 알아차리게 되었고 나쁜 감정을 달래고 어루만지는 일이 조금 더 수월해졌다"고 소감을 밝혔으며, 앞으로도 감정일기 작성을 이어나가려고 한다고 이야기했다. 또 다른 참여자 H는 감정일기로 인해 달라진 점에 대해 다음과 같이 답했다.

"특별히 다른 점은 없고 다람쥐 채바퀴 돌 듯 비슷한 일상이었다. 코로나로 인해 밖에 나가는 것, 다른 분들과 외식 자제하는 것으로 인해 주부로서 3식 집에서 아침부터 저녁까지 간식 만들어 가족에게 주어야 하는 일 중에 느꼈던 것이 있다면 힘들고 가끔은 하기 싫었지만 가족을 위해 사랑하는 마음으로 하고 있다는 점이라고 말할 수 있다. (중략) 생각할 수 있고 실천할 수 있는 기회였다".(참여자 H)

위의 발언은 참여자 H가 집 안에서 반복되는 일상에 불편하고 힘든 점도 분명 있었으나 감정일기를 통해 가족을 향한 자신의 사랑을 깨닫게 되며 그것을 생각하고 실천하고 있다는 의식을 하게 되었음을 보여준다. 이러한 의식이 코로나 19 이후의 밋밋하고 무기력한 일상을 버틸 수 있게 만드는 긍정적인 감정들을 환기하는 계기로 작용했다.

이에 따라 세 참여자의 감정일기에는 부정적인 감정단어뿐 아니라, 긍정적인 감정단어 역시 상당수 관찰되었다. 이때 주목할 만한 긍정적인 감정단어들은 연구자들과 연락을 주고받았을 때, 연구자들이 취미키트를 전달하러 집에 방문하였을 때, 그리고 취미키트를 직접 해보았을 때 포착되었다. 세 참여자들은 공통적으로 다음과 같은 감정단어들을 활용하여 자신의 감정을 표현했다. '흐뭇함', '설레임', '기대감', '행복감', '연결감', '감사함', '즐거움', '신기함', '고마움', '사랑스러움', '반가움', '뿌듯함', '편함'. 특히 연구자들과 전화통화를 통해 대화하였을 때 '반가움', '감사함', '행복함'과 같은 감정단어들을 반복적으로 사용하여 순간의 감정을 표출하는 모습을 보였다. 이를 통해 안부를 묻고 일상적인 대화를 나누며 감정일기와 취미키트의 진행 상황에 대해 공유하는 연구자와의 소통 및 교류가 참여노인들에게 긍정적인 감정 변화를 야기하는 요인 중 하나였음이 드러났다. 참여자 K의 경우, 글로 감정을 표현하는 것에 어려움을 느끼며 참여노인들 중에서 감정일기 작성을 가장 힘들어했었다. 그러나 연구자의 격려로 감정일기를 매일 작성하게 되면서 평소 감정표현의 정도를 묻는 사전 설문에서 1부터 10 중 3을 표시했었던 K가 3주 후에는 5로 조금 나아진 것 같다고 응답했으며, 처음보다는 쓰기가 수월해져서 열심히 하면 이루어진다는 생각이 들었다고 말했다. 실제로 참여자 K의 감정일기를 살펴보면, 연구자와의 소통 경험에 대한 서술이 빈번하게 등장했으며, 이러한 경험을 통해 행복감, 감사함 등의 긍정적인 감정을 느꼈음이 묘사되고 있다.

3. 한국의 마음돌봄 프로젝트 2 : 취미키트를 통한 비대면 정서지원 프로그램

본 연구자들은 코로나 19 이후 노인들이 자주 방문하던 경로당, 노인 대학, 노인복지센터 등의 운영이 중단되면서 장시간 집에 홀로 고립됨에 따라 우울증, 불안감, 공포 등의 코로나 우울을 경험하는 것을 문제 상황으로 규정했다. 2020년 9월 기준으로 전국의 노인복지관 394개소 중 97.5%가 휴관 중이었으며, 경로당 역시 6만 7,000여개 소 중 76.5%가 운영이 중단되었다. 이때의 휴관은 코로나 19의 확산 심화로 사회적 거리두기 단계가 2단계로 격상된 2020년 초부터 계속된 것이다. 이에 전남 완도군이 2020년 5월 경로당 이용 노인 3982명을 대상으로 우울증 검사를 진행한 결과, 53.8%(2140명)가 우울증을 경험하였으며, 그 원인으로는 경로당 등에 갈 수 없게 되면서 무료함과 외로움을 느끼게 된 것이라 밝혀졌다.[19] "하루 일상생활이 16시간씩 홀로 집에 앉아 있는 것밖에 없는"[20] 노인들은 집에서 TV를 시청하는 것 이외에는 별다른 활동을 할 수 없었기에 고독감을 강하게 느꼈다. 이에 따라 노인층의 코로나 블루를 해소하기 위해서는 노인들이 혼자 집에 있는 시간에도 무료함과 외로움, 고립감을 느끼지 않을 수 있도록 하는 비대면 프로그램의 진행이 요구된다. 사회적 거리두기의 장기화로 기존의 노인복지센터에서 진행되던 대면 교육 프로그램들이 중단되면서 비대면 방식의 복지서비스

---

19 일간스포츠, "코로나 덮친 겨울…깊어지는 노인 우울증, 해법은", 2020.11.24.

20 한국일보, "집에 갇혀 16시간, 홀로 버틴다… "노래교실·교회 바삐 다녔는데"", 2020.12.08.

의 필요성이 제기되었다. 그러나 이때 노인들의 경우에는 SNS를 통한 온라인 소통에 익숙지 않아 코로나 19 이후 비대면 방식으로의 전환에 적응하지 못해 사회적 고립감을 더욱 크게 경험한다는 점[21]을 고려해야 한다. 이는 대다수의 노인복지센터에서 진행 중인 비대면 프로그램이 일 방향적으로 센터의 SNS 채널을 통해 동영상 강의를 제공하는 방식으로 이루어짐에 따라 노인들의 참여율이 저조한 것과도 관련된다. 이에 본 연구자들은 요리, 공예, 재배 등의 다양한 여가 활동을 노인들이 혼자서 도 쉽게 즐길 수 있는 '취미키트'를 제공하기로 했다.

코로나 19 이후 20~30대 사이에서 '언택트(untact)' 취미 활동이 유 행하면서 온라인 취미강의를 제공하는 '클래스101', 'DIY 키트' 등 다 양한 종류의 취미키트를 판매하는 '하비인더박스'와 같은 플랫폼이 부 상했다.[22] 이에 포스트 코로나 시대의 유망 산업으로 온라인 취미생활 을 지원하는 플랫폼, 취미키트 판매 플랫폼 등이 손꼽히기도 했다.[23] 그 러나 언택트 취미 산업이 20~30대를 중심으로 발전하면서 노인층을 대 상으로 한 취미키트의 개발은 미비한 실정이다. 더욱이, 언택트 취미활 동이 20~30대의 코로나 블루 해결을 위한 해결책으로 주목받게 되면서 20~30대의 수요를 반영한 취미키트가 양산되고 있다. 본 연구자들은 노 인층의 코로나 블루를 해결하는 데에도 취미키트가 효과적일 것이라 판 단하고 노인들을 위한 취미키트를 제작해 보급하는 것에 주목했다. 실제 로 관련 연구에 따르면, 취미활동, 봉사활동, 사회활동 등의 여가활동은

21　노컷뉴스, "코로나19의 그늘… 노인들 '고립·소외' 심화 우려", 2020.12.26.

22　서울특별시 내 손안에 서울 홈페이지 참조.

23　언택트(untact)란 줌(zoom)과 같은 화상회의 플랫폼을 활용해 비대면으로 회의, 수업 등을 진행하는 것을 뜻하는 신조어다.

삶에 대한 사기 및 만족감의 증진, 자신에 대한 신념과 자기 신체에 대한 자신감 부여, 자기 가치성의 확신, 자율적인 생활에 대한 기술과 기능의 증진, 재미있고 즐거운 삶의 영위 등을 도모해 노인들의 우울증 해소에 기여한다고 밝혀졌다.[24] 또한 여타 복지센터와 달리, 거의 유일하게 쌍방향 소통으로 비대면 프로그램을 운영하고 있어 본 연구자들이 주목했던 압구정노인복지센터에서는 노인 코로나 블루 해소를 목표로 요리, 재배, 컬러링북(coloring book), 독서, 홈트레이닝(home-training) 등의 여가활동을 전개했다. 이와 같은 여가활동들을 포괄한 '마음방역 캠페인'에 참여했던 노인들의 만족도를 살펴보면, 참여자 전원이 코로나19 이후의 스트레스 해소에 해당 프로그램들이 도움이 되었다고 응답했다.[25] 특히 요리 프로그램과 콩나물 재배 프로그램의 만족도가 높게 나타났음을 고려하여, 본 연구자들은 취미키트의 구성에서 요리 프로그램과 재배 프로그램을 우선적으로 배치했다. 먼저 요리 프로그램을 진행할 수 있는 '밀키트(meal kit)' 메뉴로 노인들에게 친숙한 한식 메뉴 한 가지와 생소한 양식 메뉴 한 가지를 선정했다. 알탕과 불가리아 가정식이 그것이다. 밀키트에는 요리에 들어가야 하는 각종 재료들과 함께 노인들이 읽기 용이하도록 큰 글씨로 작성된 설명서를 함께 동봉했다. 재배 프로그램을 위한 재배키트로는 상추를 심는 키트를 제공했으며, 재배에 필요한 흙, 씨앗, 화분, 받침대 등을 소개하고 그 과정을 자세하게 서술한 설명서 역시 전달했다. 이때의 밀키트와 재배키트는 압구정노인복지센터의 비대면 프로그램 담당 사회 복지사와 함께 협의를 진행하는 과정에서 결정하였으며, 해당 센터에 소속된 노인 3명을 대상으로 취미키트를

---

24   김창래, 「여가 프로그램의 활성화 방안에 관한 연구-노인 여가 프로그램을 중심으로」, 『사회복지경영연구』 7(1), 2020, pp.265-288.

25   압구정노인복지센터, 『마을방역 캠페인 결과보고서』.

3주 간 시범적으로 운영해보는 파일럿 프로그램(pilot program)을 진행했다. 이때 파일럿 프로그램에 참여한 노인들은 모두 압구정노인복지센터에서 진행되는 스마트폰 사용 강좌를 수강해 카카오톡(kakaotalk) 어플을 통해 연락을 주고받는 데 익숙해져 있는 상태였다. 이에 본 연구자들은 전화와 카카오톡 채팅을 번갈아 활용하며 참여 노인들과 2-3일에 한 번씩 연락해 파일럿 프로그램을 진행할 수 있었다.

먼저 1주차에는 상추 재배키트를 각 가정에 전달했고, 본 연구자들 역시 함께 상추 재배키트를 활용해 상추를 심으면서 참여 노인들과 카카오톡을 통해 소통했다. 참여자 K는 연구자에게 사진을 전달하는 등 연구자와의 소통에 적극적으로 참여하며 상추 재배 과정에 대해 공유했다. 그림3은 참여자 K가 연구자에게 전달한 상추 재배키트 사진이다.

참여자 K는 연구자와의 통화 도중 재배키트에 대한 만족감을 다음과 같이 표현한 바 있다.

"내가 심은 거니까 너무 재밌어. 그냥 밭에 심은 거면 또 모르는데 내가 심었으니까 재밌지. 딴 세상 보는 거 같아. 매일 보니까 너무 재밌

그림3   참여자 K가 재배한 상추

어. 이게 어쩜 이렇게 빨리 자라? 싹이 벌써 막 났어. 여러 개가. 코로나 때문에 집에만 있으니까 너무 심심해. 할 것도 없고 하루종일 집에만 있어야 되니까. 그래서 너무 고마워. (상추 재배키트를 하니까) 어린애가 된 거 같이 재밌어".(참여자 K)

재배키트를 진행하며 상추 싹이 나길 기다리고 점차 싹이 자라나는 모습을 보면서 즐겁고 재미있다는 참여자 K의 발언은 반려식물 재배와 같은 취미활동이 노인들의 코로나 블루 해소에 도움이 될 수 있음을 보여준다. 실제로 참여자 K가 적은 감정일기의 상당 부분이 상추가 자라나는 모습을 보며 느낀 즐거움과 신기함, 기분 좋음, 고마움, 예쁨 등의 감정을 기록한 것이었다. 상추의 변화를 관찰하며 매력을 느꼈고 상추에 대한 친밀감을 느껴 계속 함께 놀자는 내용의 편지 역시 감정일기에 서술되어 있었다. 이와 같은 긍정적인 감정 변화는 참여자 K가 코로나 19 상황에서 홀로 거주해 무료함과 외로움을 더욱 크게 느낀다는 점을 고려할 때 반려식물로서의 상추가 그 빈자리를 메우는 데 기여할 수 있다는 사실을 드러낸다.

2주차에는 밀키트를 각 가정으로 발송해 두 가지 요리를 진행했다. 첫 번째 밀키트인 알탕의 경우, 이전 압구정노인복지센터의 요리 프로그램에 대한 사후 만족도 조사에서 탕 요리에 도전해보고 싶다는 의견을 참고해 선정한 메뉴다. 이에 더해 요리 시간이 지나치게 짧은 참나물 무침이나 비름나물 등과 같은 간단한 요리에 대해서는 참여자들의 만족도가 낮았다는 점을 고려해 요리 시간은 흥미를 잃지 않을 수 있도록 30분~1시간 정도에 해당하는 메뉴를 정할 필요성이 제기되었다. 또 노인들의 고른 영양 공급을 위해 채소와 해산물 등 다양한 재료가 들어가는 요리가 요구된다고 판단했다. 이와 같은 이유로 알탕을 밀키트의 첫 번째 메뉴로 결정했다. 이때 재배키트를 통해 참여 노인들이 직접 키운 채소를 밀키트에서 활용할 수 있도록 해 재배키트와 밀키트를 연결시키고자 상추 재배키트뿐만 아니라, 5~7일이면 수확이 가능한 상태로 자라는 콩나물 재배키트를 전달했다. 콩나물이 다 자랄 시점에 맞춰 각 가정으로 알탕 키트를 전달해 요리를 할 수 있도록 했다. 알탕 키트에 포함된 레시피 이외에도 노인들이 쉽게 요리를 따라하는 데 도움을 주고 요리 경험을 공유하며 대화를 나누고자 카카오톡을 통해 연구자들이 알탕 키트를 활용해 요리하는 과정을 단계별로 촬영한 사진과 영상을 전달했다. 두 번째 밀키트 메뉴는 불가리아식 닭고기 스튜다. 불가리아식 닭고기 스튜는 파프리카, 닭가슴살, 페타 치즈(feta cheese), 계란, 토마토 등의 재료들을 넣은 건강식이며, 노인들이 평소 접해보지 못했던 색다른 메뉴라는 점에서 선정했다. 처음 요리해보는 생소한 요리인 만큼 요리를 진행하는 과정에서 참여노인들과 연구자들 사이에서 즉각적인 피드백을 주고받으며 원활한 활동을 이어가고자 카카오톡 메신저를 활용했다. 연구자가 미리 만들어보면서 촬영한 사진과 설명을 메신저로 보내면 이를 따라서 참여자들이 요리를 완성하고, 요리 과정과 결과물에 대한 사진을 공유하며 소감을 전했다. 알탕에 대해서는 "오랜만에 따뜻한 알탕 찌개 잘 먹었습니다. 오래오래 기억에 남을 것 같아요.", "가르쳐준 대로 따라서 했는데 참 맛있고 너무 재미있어요. 배우면서 하니까 더 맛있어요."와 같은 소감을 전했다. 불가리아식 닭고기 스튜의 경우에도 "특별요리를 배워가며 하니 너무 재미있고 맛있어요. 감사합니다.", "맛도 한국인의 입맛에 딱 맞는 맛이었어요. 야채가 주가 되니 마치 우리의 전통 음식 먹는 느낌이었어요. 그 나라 음식이 모두 이와 유사하다면 가보고 싶어지네요."와 같이 긍정적인 피드백을 받을 수 있었다. 세 참여자의 감정일기에도 취미키트를 활용해본 느낌이 맛있는 음식을 먹은 행복감, 새로운 것을 배였다는 즐거움, 요리를 통한 연결감 등의 긍정적인 감정단어들로 묘사되었다. 이를 통해 취미활동을 손쉽게 즐길 수 있는 취미키트의 제공과 취미키트를 활용하는 과정에서 이뤄진 연구자와의 소통이 코로나 19 상황 속 노인들이 경험하는 부정적인 감정을 해소하는 데 긍정적인 효과를 지님을 확인 가능하다.

III 결론 및 제언: 지역공동체 내 자급자족 복지서비스 모델 제안

3주 간의 파일럿 프로그램을 진행한 결과, 크게 세 가지 성과를 거둘 수 있었다. 첫째, 자체적으로 제작한 감정일기가 노인 코로나 블루를 극복하기 위한 첫걸음으로 스스로 부정적인 감정을 인식하고 표현하는 데 기여했다. 둘째, 3주 동안 연구자와 참여 노인의 1대 1 연락을 통해 소통하는 과정이 감정일기와 취미키트의 효과를 배가하였다. 셋째, 불가리아식 닭고기 스튜와 같이 생소한 밀키트 또한 즐겁게 따라하는 참여노인들의 모습을 통해 보다 다양한 취미키트의 제공이 코로나 블루의 대표적인 증상인 무료함, 심심함, 고립감 등을 완화할 수 있음을 확인했다. 이와 같은 성과를 토대로 본 연구자들은 파일럿 프로그램의 규모를 확대해서 실시하고 더 나아가, 프로젝트의 지속 가능성을 확보할 수 있는 방안을 실현하기 위해 노력하고자 한다. 본 연구자들이 긍정적으로 평가했던 압구정노인복지센터에서도 비대면 정서지원 프로그램을 오프라인 프로그램이 재개될 때까지만 한시적으로 운영하는 미봉책으로 간주하였다는 점을 고려할 때, 프로그램의 지속 가능성을 보장하기 위한 계획을 마련할 필요가 있다. 압구정노인복지센터의 경우, 센터 측 사회복지사들이 프로그램에 필요한 준비물들을 준비하고 포장하는 과정을 전부 담당해야 했기에 예산과 인력의 측면에서 비대면 프로그램의 지속적인 운영이 어려운 실정이다. 그럼에도 불구하고 코로나 19가 장기화되는 상황 속에서 노인들을 위한 지속적인 비대면 복지 프로그램의 제공이 요구된다. 이에 더해, 코로나 19라는 감염병 재난은 기존 복지국가 시스템이 제대로 작동하는 것을 어렵게 만든다는 점에서 복지국가의 역할을 보완, 나아가 대체할 수 있는 방안에 대한 필요성이 절실해졌다. 이러한 맥락에서 본 연구자들은 복지국가 모델과 구분되어 지역공동체, 마을공동체 내에서 자생적으로 복지서비스를 창출하고 공급하는 '복지마을'[26]의 구축에 주목했다. 마을공동체는 지역사회 조직화, 당사자주의, 생태주의라는 대안적 관점에서 작동하면서 주민 주도형 지역사회 서비스를 창출한다는 측면에서 긍정적으로 평가되고 있다.[27] 더욱이, 코로나 19 발발 이후 돌봄 공백을 해소하고자 지역공동체 차원에서 취약계층을 위한 돌봄이 이루어진 사례들이 빈번하게 관찰되었다는 점에서 '복지마을'의 시도는 재난 거버넌스의 중요한 기축이 될 수 있다. 서울시 공릉동 꿈마을공동체에서는 주민들이 '면 마스크 의병단'을 자처해 취약계층을 위한 면 마스크를 제작해 나눠주었다.[28] 또 대구시 마을기업 '달콤한 밥상' 등은 지역 소외노인들을 위해 도시락을 배달했다.[29] 여기서 나아가, 노인층의 코로나 블루의 해소를 위한 복지서비스 또한 지역공동

---

26   김형용, 「복지와 마을, 접합시도에 대한 시론: 개념적 그리고 실천적 쟁점을 중심으로」, 『비판사회정책』50, 2016, pp.38-75.

27   한동우, 「지역기반의 복지공급체계: 사회복지기관의 역할과 네트워크」, 『한국사회복지행정학』, 15(3), 2013, pp.285-311.

28   CAC Global Summit 2020에서 함순교 활동가가 발표한 자료를 참고하였다.

29   경북신문, "대구시 마을기업, 코로나 19 극복 위해 취약계층 지원에 발벗고 나서", 2020.03.03.

체 내에서 자급자족을 통해 공급될 수 있다면, 재난 상황에서 복지국가의 시스템 운영이 중단되었음에도 불구하고 지역공동체가 그 대안으로 기능할 수 있다. 이에 본 연구자들은 일회성 체험의 형태로 비대면 프로그램을 운영하는 대신, 장기적인 관점에서 노인들을 위한 비대면 정서지원 프로그램의 개발 및 관리와 취미키트 제작·운영이 지역공동체 내에서 자급자족의 형태로 이뤄지는 '복지마을'의 모델을 다음과 같이 구상해보았다.

1. 비대면 프로그램 개발

지역 내 마을기업에서 노인들이 희망하는 비대면 프로그램의 콘텐츠가 무엇인지에 대해 수요 조사를 실시한 후, 노인복지센터의 사회복지사들과 함께 논의해 비대면 프로그램을 개발한다. 이때의 마을기업은 기존에 운영되고 있는 마을기업 중에서 교육 서비스, 문화예술 서비스 등을 사업으로 진행 중인 기업을 선정할 수 있다. 협업 가능한 마을기업이 부재한 지역에서는 지역주민들 중 노인 문제 해결에 관심이 많은 청년들과 비대면 프로그램 개발에 동참하고 싶은 시니어(senior)를 5인 이상 모집하여 지역의 마을기업을 새로 설립할 수도 있다. 마을기업은 행정안전부가 주도하는 육성사업의 대상으로 공동체성, 공공성, 지역성, 기업성을 요건으로 한다. 마을기업은 지역사회의 문제를 해결하기 위해 수익성 있는 사업을 운영하는 주체라는 점에서 지역 내 노인들을 위한 복지서비스를 개발하고 운용하는 역할을 맡기기에 적절하다. 마을기업은 지자체로부터 보조금을 지원받아 지역주민들의 일자리를 창출하며 지역자원을 활용할 수 있기에 노인들을 위한 복지서비스를 지속적으로 개발하고 보급할 유인이 발생한다. 또한 사회복지시설 등 지역사회 네트워크와 연계하여 사업을 진행할 때 마을기업도 내부적으로 발전을 할 수 있다.[30] 이에 따라 주민들이 참여하는 마을기업과 사회복지시설이 상부상조하여 지역공동체 안에서 협력을 하는 것을 통해 지역의 협력 거버넌스를 구축하는 것이 가능하다.

2. 지역 자원을 활용하여 비대면 프로그램에 활용될 취미키트 제작

다음의 세 가지 요리 프로그램과 예술 프로그램, 재배 프로그램 이외에도 노인들이 희망하는 프로그램 종류에 대해 수요조사를 계속적으로 실시함으로써, 그에 맞춰 비대면 프로그램을 개발하고 취미키트를 제작하는 과정이 수반되어야 한다. 취미키트의 제작은 다음과 같은 수순으로 진행될 것을 제안한다.

1) 요리 프로그램과 밀키트

지역 내 전통시장에서 음식 재료들을 제공받아 지역 골목식당에서 재료 손질법, 레시피 등을 작성하고 재료들과 함께 포장하여 밀키트로 제작한다. 지역 시장과 상인회의 도움을 통해 로컬푸드를 활용한 다양한 음식 만들기 프로그램을 운영할 수 있다. 이렇게 제작된 밀키트를 지역 소재의 노인복지센터에 보급하면, 센터 측에서 노인들의 집에 배달한다. 코로나19 확산 이후 전통시장과 골목식당을 찾는 방문객의 수가 줄어들며 지역의 소상공인, 자영업자들이 경제적 어려움을 겪고 있다. 이들에게 노인들을 위한 취미키트 제작이라는 부업을 마련해줌으로써 소상공인, 자영업자들의 경제적 어려움을 덜어줄 수 있고, 지역 자원을 활용해 취미키트를 제작해 비용을 절감할 수 있다.

---

30 신경희, 『서울행 마을기업을 통한 지역공동체 활성화』, 서울시정개발연구원, 2012.

2) 예술 프로그램과 아트키트

지역 소재의 공방과 협업하고 지역에 거주하는 청년 예술가들을 모집하여 그림 그리기, 비즈공예, 향수 만들기 등 노인들을 위한 아트키트를 제작한다. 제작된 아트키트를 지역 내 노인복지센터에 전달하면 센터측에서 각 가정으로 아트키트를 보낸다. 코로나 19로 경제적 어려움을 겪는 지역 예술계를 도울 수 있을 뿐 아니라, 재료 운송비 등을 줄여 아트키트의 종류를 다양화하는 데 예산을 쓸 수 있다는 점에서 긍정적이다.

3) 재배 프로그램과 재배키트

지역 소재의 재배 농가에서 재배 키트를 제작해 공급한다. 코로나 19 이후 재배 농가에서는 매출 감소로 어려움을 겪고 있다는 점에서 작물 판매 이외에 노인들을 위한 재배키트 제작과 공급을 통해 수익을 확보할 수 있게 된다면 재배 농가의 경제적 어려움을 해결하는 데 기여할수 있다고 비춰진다. 재배키트의 종류로 잘 알려진 허브나 상추, 콩나물키트 이외에도 표고버섯, 느타리버섯, 유채꽃 등 지역 임산물, 농산물을 활용해 재배키트를 다양화시키는 것이 가능하다.

3. 취미키트를 활용한 비대면 프로그램 운영방식

본 연구자들이 진행한 파일럿 프로그램의 경우, 참여 노인들이 카카오톡을 통한 온라인 소통에 익숙해져 있었기에 연구자들과 활발하게 소통하며 취미키트를 진행하는 것이 가능했다. 그러나 대다수의 노인들이 카카오톡과 같은 스마트폰 어플리케이션 사용에 어려움을 겪는다는 점을 고려해 비대면 프로그램을 운영하는 방식에 대해 보완이 필요함을 절감하였다. 이에 본 연구자들은 취미키트를 통한 비대면 프로그램을 다음과 같이 다양한 형태로 운영할 것을 제안한다. 다음의 형태 이외에도 프로그램을 진행하는 과정에서 참여 노인들로부터 주기적으로 피드백을 받아 참여자들에게 적합한 비대면 방식을 고민하고 보완하는 것이 요구된다.

1) 노인들과의 주기적인 연락을 통해 친밀한 관계를 형성할 수 있는 청년 자원봉사자들을 모집하여 참여 노인들과 1대 1로 연결해준다. 자원봉사자의 모집은 분기별로 노인복지센터에서 실시하거나 대학교 봉사동아리, 청년봉사단체 중에서 노인 세대와의 소통에 관심이 있는 단체와 결연하는 방식으로 진행한다. 자원봉사자들이 먼저 취미키트를 진행해보며 그 과정을 사진으로 촬영하고 설명을 덧붙여 노인들에게 전달한다. 노인들은 설명서를 따라서 취미키트를 직접 해본다. 이때 자원봉사자들은 노인들과 연락을 주고받으며 취미키트 수행에 있어서 어려운 점이나 궁금한 점 등을 해결해주고 취미키트 과정과 결과물에 대해 함께 이야기를 나눈다.

2) 노인복지센터 측에서 노인들을 위한 비대면 화상어플리케이션 (ZOOM) 사용강의를 준비한다. 사회복지사들이 노인 가정에 방문하여 비대면 화상어플리케이션 사용강의를 함께 들으면서 화상어플리케이션 사용에 대해 실습을 진행한다. 이때 사회복지사들은 센터 소속 노인들이 동시적으로 참여할 수 있는 화상회의에 참가하고 종료하는 등의 실습을 통해 화상어플리케이션 조작법을 익히도록 돕는다. 이후 취미키트를 통한 비대면 프로그램을 화상회의를 통해 진행한다. 요리 프로그램과 예술 프로그램을 운영함에 있어, 밀키트 메뉴와 아트키트, 재배키트의 종류에 따라 프로그램 시간을 달리 구성하고 개별 프로그램은 실시간 화상회의로 강사와 노인들이 소통할 수 있도록 운영한다. 일례로 밀키트 메뉴 중

에서 된장찌개가 있다면 된장찌개 키트를 선택한 노인들이 동시간대에 실시간 화상회의에 접속해 강사와 함께 요리를 하는 것이다.

3) 사회복지사들의 개별 가정 방문으로 비대면 프로그램을 운영한다. 이때 앞서 언급했던 밀키트와 아트키트를 활용하는 방법에 대해서는 키트에 포함된 레시피나 사용설명서를 참고한다. 추가적으로 지역 골목 식당 운영자와 공방 운영자, 청년 예술가 등이 직접 키트를 활용해 요리 하거나 그림 그리는 과정을 영상으로 제작해서 제공한다. 이에 노인들이 밀키트와 아트키트 중에서 원하는 키트를 선택하면, 사회복지사들이 노인들과 함께 해당 키트에 맞는 영상을 시청하면서 취미활동을 즐길 수 있다.

4. 감정일기 프로그램의 확대

파일럿 프로그램에서는 참여 노인이 3명이었기에 감정사전을 제작 하기에는 규모가 작다는 한계가 있었다. 이에 감정일기 프로그램을 확장 해 보다 많은 노인들이 참여할 수 있도록 장려하는 것이 필요하다. 감정 일기와 감정스티커를 확대 보급해 노인 스스로 감정을 표현하고 기록하 게 함에 더해, 노인들이 직접 자신의 감정들을 그림으로 묘사하도록 한 다음 그림들을 모아 지역사회 내에서 전시회를 개최하거나 자신이 자주 사용하는 감정단어들을 감정카드로 제작하고 그것을 다른 노인들과 공 유하는 등 프로그램의 다양화를 꾀한다. 이에 더해, 노인들도 쉽게 활용 가능한 노인 맞춤형 감정 어플리케이션을 개발할 수 있다. 노인들이 인 공지능 스피커와 대화하며 자신의 감정을 공유하면, 그러한 감정들이 누 적되어 기록으로 남으며 감정단어들의 분류와 정리가 이뤄지는 어플리 케이션을 제작한다. 이를 통해 감정사전을 제작하기 위한 토대를 마련하는 것이 가능하다고 비춰진다.

5. 비대면 프로그램 매뉴얼 제작 및 공유 플랫폼 마련

지역공동체 내에서 취미키트 제작과 비대면 프로그램의 개발 및 운영이 작동하는 모델은 마을기업과 지자체 산하의 노인복지센터가 협업하여 지역 소상공인, 시장, 공방 등의 지역자원을 활용하는 형태로 전개되는 구조를 상정한다. 이는 마을기업과 노인복지센터, 지역 골목식당, 시장 상인, 재배 농가 등 지역공동체 내 다양한 행위주체들 간의 상호호혜적 관계를 구축함에 따라 사회적 자본의 축적을 가져올 수 있다. 로버트 퍼트남(Robert Putnam)에 따르면, 사회적 자본이란 사회 구성원의 상호이익을 위한 조정과 협동을 촉진하는 신뢰, 사회 규범, 가치 등을 포괄한다. 퍼트남이 제시하는 사회적 자본은 그것이 발현되는 사회의 정치·경제적 발전과 시민공동체 형성, 정치적 안정 등을 가져올 수 있기에 긍정적이라 평가된다.[31] 또한 본 연구자들이 제안하는 모델은 노인을 위한 복지서비스 창출이라는 사회적 목표와 일자리 창출, 지역경제 부흥과 같은 경제적 목표의 동시적 추구가 가능하다는 점에서 사회적 경제모델로 기능할 수 있다. 사회적 경제의 활성화는 민간 및 공공 부문에서 해결되지 못한 사회적 요구를 해결함으로써 공공서비스 제공을 개선하고, 일자리를 창출하며 경제 생산성을 높임으로써 경제적·사회적 발전을 가져온다.[32] 이에 본 연구자들은 지역공동체 내에서 복지서비스가 자급자족

---

31 Putnam, Robert D., *The prosperous community: Social Capital and Public Life*, The American Prospect 13(Spring), 4(13), 1993, pp.35-42.

32 최예나, 「사회적 자본이 사회적 경제조직 참여에 미치는 영향에 관한 연구: 민주주의 인식도와 제도적 소통의 조절효과를 중심으로」, 『사회적 경제와 정책연구』, 9(2), 2019, pp.1-32.

될 수 있는 비대면 프로그램과 취미키트를 매뉴얼로 제작하여 전국적으로 확산시킬 것을 제안한다. 비대면 복지서비스로부터 소외되는 노인들이 없도록 비대면 프로그램의 운영 매뉴얼을 보급해 개별 지역사회 내에서 마을기업과 지역 노인복지센터가 협업하는 양상이 전개될 수 있도록 지원하는 과정이 필요하다고 생각한다. 이에 더해 특정 지역사회에서 비대면 프로그램 개발과 취미키트 제작을 관리하는 마을기업이 하나일 경우, 시장에서의 독점기업과 같은 구조가 되어 복지서비스의 질이 저하될 가능성이 농후하다. 이러한 맥락에서 마을기업을 관리하고 비판하는 주체로서 지역 노인복지센터의 역할을 강조하는 것 이외에도 마을기업이 높은 질의 비대면 프로그램을 개발하도록 유인할 기제가 마련되어야 한다. 이에 따라 본 연구자들은 전국적으로 노인들을 위한 비대면 프로그램을 담당하는 마을기업들 간 공유 플랫폼을 만들 것을 제시한다. 지역별 마을기업들이 개발한 비대면 프로그램 아이디어들을 공유하고 서로 피드백을 줄 수 있도록 플랫폼을 마련한다. 또 플랫폼 내에서 프로그램별 노인들의 만족도, 사회복지사들의 피드백 등을 고려해 높은 점수를 받은 마을기업에 추가적인 인센티브를 지급하는 것으로 한다. 이때의 인센티브는 정부 및 지자체에서 운영 중인 마을기업 지원사업과 연결해 마을기업에 대한 지원예산 편성 시 추가적으로 보조금을 제공하는 방식으로 이뤄질 수 있을 것이라 생각된다.

위와 같은 모델의 제안은 포스트 코로나 시대 노인 대상 복지 서비스의 중요한 방향성을 제시하는 의의를 갖는다. 더 나아가, 코로나 블루에 대한 본 해결 방안은 공동체 속에서의 연결을 필요로 한다는 점에서 지역공동체 내 다양한 행위주체의 협력을 수반하는 심리 방역의 가이드라인이 될 수 있다. 코로나 블루는 자연재해, 테러와 같은 다른 국가적 재난의 집단 트라우마에 비해 확산이 느리고 분산되어 있어 트라우마를 겪는 공동체에서 자발적인 치유의 노력을 기울일 유인이 적다. 때문에 정부와 사회가 개입을 하여 심리방역에 나서는 것이 필요하다. 이때 중앙 정부 차원에서 심리방역의 시스템을 구축하는 역할을 한다면 지역공동체에서는 직접적으로 코로나 블루에 노출되어 있는 사람들의 고립감을 해소하기 위해 노력함으로써 공동체로부터 도움을 받고 공동체 구성원들이 서로를 지지하여 코로나 블루를 극복할 수 있다는 것을 알려주는 것이 중요하다.[33] 본 연구자들이 제시한 지역공동체 내에서 마을기업, 지역 노인복지센터, 지역 소상공인, 지역 예술가 등이 협력함으로써 노인들을 위한 비대면 프로그램을 개발하고 취미 키트를 제작하는 아이디어는 그 과정 자체로 노인들에게 사회적 연결을 확인시키는 데 기여할 수 있다. 지역공동체의 구성원으로서 지역주민들과 연결되어 있다는 인식을 노인들에게 심어줄 수 있기 때문에 심리 방역에서 강조되는 사회적 연결의 조건이 충족되기 때문이다. 이와 더불어, 노인뿐 아니라 비대면 프로그램과 취미 키트 개발에 도움을 주는 예술가들과 지역 전통시장의 소상공인들, 그리고 이들을 연결하는 마을기업 활동가, 사회복지사 또한 사회적 연결망에 모두 포함되어 '우리'를 위한 사회적 가치를 창출해나가는 경험을 함께할 수 있다. 코로나로 인해 마음으로도 경제적으로도 위축되어 있는 모든 이들에게 지역공동체가 함께 마음을 나누고 도움을 줄 수 있는 공간으로 자리 잡을 수 있게 하는 것이 연구자들의 궁극적인 목표이자 기대 효과이다.

---

[33] The Economist, "Worldwide covid-19 is causing a new form of collective trauma". 2020.08.29.

참고문헌

연구 논문

김수연, 「코로나 블루, 코로나 앵그리-여러분의 마음은 괜찮으신가요?」, 『여성 우리』64, 부산여성가족개발원, 2020.

김창래, 「여가 프로그램의 활성화 방안에 관한 연구-노인 여가 프로그램을 중심 으로」, 『사회복지경영연구』, 7(1), 2020.

김형용, 「복지와 마을, 접합시도에 대한 시론: 개념적 그리고 실천적 쟁점을 중심으로」, 『비판사회정책』50, 2016.

이나윤, 강진호, 「코로나-19 사회적 사태를 경험한 65세 이상 노인들의 정서적 변화에 대한 현상학적 연구」, 『한국엔터테인먼트산업학회논문지』 14(6), 한국엔터테인먼트산업학회, 2020.

이승연·한미리, 「노인의 감사성향 및 감사표현과 정신적 웰빙의 관계-관계만족의 매개효과를 중심으로」, 『한국심리학회지:발달』, 29(3), 2016.

이은환, 「코로나19 세대, 정신건강 안녕한가!」, 『이슈&진단』, 경기연구원, 2020.

조아라·정영숙, 「노인의 감사와 성숙한 노화 및 주관적 안녕감 간의 관계」, 『한국심리학회지:발달』, 25(4), 2012.

최예나, 「사회적 자본이 사회적 경제조직 참여에 미치는 영향에 관한 연구: 민주주의 인식도와 제도적 소통의 조절효과를 중심으로」, 『사회적 경제와 정책연구』, 9(2), 2019.

최옥순·박경숙, 「경증 치매노인을 위한 푸드표현예술치료 프로그램이 인지기능, 자기표현 및 우울에 미치는 효과」, 『노인복지연구』, 74(3), 2019.

한동우, 「지역기반의 복지공급체계: 사회복지기관의 역할과 네트워크」, 『한국사회복지행정학』, 15(3), 2013.

H.C. Nguyen et al, *People with Suspected COVID-19 Symptoms Were More Likely Depressed and Had Lower Health-Related Quality of Life: The Potential Benefit of Health Literacy*, Journal of Clinical Medicine, 2020.

Putnam, Robert D., The prosperous community: Social Capital and Public Life, The American Prospect 13(Spring), 4(13), 1993.

Yeen Huang·Ning Zhao, *Chinese mental health burden during the COVID-19 Pandemic*, Asian Journal of Psychiatry, 2020.

단행본

신경희, 『서울행 마을기업을 통한 지역공동체 활성화』, 서울시정개발연구원, 2012.

압구정노인복지센터, 『마을방역 캠페인 결과보고서』, 압구정노인복지센터, 2020.

신문기사

경북신문, "대구시 마을기업, 코로나 19 극복 위해 취약계층 지원에 발벗고 나서", 2020.03.03., http://www.kbsm.net/default/index_view_page.php?idx=270603, (검색일: 2020.12.29.).

남보라, "“우리한테만 편파적” 겁나고 억울한데... 노인을 위한 정책이 없다", 2020.12.08., https://n.news.naver.com/article/469/0000560866, (검색일: 2020.12.29.).

노컷뉴스, "코로나19의 그늘... 노인들 ‘고립·소외’ 심화 우려", 2020.12.26., https://www.nocutnews.co.kr/news/5471196, (검색일: 2020.12.29.).

매일신문, "‘마음의 감기’ 우울증", 2018.03.07., http://news.imaeil.com/NewestAll/2018030700541433740, (검색일: 2020.12.29.).

아주경제, "[코로나와 노인] ① 일자리·여가생활 모두 ‘스톱’… 치매 증가 우려까지", 2020.10.14., https://www.ajunews.com/view/20201014064123739, (검색일: 2020.12.29.).

일간스포츠, "코로나 덮친 겨울…깊어지는 노인 우울증, 해법은", 2020.11.24.,

http://isplus.live.joins.com/news/article/article.asp?total_id=23928372, (검색일: 2020.12.29.).

축제뉴스, "코로나블루(우울증) 급속 확산..20·30대 청년층 '심각'", 2020.09.13., http://www.chookjenews.kr/news/articleView.html?idx-no=52644, (검색일: 2020.12.29.).

한국경제, "'코로나 블루' 심각…20대 우울증 환자, 4년 새 두 배 증가", 2020.09. 23., https://www.hankyung.com/society/article/2020092313247, (검색일: 2020.12.29.).

한국일보, "집에 갇혀 16시간, 홀로 버틴다…"노래교실·교회 바삐 다녔는데"", 2020.12.08., https://n.news.naver.com/article/469/0000560814, (검색일: 2020.12.29.).

The Economist, "Worldwide covid-19 is causing a new form of collective trauma". 2020.08.29.,

https://www.economist.com/international/2020/08/29/worldwide-covid-19-is-causing-a-new-form-of-collective-trauma, (검색일: 2020.11.10.).

인터넷 자료

코로나바이러스감염증-19 홈페이지. http://ncov.mohw.go.kr/. (검색일: 2020.12.29.).

서울시 COVID 19 심리지원단 홈페이지. http://covid19seoulmind.org/. (검색일: 2020.12.29.).

민주주의 서울 홈페이지. "알아보기 온-서울 캠페인". https://democracy.seoul.go.kr/. (검색일: 2020.12.29.).

서울특별시 내 손안에 서울 홈페이지. http://opengov.seoul.go.kr/media-hub/20132812. (검색일: 2020.12.29.).

2장

개인의 제로웨이스트 습관 형성을 통한
코로나19 일회용품 폐기물 문제 대응

-제로웨이스트 동기유발 유인에 대한 탐색적 연구를 중심으로-

김두진(서울대학교 정치학과)

안주희(서울대학교 정치외교학부)

황재원(서울대학교 정치외교학부)

프로젝트 요약

Q1 〔관심 문제〕어떤 문제에 관심을 가지고 있나요?

A1 코로나19가 전세계적으로 유행하면서 일회용품 사용 증가 등으로 인한 폐기물 문제가 심각하다. 사람들이 배달음식 서비스와 택배를 이용한 온라인 소비를 선호하게 되면서 일회용 포장재 및 식기 폐기물량이 급증하였다. 환경부 보도자료(2020.9.17.)에 따르면 코로나 장기화로 2020년 상반기 폐기물 발생량은 하루 평균 951톤, 플라스틱 폐기물은 848톤을 기록했는데, 이는 지난해 동기 대비 각각 11.1%, 15.6% 증가한 수치다. 폐기물량의 증가는 매립지 부족 문제와 부실한 재활용 시장구조로 인해 사후 관리가 어렵다. 따라서 소비 단계에서부터 폐기물을 줄이려는 노력이 요구되고, 이는 정부나 기업이 아닌 미시적 차원에서 일반 시민들의 '제로웨이스트' 라이프스타일의 함양을 요구한다. 따라서 폐기물 문제 해결의 실천적 주체로서 일반 시민들의 변화 동기 유발 요인들을 탐색해보았다.

Q2 〔연구 과정〕조사와 연구를 어떻게 진행했나요?

A2 먼저 문제 현황을 파악하기 위해 국내외 기사, 보도자료 등과 각종 문헌들을 활용하였다. 특히 제로웨이스트의 실천 현황을 파악하기 위해 국내 제로웨이스트 샵을 방문 조사하였고, 제로웨이스트를 이미 실천하고 있는 사람들을 대상으로 심층면담을 진행하였다. 면담을 통해 정리한 내용을 바탕으로 제로웨이스트 실천과 관련이 없는 무작위의 일반인을 대상으로 온라인 설문조사를 실시하였다. 이를 통해 폭넓은 대중을 대상으로 하여 보다 일반화된 현황을 파악하고, 참여유인을 추출하려 하였다.

문제 파악 후 해결책으로서 친환경 습관 개발을 도울 어플을 개발했다. 어플의 효과를 검증하고 한계를 파악하기 위해 자발적인 일반인 참여자들을 대상으로 2주간 베타테스트를 진행하였다. 베타테스트는 사전 설문조사, 변화 기록, 사후 설문조사 순서로 진행되었다.

Q3 〔아이디어〕어떤 새로운 해결책을 제시했나요?

A3 일반 시민들로 하여금 제로웨이스트 생활습관을 직접 경험해보게 하는 파일럿 프로그램을 설계하였다. 특히 설문조사 대상자 중 절반 이상(52.7%)이 폐기물 문제에 대해 문제의식이 있고 실천방법을 알지만 번거로워 실천하지 않는다고 응답했다는 점에 주목하였다. 이들을 주요 타겟층으로 삼아, 넛지 효과를 통해 실천을 독려할 수 있는 어플을 구상하였다. 어플을 구상함에 있어 두 가지 목적을 고려하였다. 첫째, 주기적인 알람 서비스를 통해 넛지 효과를 불러일으켜 사람들이 제로웨이스트 습관을 매일 실천하고, 궁극적으로 내면화할 수 있도록 돕는다. 둘째, 다이어리에 본인이 실천한 습관을 매일 기록하고, 타임라인 공간에 다른 사람들과 이를 공유하여 사회적 지지를 받도록 한다. 이러한 두 가지 효과를 달성하기 위해 연구진은 'Eco 발자국'이라는 모바일 어플리케이션을 개발하였다.

Q4 〔국제적 시너지〕한국 · 중국 · 베트남 대학생들이 어떻게 협력했나요? 이 과정에서 어떤 시너지나 어려움, 발견이 있었나요?

A4 매주 일요일 저녁 Zoom 화상채팅으로 정기적인 회의를 통해 각국의 상황과 해결책을 교류하였다. 처음에는 보다 포괄적이고 통일성 있는 해결책으로 프로젝트를 수행하고 각국에서 나타난 결과의 차이를 각국의 사회문화적 차이를 통해 해석해보고자 하였다. 그러나 각국이 처

한 코로나 상황과 캠퍼스 이용도와 같은 구체적인 사회적 상황이 매우 달라서 이러한 접근법은 수정되어야 했다. 이에 따라 각국의 상황에 맞는 해결책으로 각자 프로젝트를 진행하고 각국의 해결책들이 상호 보완적 측면이 있음을 확인하는 방향으로 선회하였다. 이러한 어려움에도 불구하고 각국의 차이를 확인하고 다양한 해결책에 대한 의견을 교류하는 것은 코로나 위기와 폐기물 문제에 대한 우리의 이해를 깊게 만들 수 있었다.

Q5 〔자기 혁신〕프로젝트를 마치고 나서 시민의 역할이나 Sympathy에 대해서 새롭게 느낀 점이 있다면? 또는 이 프로젝트·수업이 본인에게 어떤 의의가 있었나요?

A5 폐기물 문제에 대한 다양한 해결책들이 존재하지만, 대부분은 정부와 민간기업 부문에 초점을 맞추어 일반 시민의 역할이 과소평가되고 있다. 그럼에도 많은 시민들은 자신들의 작은 행동이 사회 변화의 초석이 되리라는 믿음 하에 작은 실천들을 해나가고 있었다. 제한된 시간의 프로젝트임에도 우리 주변 사람들의 인식을 제고하고, 라이프스타일을 변화시키는 것을 목격하면서 우리도 그러한 믿음을 공유하게 되었다. 나아가 현재의 코로나 위기 속에서, 이 프로젝트는 코로나로 더 심각해진 사회적 문제 해결에 있어 우리 학생들이 어떠한 역할을 할 수 있는지 길을 제시해 주었다고 생각한다.

I 문제제기

코로나19가 전세계적으로 대유행하면서 지구 환경이 더욱 몸살을 앓고 있다. 특히 일회용품 사용 증가로 인한 폐기물 문제가 심각하다. 감염 예방을 위해 일회용품 사용이 급증하면서 한국뿐 아니라 전세계 각국에서 추진하고 있던 플라스틱 억제 정책에 제동이 걸린 것이다. 우리나라의 경우, 2020년 2월 23일 코로나19 위기경보가 심각단계로 격상되면서, 환경부 고시 제2016-253호 1조 2항에 따라 각 지자체는 감염 방지를 위해 식품접객업종을 일회용품 사용규제 대상에서 제외할 수 있게 되었다. 이에 식당, 카페 등 식품접객소에서 일회용컵, 일회용 나무젓가락 등이 다시 모습을 드러냈다.

결정적으로 사람들이 외식 대신 배달 서비스를 이용하고 택배를 이용한 온라인 소비를 선호하게 되면서 일회용 포장재 및 식기 폐기물량이 급증하였다. 통계청 집계에 따르면 온라인 쇼핑과 배달음식 이용은 2020년 1월에서 7월까지 8조 6574원을 기록하여, 2019년 동기간 대비 약 74%가 증가하였고,[1] 택배(통합물류협회 가맹사 기준)는 2020년 1월에서 6월까지 16억 770만개로 2019년 동기 대비 약 20% 증가하였다.[2] 이에 따른 폐기물 증가량도 주목할 만하다. 환경부 보도자료(2020.9.17.)[3]에 따르면 코로나가 장기화되면서 2020년 상반기 폐기물 발생량은 하루 평균 951톤, 플라스틱 폐기물은 848톤을 기록했는데, 지난해 동기 대비 각각 11.1%, 15.6% 증가한 수치다.[4] 1월까지는 증가세가 10% 안팎이었으나

---

1   선병규, "환경부, 급증하는 플라스틱 폐기물 대책 발표", 국토일보, 2020.12.25.

2   제정남, "코로나19로 택배물량 24% 증가", 매일노동뉴스, 2020.9.25.

3   환경부 보도자료, '불법 폐기물 원천 차단을 위한 중간처리업 일제 조사', 2020.9.17.

4   김효인, "코로나가 키운 택배·배달… 쓰레기도 1년새 15% 늘었다", 조선일보, 2020.

2월부터 급증한 데에는 코로나19의 영향이 컸던 것으로 평가된다.[5]

중국의 플라스틱 폐기물 현황 역시 한국과 크게 다르지 않은 것으로 나타났다. 중국에서도 봉쇄 조치로 외부활동이 줄어들면서, 2020년 상반기 택배 배달량이 전년도보다 22% 늘어 340억개에 달했으며, 택배업 수업 역시 전년 대비 12% 증가한 3천825억 위안(한화 65조5천500억원)에 달했다.[6] 배달업계의 약 65%를 차지하는 메이퇀은 2020년 2분기 22억위안(3736억원)의 수익을 달성했는데, 이는 지난해 동기간 대비 95.5% 증가한 수치이다.[7]

베트남 역시 코로나19 사태 이후 플라스틱 소비가 심각해졌다. 대부분 학교들이 휴교를 하면서, 슈퍼마켓에서 플라스틱으로 포장된 음식 소비가 크게 증가했다. 코로나19로 인한 의료폐기물 증가도 두드러진다. Doximex(지역 마스크 제조업자)에 따르면 코로나19 이후로 마스크 생산량이 10배 가까이 증가했다. 마스크는 플라스틱으로 포장되기 때문에 이 또한 기업의 플라스틱 수요를 증가시켰다.

코로나 19로 인한 한국, 중국, 베트남의 플라스틱 폐기물 문제는 3국 모두에게 공통적인 환경 위협요소로 작용하고 있다. 이에 3국의 문제를 해결하는 과정을 교류하고 3국 학생들의 협력을 강화하는 차원에서 해당 프로젝트는 중국 UCASS(University of Chinese Academy of Sciences), 베트남 NEU(National Economics University) 학생들과 공동으로 진행되었

9.1.

5   플라스틱 폐기물은 1월 16.6%에 그쳤으나 2월에는 21.1%, 6월에는 25.1%까지 늘었으며, 비닐 폐기물 역시 1월에는 증가율이 8.1%뿐이었으나 코로나19 확진자 수가 급증한 4월에 15.1%로 훌쩍 뛰었다.

6   심재훈, "중국 코로나19 '집콕'에 택배업 호황…340억개 배달", 연합뉴스, 2020.7.10.

7   박민희, "플랫폼과 로봇에 갇힌 '21세기 중국의 전태일들'", 한겨레, 2020.11.10.

다. 삼국 모두 코로나19의 영향으로 플라스틱 폐기물 문제가 심각해졌음에 공감하고, 학생 수준의 해결방안을 모색하기로 하였다.

코로나 19로 인해 폐기물 문제가 3국의 공통적인 화두가 되었지만, 사실 폐기물 문제는 비단 코로나19에만 기인하지 않는다. 폐기물 문제는 매립지의 희소성과 폐기물의 기하급수적 증가로 꾸준히 그 문제가 제기되어 왔다. 국내에서는 2018년 4월 1일 '쓰레기 수거 대란' 발생으로 폐기물 문제에 대한 심각성이 대두되었다. '쓰레기 수거 대란'이란 중국이 고체 폐기물 수입을 금지함에 따라 수도권 아파트 단지에서 재활용 업체들이 폐비닐 수거를 거부한 사태를 말한다. 이로 인하여 정부와 기업은 다양한 정책과 방안들을 내놓기 시작했고, 일반 대중들도 폐기물 문제에 대한 심각성을 인식하기 시작하였다.

그렇다고 재활용만으로 폐기물 문제를 해결하기에는 한계가 있다. 국내 재활용 시장의 구조가 매우 부실하기 때문이다. 코로나19 영향 및 유가 하락으로 플라스틱을 새롭게 제조하는 비용이 절감되면서 플라스틱을 재활용하기보다 제조할 경제적 유인이 높아졌다. 그에 반해 대체제인 폐플라스틱 재생원료의 가격은 지속적으로 떨어져,[8] 재활용품 수거업체가 선별업체에 판매하여 벌어들일 수 있는 수익이 크게 감소하였다.[9] 이는 곧 수거업체가 공동주택으로부터 재활용품을 매입할 유인이 떨어졌음을 의미한다. 게다가 중국의 고체 폐기물 수입 금지 조치로 인해 해외로의 수출길도 막혔고, 소각단가의 상승[10]으로 소각도 마땅치

---

[8] 2020년 2월 단위 킬로그램당 289원이었던 페트(PET) 가격은 6월 기준 215원으로, kg당 554원이었던 폐플라스틱(PE재생 플레이크) 가격은 6월 기준 480원으로 내려갔다.

[9] 환경부 보도자료, "재활용품목 가격하락으로 불확실성 증가, 지원대책 확대 추진". 2020.7.16.

[10] 단위 톤당 소각단가도 2016년 18만원에서, 2019년 26만원, 2020년 6월 기준 40만

않은 실정이다.

이처럼 폐기물의 사후 관리가 어려운 상황에서는 소비 단계에서부터 폐기물을 줄이려는 노력이 요구된다. 이와 관련하여 본 연구에서는 최근 떠오르고 있는 '제로웨이스트'에 주목하려 한다. '제로웨이스트'란 폐기물을 발생시키지 않으려는 라이프스타일인 동시에, 모든 상품이 재사용될 수 있도록 하는 자원의 순환 구조를 형성하기 위한 실천적 노력을 의미한다. 물론 제로웨이스트를 산업, 도시 계획, 폐기물 관리 등 거시적 차원에서 접근할 수도 있지만, 본 연구에서는 미시적인 개인 라이프스타일로서 제로웨이스트를 다룬다. 곧, 정부나 기업이 아닌 '일반 시민'이 바로 제로웨이스트의 실천 주체이다. 한국, 중국, 베트남 3팀 모두 개개인부터 일상 속에서 일회용품 사용을 절감하는 것이 시급하다는 점과, 이를 위한 인식 제고와 친환경 습관화의 필요성에 공감하였다.

이에 본 연구에서는 폐기물 문제의 해결책으로서 일반 시민의 제로웨이스트 확대를 제안한다. 곧, '제로웨이스트' 라이프스타일을 더 많은 사람들이 습관화할 수 있도록 하여 정부 정책이나 기업의 노력만으로는 어려운, 지속적이고 장기적인 순환경제 시스템을 유도하는 것이다. 이를 위해 문헌연구 및 탐색적 조사를 통해 사람들이 제로웨이스트를 실천하는, 또는 실천하지 못하는 이유를 고민하고, 동기유발 유인들을 모색한다. 본 연구에서는 핵심 유인으로서 '제로웨이스트 직간접적 경험'에 주목한다. 이에 따라 사람들이 제로웨이스트 라이프스타일을 일정 기간 직접 실천하게 하여 습관화하도록 돕고, 그러한 습관들을 플랫폼에 공유함

원 정도로 상승하였다.
출처: 고도예, "석달새 1만6620t… '코로나 쓰레기산' 4곳 새로 생겼다", 동아닷컴, 2020.6.30.

으로써 스스로의 원동력으로 삼는 동시에 더 많은 사람들에게 제로웨이스트를 촉구할 것을 기대한다.

II 이론적 논의

폐기물 문제에 대응하는 데 정부, 기업, 일반 시민 각각 수행해야 할 역할이 있다. 그런데 기존 정책이나 선행연구에서는 정부와 민관협력에 초점을 둔 채 시민들의 역할은 간과하는 경향이 있다[11]. 이에 본 연구에서는 순환경제 시스템에서 시민들을 중요한 이해관계자로 부상시키고자 한다. 아래에서는 시민들의 참여가 왜 중요한지 각종 사례연구를 통해 살펴보고, 특히 제로웨이스트 라이프스타일의 맥락에서 시민들의 행위자성을 조명한다.

1. 시민참여의 중요성

첫째, 정부의 규제나 과세정책이 효과적이기 위해서는 시민들의 인식 제고 및 행동변화가 뒷받침되어야 한다. UNEP(유엔환경계획)은 어떠한 국가정책이 효과적이기 위해서는 인식 제고가 충분히 이뤄져야 한다고 권고한다. 소비자들이 일회용 플라스틱의 사회적, 환경적, 경제적 악

---

11 플라스틱 폐기물 관련 주요 보고서인 '플라스틱 대환민국: 일회용의 유혹(그린피스, 2019)'에서는 생산자책임재활용제도의 강화, 재사용 가능한 포장재를 고안할 기업의 책임, 플라스틱 사용량 통계조사 체계화 등을 촉구한다. '국내 대형마트 일회용 플라스틱 유통 실태 보고서(그린피스, 2020)' 역시 대형마트가 일회용 플라스틱 포장재를 줄여야 할 책임을 강조하고 있다. 그나마 '순환경제 모델 및 대응방안 마련(이소라, 2019)'에서 기업주도형 및 민관협력 순환경제 모델에 더해 '시민주도형' 모델을 반 페이지 가량 언급한 정도이다.

영향을 이해하면 행동 전환 과정에서 저항이 줄어들 수 있기 때문이다. 아일랜드의 "PlasTax"가 성공할 수 있었던 것은, 대중의 저항을 줄이기 위해 도입 이전부터 해당 과세의 환경적 필요성에 대해 충분히 설명하는 캠페인을 진행했기 때문이었다.[12]

둘째, 재활용이 효과적이기 위해서는 시민들이 분리배출하는 단계에서부터 개선이 요구된다. 우리나라의 생활쓰레기 선별량 대비 재활용률은 턱없이 낮다. 2018년 환경부의 5차 폐기물 통계조사에 따르면 종량제 봉투 속 폐기물의 53.7%가 종이·플라스틱·유리 등 재활용이 가능한 물품이었다. 일반쓰레기는 재활용으로, 재활용품은 일반쓰레기로 잘못 배출하는 경우가 많아 분리배출 노력에 비해 실제 재활용률은 떨어질 수밖에 없다. 결국 가정에서부터 올바른 분리배출법을 익혀 품목별로 '잘' 버려야 하는 것이다.

셋째, 기업의 변화를 촉구하는 데 일반 시민들의 역할이 결정적이다. 성공적인 예시로 '플라스틱 어택'을 들 수 있다. 이는 마트에서 물건을 구매한 뒤 불필요한 포장재를 매장에 버리고 구입품의 알맹이만 담아가는 운동으로, 제조업체들의 과대포장 감축을 요구하는 캠페인이다. 2018년 영국의 케인샴(Keynsham)에서 처음 시작하여 유럽 전역으로 확산된 시민 직접행동은 실제로 업계의 변화를 이끌어냈다. 첫 캠페인이 벌어졌던 영국 테스코(Tesco)에서는 2025년까지 100% 재활용 또는 생분해되는 소재의 포장재를 도입하겠다고 약속하고, 프랑스 유통업체 까르푸(Carrefour)도 '플라스틱 어택' 캠페인을 지지하며 플라스틱 포장재 자원이 100% 순환되는 시스템을 조성하기 위한 국가 조약을 제정하는 데 나섰다.[13]

---

12 위와 같음. p. 92
13 한승희, "포장 쓰레기에 손님이 뿔났다, 유럽에서 확산 중인 '플라스틱 어택'", 조선

2. 시민참여 환경운동

우리나라에서도 환경문제에 대한 국민들의 문제의식은 상당한 수준으로 형성되어 있으며, 이를 위한 시민들의 직접행동 노력이 다양하게 이루어져 왔다. 국제환경단체 그린피스가 '재활용 쓰레기 대란' 1주년을 맞아 실시한 '플라스틱 쓰레기 문제 및 해결 방안에 관한 대국민 인식도 조사' 결과에 따르면,[14] 지난 1년간 발생한 주요 플라스틱 쓰레기 사건[15] 에 대해 대다수 국민이 '알고 있다'고 답했으며, 그중 95%는 이러한 문제가 '심각하다'고 인지하고 있었다. 해당 문제의 발생 원인으로 65%가 일회용 플라스틱의 과도한 사용을 지적했고, 60.3%는 '플라스틱 소비량 줄이기'를 최우선적 과제로 꼽았다. 이처럼 국민 다수가 플라스틱 쓰레기 문제에 공감하며, 이를 해결하기 위해 사용량 자체를 줄여야 한다는 인식을 공유하고 있다. 이러한 문제의식은 개인의 행동 변화로도 이어졌다.

시민이 주도하는 플라스틱 순환경제 창출 모델로 '플로깅(Plogging)' 역시 주목할 만하다. 플로깅은 조깅이나 등산과 같은 운동을 하면서 불법투기된 쓰레기들을 줍는 활동이다. '비치코밍(Beach Combing)'은 해변에 버려진 쓰레기를 수거하여 예술작품이나 액세서리를 만드는 운동으로, 환경운동과 예술을 접목한 사례라고 볼 수 있다. 이처럼 플라스틱 없는 삶을 체험하는 시민참여 행사 및 캠페인이 다양하게 진행되면서, 더 이상 환경문제의 해결은 정부나 기업만이 아닌 시민들에게도 책임이 있다는 메시지가 확산되고 있다.

일보, 2018.6.5.

14 그린피스 동아시아 서울사무소, "국민 10명 중 9명, 플라스틱 감축 위한 강력 규제 원해", 그린피스 보도자료, 2019.4.1.

15 재활용 쓰레기 대란은 95.8%, 플라스틱 쓰레기 필리핀 불법 수출은 95.1%, 국내 쓰레기 불법 야적은 95.2%, 해양 생물 피해는 95.9%가 인지하고 있었다.

3. 제로웨이스트

이러한 맥락에서 '제로웨이스트'는 소비자 주도의 생활양식 변화를 촉구한다. 제로웨이스트는 폐기물을 최소한으로 배출하고, 잉여자원을 순환시켜서 낭비 없는 삶을 추구하는 생활방식을 의미한다. ZWIA(Zero Waste International Alliance)에 따르면 제로웨이스트란, "모든 제품, 포장 및 자재를 태우지 않고, 환경이나 인간의 건강을 위협할 수 있는 토지, 해양, 공기로 배출하지 않으며 책임 있는 생산, 소비, 재사용 및 회수를 통해 모든 자원을 보존하는 것"을 말한다. 과도하고 '불필요한' 쓰레기를 줄여나가는 데 의의가 있다.[16]

재활용과 제로웨이스트를 혼동하기 쉬운데, 제로웨이스트는 재활용과 같은 폐기물의 사후적 관리보다 '재사용'과 같은 사전적 절감에 초점을 둔다. 비 존슨(Bea Johnson)이 제시하는 제로웨이스트의 다섯 단계 중 앞 세 단계는 필요 없는 것을 '거절하기(refuse)', 새로운 소비 '줄이기(reduce)', '재사용하기(reuse)'이다. 4단계는 앞 3가지가 모두 어려운 경우 '재활용하기(recycle)'이며 마지막은 '퇴비화(rot)'로, 자연에서 분해되는 물건을 사용하고 사용 후에는 벌레퇴비하는 것이다.

4. 제로웨이스트 관련 국내외 선행연구

해외에서는 제로웨이스트에 대해 다양한 연구가 이루어져 왔다. 산업, 도시계획, 순환경제 등 거시적 관점에서 제로웨이스트를 접근하는 연구가 주를 이루었다. 제로웨이스트를 Song, Qingbin 외(2015)는 산업구조화 양식으로서 접근하였고, Zaman, Atiq과 Lehmann, Stef-

---

16 애초에 제로웨이스트의 '웨이스트(waste)'는 쓰레기 총체보다는 '낭비', '잉여'를 뜻한다는 데서 제로웨이스트를 보다 분명히 이해할 수 있다.

fen(2013)은 도시 계획의 관점에서 접근하였다.

보다 미시적인 관점에서 개인의 라이프스타일로써 제로웨이스트에 접근하는 저서는 다양하게 존재하나, 학술적인 문헌은 드물다. 대부분의 저서들은 일상 생활에서 제로웨이스트 라이프 스타일의 원칙과 실천방법을 공유하는 내용을 담고 있다. 대표적으로 Bea Johnson이 'Zero Waste Home(2013)'에서 제시한 5R(reduce, reuse, recycle, refuse, rot)는 여전히 제로웨이스트 실천의 주요 원칙으로 거론된다.

다양한 연구와 저작들이 존재하는 해외와 달리, 국내 제로웨이스트 논의는 비교적 제한적이다. 기존의 폐기물 문제에 대한 논의는 주로 도시환경 측면이나 환경공학적 측면에서 이루어지거나, 윤리적 소비 혹은 녹색 소비와 같은 소비자의 행위적 측면에서 이루어져 왔다. 제로웨이스트 개념은 주로 패션디자인 학계에서 활발하게 논의되었는데, 김인경 등(2016), 강남 외(2020), 이유선 외(2020) 등은 제로웨이스트를 패션디자인의 중요한 원칙으로 기술하고 있다.

최근 출판된 다양한 제로웨이스트 라이프스타일 관련한 저서들은 국내에서도 제로웨이스트가 새롭게 주목받고 있음을 방증한다. 일상 속 실천 팁들을 공유한다는 점에서 개인 실천적 차원에서 의의를 찾을 수 있다. '오늘을 조금 바꿉니다(정다운 외, 2020), '그건 쓰레기가 아니라고요(홍수열, 2020)' 등 비교적 최근에 나온 책들이 주를 이룬다.

III 탐색적 조사

1. 연구 목적 및 연구 방법

본 연구는 코로나19 시국에 개인들이 제로웨이스트를 실천하는 데 도움이 될 방안을 모색하려고 한다. 그에 앞서 제로웨이스트가 사회 곳곳에서 구현되고 있는 현황과 그 문제점을 살펴보고자 한다. 제로웨이스트 개념은 사람마다 그 정의가 다를 수 있고, 그로 인해 실천 방법이나 범위의 통일된 기준을 찾기 어려울 수 있다. 따라서 우선적으로 제로웨이스트샵 '더 피커'를 현장방문하여 관계자와 면담을 진행하고, 제로웨이스트를 이미 실천하고 있는 사람들을 대상으로 심층면담을 진행하였다. 면담을 통해 정리한 내용을 바탕으로 제로웨이스트와 관련이 없는 무작위의 일반인을 대상으로 온라인 설문조사를 실시하였다. 폭넓은 대중을 대상으로 하여 보다 일반화된 현황을 파악하고, 참여유인을 추출하였다.

2. 심층면담

1) 제로웨이스트샵 '더 피커' 인터뷰

연구진은 2020년 10월 29일 서울 성동구에 위치한 제로웨이스트샵 '더 피커'를 현장방문하여 관계자와 면담을 진행했다. 면담 내용은 샵의 운영 방식, 소비자 현황, 제로웨이스트에 대한 소비자들의 인식 등이 주를 이루었다. 운영적 측면에서는 제로웨이스트 샵이 단순히 상품의 소매점으로서의 역할을 넘어서 '제로웨이스트'라는 사회적 흐름의 공간적 구심점이 되고 있음을 확인할 수 있었다. 정부, 기업과의 협업도 활발히 이루어지고 있었으며, 샵 운영자는 각종 강연 등을 통해 온오프라인으로 제로 웨이스트의 홍보와 교육을 담당하고 있었다.

2016년에 샵을 오픈했어요. (중략) 2018년 쓰레기 대란 이후 제로웨이스트 쓰레기 이런 거에 이목이 집중되면서 더피커가 많이 알려지게 되었어요. 그때 사업의 확장, 이념의 확장을 위해서 레스토랑 파트는 빠지고 (중략) 대표님이 환경부 고문 위원, 컨설팅도 하서요. 더 큰 쪽에서 소통을 하는 역할도 하는 거죠. 단순 소매만 한다기보다는. 기업, 정부와 활발히 사이클이 이루어져야 하니까. 강연 교육 고문위원 등을 통해서 (중략) 단체나 환경관련 분들 기업 정부 탐방도 오시고 개인들의 소비를 바꾸려고 하는 것보다도 개인과 더 큰 것들을 만들어내는 그쪽 분들을 상대하려고 노력도 하고 있어요. 많은 다양한 분들이 하나에 치중하지 않게끔….

이는 샵 운영자의 환경에 대한 진정성 있는 관심이 단순한 판매행위에 그치지 않고 교육, 정책 고문 등의 영역으로 확장되고 있음을 보여준다. 전문가가 제공하는 양질의 정보와 교육에 일반인들이 쉽게 접근할 수 있다면, 제로웨이스트 라이프스타일의 확산과 정착에 큰 도움이 될 수 있을 것으로 보인다. 이하 한계 한 문단 삭제

정부 정책이 제로웨이스트의 제품 선택과 유통을 충분히 관리하고 있지는 못한 부분에 대하여 단순히 정부의 정책 입안을 기다리기보다는, 우선적으로 시민 주도적인 제로웨이스트 운동의 전개가 필요해 보인다.

제로웨이스트샵을 방문하는 소비자 프로필에 대한 이야기도 나누었다. 소비자가 특정 연령층이나 성별에 집중되기보다, 다양한 관심사-환경, 건강, 폐기물, 채식 등-을 지닌 사람들로 확대되고 있음을 확인할 수 있었다. 제로웨이스트샵 제품이 상대적으로 가격이 높게 책정되지만, 대부분의 샵 이용자들은 환경에 대한 문제의식에 공감하고 제로웨이스트 라이프스타일에 대한 관심도가 높기에 높은 가격을 감수하고 제품을 구매하는 모습을 보인다고 한다.

연령층 성별은 무관하고 다양하게 오서요. 환경에 관심이 있고 제로

웨이스트가 쓰레기 문제도 있고 사회적 문제 비건 이런거에 연결고리
가 있으니까 환경 동아리여서 오기도 하고 관심 많아서 오기도 하고
건강 안 좋아져서 음식부터 라이프 스타일까지 바꿔보고자 오기도 하
셔요. 다양한 동기가 있는 것 같아요.

또한 높은 가격과 같은 장애 요인도 시민들의 환경적 문제의식이
뒷받침된다면 어느 정도 상쇄될 수 있음을 알 수 있었다. 아울러 가격 부
담을 낮춰줄 정부 지원 등은 부재하는 것으로 보아, 정부 정책이 개인 라
이프스타일의 영역에까지 미치지는 못하고 있음이 드러났다.

2) 제로웨이스트 실천가 심층면담

(1) 연구방법

본 연구에서는 국내 대표적인 제로웨이스트 온라인 커뮤니티인 카
카오톡 오픈채팅방 '쓰레기 없는 세상을 꿈꾸는 방'에서 제로웨이스트
실천가들 중 인터뷰 대상자를 모집하여 반구조화된 심층면접을 진행했
다. 오픈채팅방 '쓰레기 없는 세상을 꿈꾸는 방'은 2018년 7월 2일 설립
되었으며, 2020년 12월 29일 기준으로 710명이 참여하고 있다. 제로웨
이스트 참여 일상을 공유하고, 환경 관련 다양한 뉴스기사나 다큐멘터리
등 정보를 공유하며, 국민청원 등 환경관련 정치참여를 독려하는 성격의
오픈채팅방이다.

반구조화된 심층면접 방식을 택한 이유는, 문헌조사만으로는 실제
제로웨이스트가 한 개인의 삶에서 어떻게 발현되는지 구체적으로 알기
어렵고, 특히 제로웨이스트를 실천하게 된 개인적 동기를 파악하는 데
한계가 있기 때문이다. 표1은 반구조화된 심층면접 질문지이며, 반구조
화된 면접인 만큼 면접 대상자에 따라 질문 내용과 흐름은 변주를 주어

표1 반구조화된 심층면접 질문지*

카테고리	내용
인적 사항	나이, 직업, 거주지역 등
제로웨이스트에 대한 생각	제로웨이스트란 무엇이라고 생각하시나요? 제로웨이스트 활동의 범위는 어디까지라고 생각하시나요? 제로웨이스트를 추구하는 목적이 무엇인가요?
인식하게 된 계기	어떤 계기로 제로웨이스트 혹은 폐기물 문제를 알게 되었나요?
참여하게 된 계기	어떤 계기로 제로웨이스트 활동을 시작하게 되었나요?
지속의 원동력	제로웨이스트 활동을 지속할 수 있는 원동력은 무엇인가요?
배달음식 폐기물과 관련하여	코로나19로 인해 본인의 배달음식 주문이 증가했나요? 배달음식을 시켜야 한다면 폐기물을 줄이기 위해 어떤 노력을 기울였나요? (플라스틱 수저 거부 등) 배달음식으로 발생한 폐기물은 어떻게 처리하였나요? (분리수거 방법 등) 배달음식 폐기물을 줄이기 위해 기업이나 정부에 바라는 점이 있나요?

* 노하은(2020)의 반구조화된 심층면접 질문지 문항을 재구성하였다.

진행했다. 주로 제로웨이스트에 대한 인식, 참여와 유지 강화의 계기, 코로나19의 영향, 기업이나 정부에 바라는 점 등에 대해 질문하였다.

　　총 3명이 인터뷰에 응하여 개별적으로 면담을 진행했다. 코로나19에 따른 사회적 거리두기 강화로 불가피하게 전화면담 방식을 택하였다. 표2는 인터뷰 참여자들의 개략적 정보이다.

표2 인터뷰 대상자 목록

코드	성별	연령	직업	일시
A	여	50대	어린이집 조리사	2020.11.13.
B	여	30대	회사원	2020.11.14.
C	여	40대	대학강사, 음악가	2020.11.14.

(2) **연구결과**

인터뷰 대상자들이 제로웨이스트에 참여하게 된 계기는 주로 제로웨이스트를 실천하는 다른 사람을 관찰하면서 또는 스스로 그 필요성을 인식해서였다. A는 다른 제로웨이스트 실천가의 삽화를 보고서, B는 살림의 간소화를 위해, C는 독일에서 홈스테이를 했던 할머니의 실천을 보고서 제로웨이스트에 동참하게 되었다.

A: 우연한 계기에 고금숙 금자님[17]이 세면대에서 손 씻은 물 배수관을 변기로 갈 수 있게 만든 삽화를 봤는데, 머리를 탁 치게 괜찮다고 생각했어요. (중략) 편의점에서 사람들이 사가지고 먹는 게 걱정되어서 자연주의에 관심 가지게 되다 보니 자연스럽게 건강, 자연환경 해치지 않겠다는 관심이 확대되어서 제로웨이스트로 오게 되었어요.

B: 사실 살림하는 게 힘들어서 조금 심플하고 싶어서 시작했어요. 제일 처음은 치우는 게 힘들어서 미니멀라이프에 입문하게 됐죠.

C: 제가 어떤 독일 할머님 댁에 머물렀는데 그분 쓰레기통이 너무 깨끗한 거에요. 그 분 사시는 패턴을 관찰해보니까 (쓰레기) 나올 만한 게 정말 없었어요. 먹는 음식은 스스로 다 밭에서 일궈내시고 거기서 나온 쓰레기는 다 퇴비로 쓰시고... 그걸 계기로 관심을 갖기 시작했어요

역으로 자신들의 제로웨이스트 실천을 일상의 주변인들에게 권하면서 선한 영향력을 미치고 있음을 긍정하였다.

A: 어린이집 원장님도 종이가 버려지는 게 많고, 쓰레기 문제를 제가

---

17 망원동 알맹 프로젝트를 진행하는 환경운동가이다.

틈만 나면 얘기하니까..(중략) 이제는 메뉴를 필요한 개수만 뽑아요. 뽑기 전에 생각을 하신다는 거에요.

B: 홍보 아닌 홍보를 했었는데, 시간이 지나니까 말로만 했을 때는 효과가 없었던 것 같고. 주변 지인들이 집에 와서 보거나 사용하는 물품 – 대나무 칫솔 같은 거 보고 '어 이거 괜찮은데? 이거 뭔데?' 했을 때 '이게 제로웨이스트고 플라스틱 칫솔은 100년 지나도 안썩는다는데 써봐라' 권하는 경우나, 선물주거나 체감해보고 아 이건 괜찮더라 하는 경우가 있었었어요.

C: 제 학생들이 저한테 배우러 오거나 할 때 저를 보고 배우고 따라하는 걸 느끼기 시작해요. 그런 면에서는 작은 영향력을 끼칠 수는 있구나… 환경 운동가까지는 아닌 듯 해요.

제로웨이스트를 유지·강화하는 계기로 A는 신념과 생존에 대한 절박함, B는 뿌듯함, C는 신념과 죄의식을 들었다. 이를 통해 제로웨이스트 참여의 계기는 외적 자극과 내적인 인식 변화 등 다양할 수 있지만, 결국 지속의 원동력은 모두 내적인 요소임을 확인할 수 있었다.

A: 생존에 대한 절박함이 없으면 본인이 실천하기 어려울 것 같아요. 제가 자녀가 없는 사람이었으면 이렇게 절실하지 않았을 것 같아요. "우리는 자연환경을 후손한테서 빌려온 거다"라는 말이 있잖아요. 빌려온 거는 그대로 가져다줘야지..

B: 만약 너희 집앞에서 쓰레기를 마당에 묻거나 직접 해결하라고 하면 쓰레기를 줄일 거 아니에요. 이걸 어떻게 자기 문제로 절박하게 해야 할까....

C: 인간 뿐 아니라 다른 생명체와도 공존하는 것이 굉장히 중요하다

는 것을 느껴요. 나의 죽음 이후에도 지구에 남아 있을 모든 생명체에게 고이 지구를 넘기고 싶다는 생각을 해요.

특히 C는 제로웨이스트를 어렸을 때부터 교육과정에 편입하여 인식을 제고시킬 필요성을 강조했다.

> C: 우리 세대에서 못했잖아요, 윗세대도 못했고...중고등학교 아이들의 책을 봤더니 그냥 알만한 정도로만 써 있던데, 그 정도 말고 환경 부분에 관한 어떤 교과서처럼 지구가 위험하다 라는 것을 알릴 수 있을 정도로 교육과정에 들어갔으면 좋겠어요. (중략) 독일에서 유치원 다니는 아이들에게 쓰레기에 관해 가르치는 과정을 본 적이 있는데, 충격적이었어요. 사실적이고 적나라하고 우리 어른들이 이렇게 해서 된거야 라고 설명을 하더라구요. 그럼 아이들이 질문을 많이 해요. 이러면서 어른들도 반성하게 되고..

코로나19의 영향과 관련하여, B의 경우 어쩔 수 없이 배달음식을 시켜먹게 되는 경우가 증가했다고 밝혔으나, A와 C는 평소 제로웨이스트 실천이 습관화되어 있어, 코로나로 인하여 증가한 폐기물 발생량은 없다고 말했다. 물론 A와 C도 주변에서는 코로나로 인해 확실히 폐기물 발생량이 증가하는 것 같다고 덧붙였다. 곧 제로웨이스트가 습관화되어 있으면 코로나19와 같은 외부적 요인에도 크게 신념이 흔들릴 일은 없음을 알 수 있다.

이러한 응답들을 통해 개인적 차원에서 제로웨이스트 라이프스타일의 활성화를 위하여는 직접적인 실천 경험, 교육 등을 통한 동기 부여, 실천들의 습관화가 중요함을 확인할 수 있었다. 이는 개인들의 직접적인

실천을 유도하고, 유용한 정보의 제공과 개인들 간의 상호작용을 통한
동기부여가 이루어질 수 있다면, 이러한 실천이 일회성 이벤트에 그치지
않고 습관을 형성하게 될 수 있을 가능성을 시사한다.

3. 일반인 대상 설문조사

마지막으로, 제로웨이스트 실천 여부와 무관하게 대중을 대상으로
'코로나19 이후 증가한 배달음식 폐기물 문제에 대한 인식과 제로웨이
스트 실천'을 알아보기 위해 온라인 설문조사를 실시하였다. 2020년 11
월 18일부터 20일까지 3일에 걸쳐 진행하였으며, 각종 SNS에 구글 설문
조사 링크 주소를 올려서 참여를 독려하였다.

총 203명이 응답했는데, 그중 남성이 45.8%, 여성이 54.2%를 차지
했다. 응답자의 연령 구성은 10대 2명, 30대 초반 8명을 제외하고 전부
20대로 구성되었다. 응답자의 직업은 직장인 12명을 제외한 나머지 전
부가 대학생이었다.

설문조사는 코로나19가 배달음식 주문횟수에 미친 영향, 제로웨이
스트에 대한 인식과 인식 계기, 실천 정도, 실천의 어려움, 실천을 위한
방안들에 대한 설문들로 구성되었다.

배달음식 주문횟수에 관해, 응답자의 66.5%가 코로나 이전보다 주
문횟수가 증가했다고 답하여 코로나19로 인한 폐기물 문제의 심각성을
다시 한 번 확인할 수 있었다. 증가한 이유로는 대부분이 코로나19로 인
한 위생 우려 및 매장 방문에 따르는 불편함(마스크 착용, QR 코드 등)을 들
었다.

배달음식을 주문할 때 폐기물을 줄이기 위해 노력하는 사람들은 많
지 않았다. 65%는 일회용 수저 거절옵션을 체크한다고 답했으나, 나머
지 종류의 노력들—플라스틱 쓰레기가 최대한 덜 발생하는 음식 종류를 시키거나,

필요없는 물품(예를 들어 피자세이버)은 빼달라고 미리 요청하는 등—을 실천하는 사람은 전체 응답자의 10% 미만이었다. 게다가 일회용 수저를 거절하더라도, 응답자의 41.1%는 일회용 수저를 받은 경험이 있다고 답하여 기존 친환경 제도조차 제대로 실현되지 못하고 있음을 발견하였다.

제로웨이스트를 이미 실천하고 있는 응답자들의 경우, 실천을 지속할 수 있는 원동력으로는 '습관화'라고 응답한 비율이 높았고, 양심, 지속적인 경각심, 뿌듯함, 의무감 등이 뒤를 이었다. 상술한 심층인터뷰에서 언급된 내적인 요소와 더불어, '습관'이라는 행태적 요소가 가장 많은 비중을 차지하여, '습관화'를 위한 방안의 제시가 필요함을 확인할 수 있었다.

이후 문항은 '제로웨이스트'로 구체화하였다. '제로웨이스트'를 들어본 응답자는 37.9%에 불과하였고, 전체 응답자 중 제로웨이스트를 실천하고 있다고 답한 응답자는 14.3% 뿐이었다. 제로웨이스트의 개념을 설명한 후 관심 정도를 물었을 때, 응답자의 62.1%가 1(관심없음)-5(관심많음) 척도 중 4 또는 5로 응답하여, 제로웨이스트가 확대될 수 있는 잠재력을 확인했다. 제로웨이스트 실천과 관련하여, 실천에 어려움을 겪는 이유로 실천방법을 알아도 번거롭다는 응답이 52.7%로 제일 많았고, 문제의식은 있지만 실천방법을 모르겠다는 응답이 38.9%, 폐기물 문제의 심각성이 와닿지 않는다는 응답이 20.7%였다. 이러한 이유가 해소된다면 노력을 기울일 의사가 있느냐는 질문에는 응답자의 96.5%가 긍정적으로 응답하였다.

실천을 위한 자극을 가장 크게 받을 수 있는 방법으로는 응답자의 51.7%가 '직접적인 혜택(일회용 수저 거절 시 할인혜택 등)', 28.1%가 직간접적인 경험(제로웨이스트 제품 이용, 지인의 제로웨이스트 실천기 관찰 등), 18.7%가 정보 노출(폐기물 문제 관련 다큐멘터리, 언론기사, SNS 홍보물 등)을 택했다. 이를 통해 제로웨이스트에 대한 직간접적 경험과 적절한 정보 제공이 이루어질 경우, 제로웨이스트 습관화에 큰 효과를 거둘 수 있음을 확인하였다.

4. 연구 방향

연구진은 문헌연구와 탐색적 조사를 통해 일반 시민의 친환경 생활습관 함양에서 폐기물 문제에 대한 해답을 찾을 수 있다고 판단하였다. 정부의 정책이 장기적이고 지속적인 효과를 거두기 위해서는 시민들의 인식 제고 및 행동 변화가 필수적임을 다양한 문헌 및 사례연구를 통해 확인할 수 있었다. 아울러 시민의 소비패턴 전환은 소비자 니즈에 민감한 기업의 변화를 유도할 수 있다는 장점도 지님을 '플라스틱 어택' 사례에서 유추할 수 있었다. 개인 라이프스타일로서 제로웨이스트가 순환경제 시스템으로의 전환을 이끌어낼 요인으로 주목받는 이유다.

그렇다면 일반 시민의 제로웨이스트 실천을 어떻게 유도할 수 있을까? 심층면담에 따르면 제로웨이스트를 실천하는 사람들은 주로 제로웨이스트를 이미 실천하는 다른 사람을 보면서 자극을 받았다. 이처럼 제로웨이스트를 직간접적으로 접하게 되는 경험이 중요한 동기유발 유인임을 확인할 수 있었다. 설문조사 역시 비슷한 결과를 드러냈다. 제로웨이스트를 실천하게 해줄 자극으로서 응답자 중 두 번째로 많은 비중인 28.1%가 '직간접적 경험'을 꼽았다. 물론 설문에서 절반 이상(51.7%)은 '직접적 혜택'을 선택한 것이 사실이다. 하지만 연구진은 친환경 매거진 쏠(SSSSL) 배민지 편집장과의 면담[18] 끝에 직접적 인센티브는 지속 가능

---

[18] 2020년 12월 22일 SK 대학생 자원봉사단 SUNNY(이하 SK SUNNY) 측에서 제공한 멘토링 프로그램 일환으로 환경 매거진 쏠(SSSSL) 배민지 편집장과 면담을 진행하였

한 유인이 될 수 없다고 판단했다. 인센티브는 사람들에게 왜곡된 동기를 심어줄 수 있고, 인센티브가 사라질 시 기존 습관으로 회귀할 수 있기 때문이다. 연구진은 이러한 조언을 수용하여 제로웨이스트에 대한 '직간접적 경험'을 동기유발 유인으로 삼기로 하였다.

이러한 이유로 일반 시민들로 하여금 제로웨이스트 생활습관을 직접 경험해보게 하는 파일럿 프로그램을 설계하였다. 특히 설문조사 대상자 중 절반 이상(52.7%)이 폐기물 문제에 대해 문제의식이 있고 실천방법을 알지만 번거로워 실천하지 않는다고 응답했다는 점에 주목하였다. 이들을 주요 타겟층으로 삼아, 넛지 효과를 통해 실천을 독려할 수 있는 어플을 구상하였다. 즉 평소에는 번거롭고 까먹기 일쑤지만, 주기적인 '알리미 서비스'와 같은 외부의 자극이 있다면 개인의 습관 형성을 도울 수 있을 것이라 판단했다. 그리고 일정 기간 동안 제로웨이스트를 실천한다면, 그것이 습관화되어 나중에는 알리미 서비스 없이도 제로웨이스트를 내면화할 수 있으리라 기대했다.

B.J. 포그의 "Tiny Habits" 개념에 따르면, 매일 지킬 수 있는 작은 습관에 전념하여 하루라도 놓치지 않는다면, 어느새 습관은 일상의 루틴처럼 자동반사적인 형태로 삶에 녹아든다고 한다. 그 과정에서 자신의 노력을 리뷰하고 새로운 습관을 다른 사람들에게 알리면 습관에 대한 책임감을 더욱 기를 수 있다. 어플을 이용하여 진행 상황을 추적하고 해당 습관을 공유하는 온라인 커뮤니티 또는 소셜 미디어 계정에 정기적으로 업데이트한다면, 사회적 지지를 얻어 습관화가 더욱 탄력을 받을 수 있는 것이다.

다. 본 연구에서 개발한 어플인 'Eco 발자국'의 설계, 파일럿 프로그램의 진행방식 등에 대한 조언을 받았다.

따라서 본 연구에서는 두 가지 목표를 세웠다. 첫째, 주기적인 알람 서비스를 통해 넛지 효과를 불러일으켜 사람들이 친환경 습관- 일회용 폐기물을 줄이는 습관-을 매일 실천하고, 궁극적으로 내면화할 수 있도록 돕는다. 둘째, 다이어리에 본인이 실천한 습관을 매일 기록하고, 타임라인 공간에 다른 사람들과 이를 공유하여 사회적 지지를 받도록 한다. 이러한 두 가지 효과를 달성하기 위해 연구진은 'Eco 발자국'이라는 모바일 어플리케이션을 개발하였다.

Ⅳ 해결방안 제안

'Eco 발자국'은 사람들이 일회용품 폐기물을 줄이는 생활습관을 기를 수 있도록 스스로 설정한 시간대에 습관 알람을 보내주는 모바일 어플리케이션이다. 각종 문헌연구와 심층면담, 설문조사 등을 통해 많은 사람들이 환경을 보호하고 싶다는 막연한 생각과 의지는 가지고 있으나 가장 쉬운 습관조차도 스스로 지키기 귀찮아하거나 잊는다는 것을 알 수 있었다. 텀블러를 챙겨 나가면 일회용 플라스틱 컵 사용을 줄일 수 있고, 식료품을 사러 나갈 때 장바구니를 챙겨 나가면 비닐봉지를 안 사도 된다는 것쯤은 대부분 인지하고 있다. 그럼에도 습관이 자리 잡기 전에는 여유 없는 삶 속에서 하나하나 기억해 지키기 쉽지 않은 것이 현실이다. 그런 개인들이 스스로 세운 친환경 습관 목표를 보다 쉽게 실천할 수 있도록 매일 비슷한 시간대에 푸쉬 알람을 보내주면 습관이 더 용이하게 자리 잡을 수 있을 것이라 판단하였다.

푸쉬 알람 서비스를 제공할 뿐만 아니라, 사용자들은 자신이 지킨 습관이나 각오 등을 본인만 볼 수 있는 다이어리에 기록할 수 있으며, 다

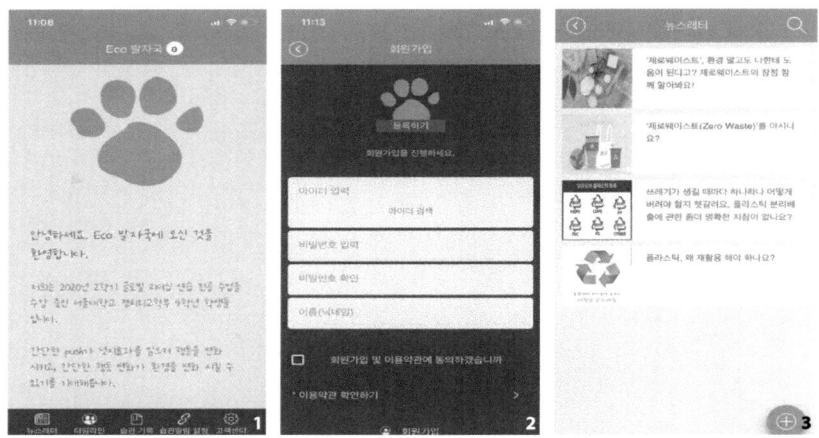

1. 앱을 처음 켰을 때 나오는 홈화면이다. 앱에 대한 간단한 소개와 환영 인사, 목표가 나온다.
2. 앱 내 회원가입을 통해 타임라인에 글을 작성할 수 있게 되며, 푸쉬알람을 전송받을 수 있다.
3. 뉴스레터 탭을 통해 환경과 관련된 기사, 정보, 지식, 환경 보호 팁 등을 공유받을 수 있다.

그림1   앱 UI (1)

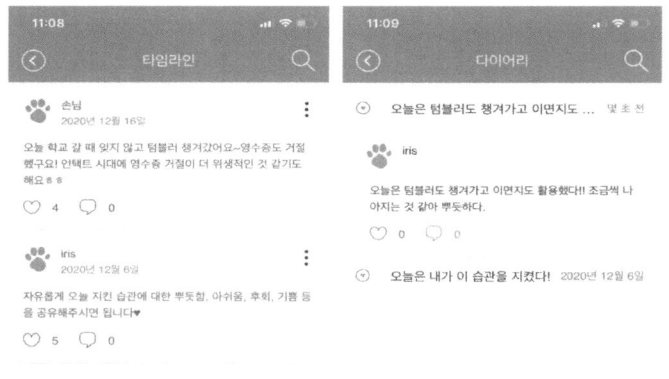

1. 앱 내 타임라인 기능을 통해 다른 사용자와 소통할 수 있다. 각오를 공유하면서 서로 동기 부여를 할 수도, 본인만의 환경 보호 팁을 나누는 공간이 될 수도 있다.
2. 앱 내 다이어리 기능을 통해 작성자만이 열람할 수 있는 공간을 마련했다. 환경 습관이 자리잡히기까지 습관 달성 여부를 기록하여 스스로의 변화 과정을 확인할 수 있다.

그림2   앱 UI (2)

른 사용자들이 열람할 수 있는 타임라인에도 공개하여 서로 피드백을 주고받을 수 있다. 또한, 정기적으로 환경보호에 대한 뉴스, 팁, 국민청원 등을 공유하는 기능도 있다. 이 서비스의 궁극적인 목표는 혼자 지키기는 어렵지만 함께 하면 더욱 쉬운 환경보호를 돕는 것이다. 'Eco 발자국'은 안드로이드와 iOS 기반 앱 서비스로, 구글 플레이스토어와 애플 앱스토어에 업로드하여 시범 운영 하였다.

1. 서비스 개요

앱의 사용자 인터페이스(UI)와 사용자 경험(UX)은 다음과 같다.

사용자가 설정할 수 있는 습관의 목록은 표3과 같다. 사용자들이 원하는 별도의 습관이 있다면 추가로 요청할 수도 있게 해놓았다. 습관들은 그린피스에서 진행하는 '지구를 위한 매일 챌린지'를 참고하여 가감하였다.

각 습관을 지키도록 발송하는 푸쉬알람의 예시는 표4와 같다. 광고성 푸쉬알람이나 단순 반복적인 대다수의 푸쉬알람과의 차별화를 위해

표3   앱이 제공하는 습관 알림 목록

1. 텀블러, 머그컵, 유리컵 챙겨가기
2. 물건 사러 나갈 때 에코백 또는 장바구니 가져가기
3. 배달어플 이용시 일회용 수저 대신 내 수저 사용하기
4. 일회용 플라스틱 빨대 거절하기
5. 물티슈, 핸드타올 대신 손수건 챙겨가기
6. 일회용으로 낱개 포장된 제품은 피하기
7. 영수증 거절하기
8. 올바른 분리배출법 실천하기
9. 음식점에서 포장해올 때 다회용기 챙겨가서 담아오기
10. 이면지 쓰기
11. (기타: 본인 설정)

표4   앱 푸쉬알람 예시

푸쉬알람 제목 예시	내용 예시
활기찬 아침! 텀블러 챙겨가요♥	추운 날씨에 따뜻한 음료수가 생각나시죠? 미리 챙겨간 텀블러에 담아 뿌듯함을 느껴보세요!
똑똑! 에코백이나 장바구니는 챙겼나요~?	장 볼 때 종량제 봉투에 아깝게 돈 쓰기보단 장바구니 챙겨가는 게 어떨까요~?
열심히 일 해 배고픈 당신!	집에서 음식 배달시킬 때는 굳이 필요 없는 일회용 수저는 거절하기~!
받기 전 '종이 영수증은 됐습니다' 말하는 당신은 멋쟁이!	영수증 종이를 만들기 위해 1년간 12만 그루 이상의 나무를 베어낸다는 사실, 알고 계셨나요? 오늘은 영수증 거절해보아요!!
이면지를 활용하는 당신은 오늘도 나무를 살렸어요!	당신의 작은 노력이 모여서 숲을 이루길♥

습관별로 다양한 내용으로 알람을 구성하고자 하였다. 더욱 효과적인 넛지 효과를 이해 부드러운 어조를 사용하고, 시간대에 따라 하루의 시작이나 끝을 응원하는 말도 포함했다.

2. 서비스 베타 테스트

서비스를 구글 플레이스토어와 앱스토어에 각각 업로드한 후, 베타테스트를 진행하였다. 안드로이드 사용자 10명, iOS 사용자 10명을 대상으로 각각 2020년 12월 26일부터 2021년 1월 3일, 2020년 12월 31일부터 2021년 1월 9일 총 10일씩 진행하였다. 베타테스트 참여자들은 열흘간 앱을 이용하기에 앞서 사전 설문조사를 작성했다. 5일 간 앱을 이용한 후 중간에 알람 설정을 변경할 수 있는 기회를 제공하며, 5일간 마저 앱을 사용한 후 사후 설문조사와 전화 면담을 실시하였다. 사전 설문조사와 사후 설문조사의 비교를 통해 앱이 참여자들의 환경 보호 습관 형성에 어떠한 영향을 미쳤는지 판단하고 앱의 개선점을 모색하였다.

그 결과 표5와 같은 질문들을 통해 서비스의 효과를 수치적으로 확

표5 캡션

(질문 1) 푸시알람이 친환경 생활 습관화에 얼마나 도움이 되었다고 생각하시나요? (1-5점)	(질문 2) 뉴스레터를 통해 습득한 제로웨이스트/분리수거 정보가 얼마나 유용하였나요? (1-5점)
1 1 3 5 10 1 2 3 4 5	0 2 4 8 6 1 2 3 4 5
(질문 3) Eco 발자국의 타임라인/댓글 기록을 통해 제로웨이스트 실천을 다른 사람들과 얼마나 자주 공유하셨나요? (총 10일 중 몇 번)	(질문 4) Eco 발자국의 다이어리를 통해 제로웨이스트 실천을 스스로 기록하였나요? (총 10일 중 몇 번)
■ 0 ■ 1~2 ■ 3~5 ■ 6~8 (2, 2, 2, 8, 6)	■ 0 ■ 1~2 ■ 3~5 ■ 6~8 (4, 7, 1, 2, 5)

인할 수 있었다.

서비스가 효과적이었다는 응답의 이유를 물어보았다. '알람이 오는 것 자체만으로 행동해야겠다는 기억을 상기시키기에 충분했다', '책임감이 생기게 되었다', '아침마다 출근 준비로 바빠서 사소한 부분을 챙기는 것을 잊곤 했었는데, 푸시 알람으로 매일 아침 텀블러 챙기는 걸 알려줘서 잊지 않고 챙겨다닐 수 있었다' 등이 그 이유였다. 반대로 효과적이지 않다고 생각하는 이유에는 '습관을 실천하는 시간대가 달라 일정한 시간에 오는 알람은 효과적이지 않았다', '코로나19로 외출할 일이 자주 없어서 실천할 기회가 별로 없었다' 등이 있었다. 보다 정확하고 개인화된 서비스를 제공하기 위해서는 서비스 사용자의 행동 시간대에 맞추어 알람을 보내야 하는데 기술상 한계에 의해 그러지 못하는 점이 아쉬웠다.

이 외에도 뉴스레터의 유용성 및 효과에 대해 질문하였다. '틀리게 알고 있던 분리배출 방법을 바로잡을 수 있었다', '플로깅 등 다양한 친환경 실천에 대해 알게 되어서 실천해볼 수 있었다' 등의 응답을 받았다. '정보는 흥미로웠지만 실천하기에는 거리감이 느껴졌다' 등의 응답은 개선해야 할 점으로 와닿았다.

실험 참가 후 느낀 점과 앞으로의 서비스의 발전 방향성에 대해 자유롭게 이야기 해줄 것을 부탁한 결과, 초기에 설정한 서비스의 목표를 일정 부분 이상 달성하였음을 알게 되었다. 동시에 '댓글로 수행한 것을 기록하기보다는 체크리스트에 표시하는 형식이 더 편할 것 같다', '매일 하루 일과가 달라지므로 알람 설정 시간을 자유롭게 바꿀 수 있으면 좋겠다', '습관 지키는 것의 귀찮음을 이겨낼 수 있는 포인트 등의 동기 부여가 포함되면 좋을 것 같다' 등 개선할 점에 대해서도 다양한 인사이트를 얻을 수 있었다.

3. 서비스 기대효과

위 서비스를 통해 얻고자 하는 효과는 크게 다음 두 가지다. 첫째, 앱의 푸쉬알람과 타임라인 기능이 넛지효과를 불러일으켜 개인의 습관 형성을 도울 것이다. 둘째, 정보가 기록되고 공유되어 개인들이 보다 쉽게 환경 보호에 관심을 갖고 동참할 수 있는 환경이 마련될 것이다. 그럼 각각의 효과에 대해서 자세히 살펴보자.

1) 넛지효과
(1) 넛지효과의 정의 및 활용 사례

먼저, 어떻게 Eco 발자국이 넛지효과를 불러일으킬 수 있을까?《넛지》[19]를 통해 밝혀진 '넛지'의 정의는 '타인의 선택을 유도하는 부드러운

---

19 Thaler and Sunstein. 2008. 안진환 역. 『넛지』, 리더시스북.

개입'이다. 즉, 타인에게 명령하는 방식이 아닌 간접적이거나 부드러운 권유를 통해 행동을 바꾸는 방식을 의미한다. 책을 통해 밝혀진 바에 따르면, 미세한 영향들이 특정 정보를 보다 쉽게 떠올리도록 도울 수 있다. 구매 의사를 묻는 것만으로 구매율을 35%나 끌어올릴 수 있으며, 선거일 바로 전날 투표할 의향이 있는지 묻는 것만으로 투표율을 무려 25%나 올릴 수 있다고 밝혀졌다.[20] 이미 환경 분야에서 넛지가 활용되고 있기도 하다. 정부 차원에서 정보 공개를 통해 소비자의 피드백 효과를 개선하는 정책은 이전부터 실행되어왔다고 한다. 예를 들어, 정부가 온실가스 배출목록을 만들어서 주요 온실가스 배출자들을 공개하도록 하면, 언론 매체에서는 온실가스 과다 배출자들을 공개적인 관심의 대상으로 여기게 된다. 이렇게 가시성과 피드백의 중요성 및 효과는 이미 다수 사례를 통해 밝혀진 바 있다.

(2) 습관 형성을 돕는 서비스 트렌드

아울러 최근에는 개인의 습관 형성을 돕는 다양한 서비스들이 모바일 어플리케이션 시장에서 출시되고 있다. '데일리스탬프' 어플의 경우, 등록한 습관을 지킬 때마다 도장을 찍고, 활동에 대한 상세한 통계를 제공한다. 또한 통합달력을 통해 습관을 한눈에 확인할 수 있으며 매월 1일에는 전월의 활동을 리뷰할 수 있게 하는 기능을 갖추고 있다. '챌린저스' 어플은 스스로 지키고 싶은 약속을 설정하고 시작하기 전 참가비를 걸어두어 인증할 때마다 참가비를 돌려줌으로써 끝까지 해낼 수 있도록 사용자들을 유도한다. 이때 미션 수행은 사진으로 인증하도록 한다. 해당 서비스의 사용자는 꾸준히 증가 추세에 있어 그 인기를 방증한다. 이 외에도 매일 할 일 목록을 기록할 수 있는 어플, 일상 루틴을 분석하고

---

20 위와 같음, p. 131

습관별 피드백을 기록하는 어플 등이 스마트폰 사용자의 증가, 웰빙에 대한 관심과 욕구의 증가 등과 더불어 꾸준히 출시되고 있다.

(3) Eco 발자국의 넛지

Eco 발자국은 이러한 앱들과 맥을 같이하면서도 조금 더 강력한 '넛지'를 제공하기 위해 부드러운 어투의 푸쉬알람을 택했다. 푸쉬알람은 매일 사용자들의 눈에 띄어 습관의 중요성을 각인시키고, 환경보호에 대한 의지를 상기시킬 수 있다. 또한 환경 습관에 국한된 서비스라는 점에서 이미 출시된 어플들과 차별화된다. 타 서비스들은 본인 스스로를 위한 습관 형성을 주 목적으로 하지만 Eco 발자국은 지구와 환경을 위한 습관 형성을 목표로 한다. 사용자 인터페이스도 환경친화적인 이미지를 갖도록 꾸미고, 뉴스레터를 통한 각종 환경 보호 관련 지식을 제공하는 등의 노력을 기울여, 문제의식은 갖고 있으나 번거롭거나 잊어서 의식이 실천으로 이어지지 못하는 사람들의 페인 포인트(pain point)를 해결하고자 한다.

결과적으로 이 어플은 두 가지 방식을 통해 넛지효과를 불러일으킨다. 첫째, 한 가지 습관을 지키도록 매일 비슷한 시간대에 푸쉬알람을 보냄으로써, 환경보호의 필요성을 인식하고 친환경 습관들을 실천하고 싶어하는 사람들의 실천을 돕는다. 전술했듯, 본 연구의 설문조사에 따르면 문제를 인식하고 있으면서도 환경보호를 위한 행동들이 번거롭다고 느끼거나 의지와 다르게 잊는 경우가 많다. 이러한 사람들은 적어도 지키고 싶은 열망은 있다고 할 수 있기에, 본인이 지키겠다고 설정한 알람을 매일 받는다면 행동의 변화가 생기리라 기대할 수 있다. 예를 들어 출근 시간에는 바쁜 탓에 텀블러를 챙겨가는 것을 잊어버리는 직장인을 위해 출근 시간에 맞추어 '텀블러를 챙겨가라'는 메시지를 매일 일정한 시간에 보내주면, 반복적 강화 효과에 의해 점차 하루이틀 텀블러를 챙겨가기 시작할 수 있다. 이러한 변화를 타임라인에 공유하면, 알람을 받으면서도 행동을 바꾸지 못했던 사람들에게도 선한 자극을 전할 수 있을 것이다. 이는 이 앱이 넛지효과를 불러일으키는 두 번째 방식으로 이어진다.

둘째, 어플 내의 타임라인 기능은 어플 유저들이 서로 소통할 수 있는 장이다. 타임라인을 통해 타 사용자가 어떤 습관을 지켰는지, 어떠한 방식으로 제로웨이스트 삶을 실천하고 있는지, 같은 상황에 처했을 때 어떤 기발한 방식으로 폐기물을 줄였는지 등 생활 속 팁을 공유할 수 있다. 좋아요 기능과 댓글 기능을 통해 질문과 피드백을 주고받는 것도 가능하다. 이러한 소통의 장을 통해 서로 습관을 지키도록 선의의 경쟁을 유도하고 서로가 서로의 원동력이 되어주기를 기대한다. 다이어리 기능은 타임라인과 달리 작성자만 볼 수 있는 공간이다. 스스로와의 약속을 기록하고 실천 유무를 추적함으로써 자신 스스로가 암묵적으로 감독이나 감시관, 혹은 함께 목표를 향해 달리는 동료와 같은 존재가 되도록 하는 것이 이 기능의 목적이다.

2) 정보 공유

넛지 효과와 더불어 Eco 발자국은 환경 보호와 관련된 양질의 정보를 더 많은 사람들과 공유할 수 있다는 이점을 지닌다. 환경 정보공유가 이루어지는 플랫폼은 다양한 매체상 존재한다. '쓰레기 없는 세상을 꿈꾸는 방'과 같이 제로웨이스트에 관심이 있는 사람들이 모여 있는 오픈카카오 채팅방이나 '제로웨이스트 홈'이라는 네이버 카페 등의 공간이 있다. 하지만 기존에 존재하는 플랫폼과는 차별화된 Eco 발자국만의 경쟁우위가 존재한다. 정보 공유 측면에서 Eco 발자국의 기대효과를 세

가지 측면으로 나누어 보았다.

(1) 정보의 축적

우선, 오픈카카오톡 채팅방의 경우, 정보가 꾸준히 채팅 형태로 업로드된다. 이전에 올라온 글이 카테고리화되고 체계화적으로 아카이빙되지 않고, 대화체로 말이 오고 가는 형태이기 때문에 정보를 축적하기가 어렵다. 다른 한편, '제로웨이스트 홈'과 같은 네이버 카페의 경우, 환경에 관심이 옅은 사람들에게는 접근성이 떨어진다는 한계를 지닌다. 카페 가입에 필요한 절차가 모바일 어플리케이션보다 복잡하고 시간이 오래 걸리기 때문이다.

이에 비해 Eco 발자국은 환경에 관심이 많지는 않더라도 사소한 습관을 지키고 싶은 의지만 있으면 시도해볼 수 있다는 점에서 네이버 카페에 비해 접근성이 높고 앱 내에 정보들이 꾸준히 쌓이고 아카이빙 된다는 측면에서 오픈카카오톡 채팅방에 비해 정보 축적에 유리하다.

(2) 쌍방향 정보 제공

Eco 발자국은 뉴스레터 기능을 통해 사용자들에게 주요 환경 뉴스과 '올바른 분리배출법' 등 정보 제공 글들을 공유한다. 즉, 서비스 측에서 사용자들의 올바른 습관 형성을 위해 필요한 정보를 직접 제공해주는 기능도 하는 것이다. 아울러 타임라인에서 사용자들 간 소통이 이루어짐으로써, 사용자들 간의 정보 공유도 가능해진다.

또한 제로웨이스트에 입문한 '초보' 환경 보호가들이 이미 제로웨이스트를 오랜 기간 실천해온 환경 '전문가'로부터 친환경 생활습관 팁을 공유받을 수 있다. 각종 형태의 환경 관련 자료에 노출되는 횟수가 늘어나면서 자연스럽게 환경 보호 의지와 정보 획득 노력도 늘어날 것이라 기대한다.

반대로 환경 전문가들도 '초보' 환경 보호가들로부터 얻을 수 있는 정보가 있다. 환경에 대한 막연한 관심이 실천으로까지 연결되지 않는 사람들을 접할 수 있기에, 실천을 어려워하는 이유를 파악하기 용이해진다. 이를 바탕으로 제로웨이스트샵 운영자, 관련 교육자 등은 이들에게 더욱 적합한 동기부여를 해줄 방안을 모색하게 된다. Eco 발자국 서비스가 더욱 발전하여 타 SNS 플랫폼과의 동기화 및 공유도 가능해진다면, 환경 전문가들과 일반 대중의 접점이 더 넓게 형성될 수 있을 것이다.

(3) 환경 전문 플랫폼화

Eco 발자국 서비스가 더 많은 유저를 유입시키고 발전하게 된다면, 향후 더욱 다채로운 기능을 추가해볼 수 있다. 뉴스레터를 담당할 전문 작가를 서비스 이용자 중 모집하여 사용자 참여형 플랫폼의 성격을 강화할 수 있다. 이때 작가는 폐기물 문제 관련 전문가일 수도, 순환경제 도시계획 설계자일 수도, 제로웨이스트를 오랜 기간 실천해온 평범한 주부일 수도 있다. 앱 사용자의 풀이 넓어질수록 플랫폼에서 유통되는 정보의 범위도 다양해질 것이라 기대한다. 뿐만 아니라 타임라인 기능을 발전시켜 해시태그 형태로 인스타그램이나 페이스북 등 타 SNS 플랫폼과 연동되도록 할 수도 있을 것이다. 이렇게 쌍방향 소통, 양질의 정보 제공, 상호 간 동기부여 등의 요소를 확대해나간다면 제로웨이스트 실천가들을 양성하는 유용한 플랫폼으로 도약할 수 있을 것이다.

4. 예상되는 한계 및 추후 발전 방향성

현재 단계에서 예상되는 서비스의 한계는 다음과 같다. 우선, 푸시 알람을 보내는 시간이 사용자가 그 행동을 실천하는 시간과 정확히 일치하지 않을 수 있다. 특정 푸쉬알람은 해당 습관이 통상 필요한 것으로 추정되는 시간에 발송 된다. 그러나 여러 변수로 인해 사람이 매일 같은 시간대에 같은 행동 패턴을 보이는 것은 아니기에, 어떤 행동 직전의 정확한 타이밍에 푸쉬알람을 받지 못할 가능성이 높다. 그럼에도 불구하고 해당 서비스는 '반복적 강화'를 목표로 한다. 즉 매일 일정한 시간에 습관을 상기시켜준다면, 해당 행동을 하려는 시점에 본인이 스스로 그 습관을 떠올릴 수 있는 '습관의 내면화'를 추구하는 것이다.

또 하나의 한계는 코로나19로 인한 외출 자제이다. 초기 사용자를 모집하여 실험을 진행하는 동안 코로나19가 심각해져 사회적 거리두기가 강화되고 연말연시 방역 강화 대책이 실행되었다. 이에 따라 대부분의 사용자들이 쇼핑, 카페 이용 등의 일상을 자유롭게 누리지 못했다. 서비스에서 제공하는 푸쉬알람 중 '영수증 거절하기', '일회용 빨대 거절하기' 등은 이러한 상황 속에서 큰 효과를 발휘하지 못하고 있다. 이에 따라 사용자들은 주로 집에 머무르면서도 지킬 수 있는 습관들- '이면지 쓰기', '올바른 분리배출법 실천하기' 등을 위주로 알람 설정하였다. 이는 코로나19 상황이 호전되면서 자연스럽게 해결될 수 있는 지점이라고 판단된다.

서비스가 꾸준히 발전하기 위해서는 초기 사용자 확보 방법과, 서비스의 지속성을 위한 수익 구조 설계 방법에 대한 고민이 필요할 것이다. 우선 환경에 관심이 많은 사람들이 모여 있는 오픈카카오톡 채팅방, 네이버 카페, 대학생 환경단체 등을 통해 초기 유저를 확보하고, 점차 더 다양한 연령대와 특성을 가진 사용자를 대상으로 어플을 홍보해야 할 것이다. 또한 현재로서는 연구 지원금을 활용한 일시적 서비스에 불과하였지만, 지속적인 서비스로 발전해나가기 위해서는 어플 내 광고 등을 통해 자금 조달을 할 방법을 모색해야 할 것이다.

Ⅴ 중국, 베트남 학생들의 연구

중국팀 학생들은 본교인 UCASS(University of Chinese Academy of Sciences) 근처 음식점들을 현장조사한 결과, 코로나19로 인해 매출에 큰 타격을 입고 배달서비스로 전환한 경우가 대부분이었다. 배달로 전환해도 매출은 전년도 동기에 비해 겨우 50% 수준이었기에, 배달 용기를 고가의 친환경 소재보다 값싼 일회용품을 사용할 수밖에 없는 실정이었다. 이로 인해 다회용 용기로의 전환을 직접 음식점 측에 요구하기에는 학생들로서 한계가 있었다.

이에 중국팀 측에서는 타겟층을 일반 대학생들로 삼았다. 파일럿 프로젝트는 크게 두 가지 방향으로 진행되었다. 하나는 '다회용 수저 사용 챌린지'였다. UCASS 재학생들 대상으로 일회용품 사용 실태에 대해 설문조사한 결과, 대부분 학생들이 포장주문 및 배달 과정에서 일회용품을 주로 사용한다는 사실을 확인했다. 이에 중국팀에서는 배달 어플리케이션에 '일회용 수저 거절' 옵션을 추가한 후, 150명 참가자들을 모집해 2주간 매 끼니 다회용 수저를 사용하고 위챗(모바일 메신저의 일종)에 업로드하는 챌린지를 진행했다. 다회용 수저를 가지고 있지 않은 학생들에게는 직접 수저를 제공하기도 했다. 그 결과, 127명이 챌린지를 완수하여 이들에게 환경보호 관련한 책을 증정했다.

사후설문조사에 따르면, 참여자의 95%가 다회용 수저 사용에 익숙해졌다고 응답했으며, 57%가 챌린지 이후 생활습관을 개선했다고 긍정적 반응을 보였다. 하지만 60% 정도는 적어도 1회 이상 '일회용 수저 거절' 옵션을 선택하는 것을 까먹었다고 답했는데, 주로 기말고사를 앞두고 신경 쓸 겨를이 없는 탓이었다고 한다.

프로젝트의 또 한 줄기는 바로 '개인 텀블러 사용하기 캠페인'이었다. 캠퍼스 내 카페들과 협업하여, 개인 텀블러를 들고 와 커피를 담아갈 때 할인혜택을 제공한 것이다. 이미 대부분 학생들은 따뜻한 차를 마시는 습관 덕에 텀블러를 보유하고 있었기에, 참여가 비교적 용이했다. 홍보 차원에서 캠퍼스에 포스터를 붙이고 환경보호단체들의 위챗 플랫폼을 이용하여 캠페인을 알렸다. 그 결과, 카페 이용자의 절반 가량이 개인 텀블러를 들고 왔다고 한다. 인터뷰에 응한 참가자 전원도 긍정적 반응을 보였으며, 이러한 이니셔티브가 지속되기를 기대하였다.

베트남팀에서는 하노이에 거주하는 16-28살, 특히 NEU(National Economics University) 학생들을 대상으로 파일럿 프로젝트를 진행하였다. 크게 두 가지 방향인데, 하나는 오프라인 행사, 다른 하나는 온라인 페이스북 팬페이지를 운영하는 것이다. 전자의 경우, 파트너로서 캠퍼스 구내식당 및 "Green Gen" 포럼이 참여하였다. 일부 캠퍼스 식당들에서는 수저, 식판 등의 일회용품을 다회용품으로 바꾸기로 약속했다. 또한 환경 관련 전문지식 플랫폼인 Green Gen 포럼으로부터 강연자들을 초청하여 워크샵에서 플라스틱 폐기물 문제에 대해 인식 제고를 촉진하도록 하였다.

이에 더해 "A Helping Hand"라는 온라인 페이스북 팬페이지를 만들어서 코로나19 이후 심각해진 플라스틱 폐기물 문제, 재활용 실태, 환경 관련 정부 정책, 제로웨이스트 실천기 등의 콘텐츠를 지속적으로 업로드했다. 페이지 구독자들은 이에 대한 리뷰를 남기거나 직접 생활 속에서 실천한 경험을 올리면, 제로웨이스트 키트를 선물받을 수 있다. 키트를 시작으로 제로웨이스트 습관화가 지속될 수 있도록 기대한다. 팬페이지는 2020년 12월 29일 기준으로 5개의 게시글을 올려서 1177명의 페이스북 이용자들에 닿았으며, 평균적으로 각 게시글은 200-300개의 반응을 불러일으켰다.

이처럼 한국, 중국, 베트남 측 모두에서 일반 소비자, 특히 대학생 대상으로 생활 습관 개선을 위한 프로젝트를 진행하였다. 코로나19로 인해 배달서비스 이용이 증가하고 일회용품 폐기물이 증가한 상황에서, 개개인부터 일회용품 사용을 절감하는 데서 해결책을 찾은 것이다. 중국 팀도 한국팀과 같이 개인 습관화 과정에서 활동을 기록하고 공유하도록 함으로써 사회적 지지를 원동력으로 삼으려 했다는 공통점을 보인다. 다만 중국팀의 경우, 한국팀과 달리 개인 텀블러 사용에 대한 직접적 할인 혜택도 제공했는데, 캠페인 기간 동안 상당히 효과적이었던 것으로 나타났다. 다만 인센티브가 사라진 이후에도 텀블러 사용이 습관화되었는지는 추후 확인해볼 필요가 있다.

베트남팀의 경우, 한국팀과 같이 인식 제고를 위해 각종 환경 관련 정보를 제공했다. 다만 그 플랫폼을 모바일 어플리케이션이 아닌 페이스북 페이지로 하여 더 많은 네티즌들에 닿을 수 있도록 했다. 그러나 일반 시민들이 해당 정보를 바탕으로 습관화를 직접 실천할 수 있는 매개는 부족하여, 자칫 일방적인 정보 제공에 머물 가능성이 있다. 습관화는 문제의식이 반복적 실천으로 이어져야만 형성되기 때문이다.

중국, 베트남과 공동으로 연구를 수행한 덕에 한국팀은 플라스틱 폐기물 문제에 대한 범국가적 공감대를 형성하고, 해결책을 함께 모색해볼 수 있었다. 물론 국가별로 다소간의 차이는 있었다. 중국 UCASS 학생들은 다수가 기숙사에 살고 통학을 하기 때문에 캠퍼스상에서 프로젝트를 추진하기에 보다 용이했다. 반면 한국은 수업 대부분이 온라인으로 이루어져, 프로젝트 역시 온라인 어플을 개발하는 방향으로 선회하였다. 만약 서울대학교도 캠퍼스 생활이 다시 활성화된다면, 카페나 교내식당에서 개인 텀블러나 용기 가져오기 캠페인을 추진해보고 싶다는 생각이 들었다.

베트남팀이 주도한 페이스북 인식 제고 캠페인 역시 유의미한 통찰을 제공해주었다. 사실 습관화는 환경에 대한 문제의식 없이는 자발적으로 실천하기 어렵다. 왜 친환경 습관이 필요한지, 어떤 친환경 습관이 올바른지 등을 알아야 제대로 된 습관화가 가능하기 때문이다. 한국팀이 개발한 어플에도 뉴스레터 기능이 있기는 하지만, 정보의 검증과 다양성을 담보하기에 부족한 것이 사실이다. 또한 해당 어플을 넘어서서, 주요 언론기사, 다큐멘터리, 인스타그램, 페이스북 등 다양한 플랫폼으로 환경 문제의식을 확대할 필요도 있다. 따라서 향후 기회가 된다면, 보다 효율적인 인식 제고 방안을 보완하여 해당 프로젝트를 발전시키고 싶다.

VI 의의

본 연구는 탐색적 조사를 통해 기업이나 정부의 정책 및 제도가 개인의 행동변화로 이어지지 못하고 있는 현실을 파악하고, 역으로 개인들의 행동변화를 통해 기업이나 정부를 변화시키려는 사람들의 믿음을 확인할 수 있었다. 또한 개인의 행동변화를 이끌어내기 위해서 필요한 요소들도 확인할 수 있었다. 그러한 요소들을 연계하여 해결방안으로서 'Eco 발자국'이라는 모바일 어플리케이션을 제안하였다. 습관화를 가져올 수 있는 해결방안으로서 넛지효과를 활용하여 앱의 푸시알람을 제공하고, 정보 제공을 위한 해결방안으로서 어플 내에 뉴스레터를 포함시켜 지속적인 정보의 제공, 보관과 활용 등이 가능하도록 하였다. 또한 타임라인 항목을 통해 제로웨이스트 실천 사례들을 공유하고, 습관의 유지와 강화에 필수적인 개인의 양심, 뿌듯함과 같은 내적인 요소들을 강화하기 위하여 '다이어리' 기능도 넣었다.

Eco 발자국은 폐기물 문제에 대한 시민주도적 대안으로서 기능한다. 이혜미(2016)는 한국소비자들을 대상으로 한 연구에서 개별적으로 전개되는 윤리적 소비행동이 집합적 또는 시민제도적 시민참여에 긍정적인 영향을 미칠 수 있는 가능성을 시사한 바 있다. 이혜미가 제시한 가능성을 고려할 때, Eco 발자국이 제로웨이스트 플랫폼으로서 활성화된다면 개별적으로 전개된 시민들의 제로 웨이스트 실천이 집합적이고 제도적인 시민참여로 이어질 가능성이 있다. 이는 제로웨이스트가 미시적인 라이프스타일로서의 관념을 넘어, 거시적인 변화를 이끌어 낼 동력이될 수 있음을 의미한다. Eco 발자국을 통해 작은 실천부터 하나씩 습관으로 만들고, 이러한 작은 실천들이 모여 개인의 제로웨이스트 라이프스타일로의 본질적인 변화를 가져오고, 점차 많은 개인들이 제로 웨이스트 라이프 스타일을 견지해 나간다면, 순환경제 시스템으로서의 사회를 견인해나갈 수 있으리라 기대한다.

참고문헌

국내 문헌

강남 외. 2020. "제로 웨이스트 패턴 커팅 방법을 활용한 셔츠 디자인 연구." 한국의류학회지 44(5).

김숙현 외. 2018. "종이접기의 조형미를 적용한 제로 웨이스트 패션디자인 연구." 한국패션디자인학회지 18(1).

김숙현 외. 2020. "한국 전통 끈 보자기의 조형미를 적용한 제로 웨이스트 패션디자인 연구." 한국패션디자인학회지 20(3).

김이서. 2019. "플라스틱 대한민국: 일회용의 유혹". 그린피스.

김이서. 2020. "국내 대형마트 일회용 플라스틱 유통 실태 보고서." 그린피스.

김인경 외. 2016. 순환형 제로 웨이스트 패션디자인 개발. Archives of Design Research 29(2). 2016

노하은. 2020. "시민들은 '왜' 폐기물 문제 해결을 위해 행동하는가?- 국내 제로 웨이스트 활동가 사례연구". 석사학위논문.

신지혜. 2020. 『무해한 하루를 시작하는 너에게』. 보틀프레스.

유기영. 2010. "Zero Waste 도시, 서울의 새로운 도전." 정책리포트 61.

윤진영 외. 2015. "제로 웨이스트 패션 디자인 실현을 위한 디자인 방법론-ZWPM 유형 특성을 중심으로." 복식문화연구 23(6).

이소라 외. 2019. "순환경제로의 전환을 위한 플라스틱 관리전략 연구". 한국환경정책·평가연구원.

이유선 외. 2020. "칠교놀이와 접기를 활용한 제로 웨이스트 패션디자인 연구." 한국패션디자인학회지 20(1).

이혜미. 2016. "윤리적 소비 실천은 시민참여의 확장을 의미하는가? 한국 소비자들의 윤리적 소비와 시민참여 경험 간의 관계성과 개인의 선택적 지향성 조절효과." 소비자학연구 27(1).

정다운 외. 2020. 『오늘을 조금 바꿉니다: 일상에 작은 습관을 더하는 제로웨이스트 라이프』. 자그마치북스.

허유정. 2020. 『세상에 무해한 사람이 되고 싶어』. 뜻밖.

홍수열. 2020. 『그건 쓰레기가 아니라고요』. 슬로비.

해외 문헌

Arevalo-Gallegos, Alejandra; Ahmad, Zanib; Asgher, Muhammad; Parra-Saldivar, Roberto; Iqbal, Hafiz M.N. Lignocellulose. 2017. *A sustainable material to produce value-added products with a zero waste approach—A review*. International journal of biological macromolecule(99).

Claudia Giacovelli. 2018. *Single-use plastics: A roadmap for sustainability*. United Nations Environment Programme. (rev. 2)

Franco-García, María-Laura; Carpio-Aguilar, Jorge Carlos; Bressers, Hans. 2018. *Towards Zero Waste: Circular Economy Boost, Waste to Resources*. Cham: Springer International Publishing AG.

Hussain, Chaudhery Mustansar. 2020. *Concepts of Advanced Zero Waste Tools: Present and Emerging Waste Management Practices*. San Diego: Elsevier.

Johnson, Bea. 2013. *Zero Waste Home*. Scribner.

Narra, Madhuri; Balasubramanian, Velmurugan. 2015. *Utilization of solid and liquid waste generated during ethanol fermentation process for production of gaseous fuel through anaerobic digestion – A zero waste approach*. Bioresource technology(180).

Pattanaik, Lopa; Duraivadivel, P; Hariprasad, P; Naik, Satya Narayan. 2020. *Utilization and re-use of solid and liquid waste generated from the natural indigo dye production process – A zero waste approach*. Bioresource technology(301).

Rathoure, Ashok K. 2020. *Zero Waste: Management Practices for Environmental Sustainability*. Milton: CRC Press.

Song, Qingbin; Li, Jinhui; Zeng, Xianlai. 2015. *Minimizing the increasing solid waste through zero waste strategy*. Journal of cleaner production(104).

Thaler and Sunstein. 2008. 안진환 역. 『넛지』, 리더스시북.

Weldon, Megean. 2020. *An Almost Zero Waste Life: Learning How to Embrace Less to Live More*. Quarto Publishing Group USA.

Zaman, Atiq; Ahsan, Tahmina. 2020. *Zero-Waste: Reconsidering Waste Management for the Future*. Routledge.

Zaman, Atiq Uz. 2014. *Measuring waste management performance using the 'Zero Waste Index': the case of Adelaide, Australia*. Journal of cleaner production(66).

Zaman, Atiq Uz; Lehmann, Steffen. 2013. *The zero waste index: a performance measurement tool for waste management systems in a 'zero waste city'*. Journal of cleaner production(50).

인터넷 자료

고도예, "석달새 1만6620t… '코로나 쓰레기산' 4곳 새로 생겼다", 동아닷컴, 2020.6.30. 검색일자: 2020.12.28. https://www.donga.com/news/Society/article/all/20200630/ 101 742451/1

그린피스 동아시아 서울사무소, "국민 10명 중 9명, 플라스틱 감축 위한 강력 규제 원해", 그린피스 보도자료, 2019.4.1. 검색일자: 2020.12.29. https://www.greenpeace.org/korea/press/5924/presslease-people-want-strong-regulation-for-plastic-reduction/

김효인, "코로나가 키운 택배·배달… 쓰레기도 1년새 15% 늘었다", 조선일보, 2020.9.1. 검색일자: 2020.12.28. https://www.chosun.com/national/2020/09/01/NVSJCZ LE3FDVJLO7MC66654XAY/

김효인, "코로나 탓에 2배 늘어난 일회용컵도 문제", 조선일보, 2020.12.16. 검색일자: 2020.12.28. https://www.chosun.com/national/transport- environment/ 2020/12/16/JEZ6J4KNHZCNVMU6NP-2WRPVGOI/?utm_source=naver&utm_medium=referral&utm_campaign=naver-newscampaign=naver-news

박민희, "플랫폼과 로봇에 간힌 '21세기 중국의 전태일들'", 한겨레, 2020.11.10. 검색일자: 2020.12.29. http://www.hani.co.kr/arti/opinion/column/969379.html

선병규, "환경부, 급증하는 플라스틱 폐기물 대책 발표", 국토일보, 2020.12.25. 검색일자: 2020.12.28. http://www.ikld.kr/news/articleView.html?idxno=228477

심재훈, "중국 코로나19 '집콕'에 택배업 호황…340억개 배달", 연합뉴스, 2020.7.10. 검색일 자: 2020.12.29. https://www.yna.co.kr/view/AKR20200710052000083

제정남, "코로나19로 택배물량 24% 증가", 매일노동뉴스, 2020.9.25. 검색일자: 2020.12.28.

http://www.labortoday.co.kr/news/articleView.html?idxno=166785

차창희. [단독] 분리수거된 플라스틱 1년 57만톤…34만톤은 그냥 버려져. 매일경제. 2020.11.01. https://www.mk.co.kr/news/society/view/2020/11/1119956/

환경부 보도자료, "재활용품목 가격하락으로 불확실성 증가, 지원대책 확대 추진". 2020.7.16.

한승희. 포장 쓰레기에 손님이 뿔났다, 유럽에서 확산 중인 '플라스틱 어택'. 조선일보. 2018.06.05. https://futurechosun.com/archives/34194

Agnes Le Rouzic, "Is disposable safer than reusable? Let's consult the science…", 그린피스, 2020.4.16. 검색일자: 2020.12.28. https://www.greenpeace.org/ new-zealand/story/is-disposable-safer-than-reusable-lets-consult-the-science/

3장

돌봄주체 다양화를 통한 돌봄공백 해소

-돌봄공동체 통합 어플리케이션 개발을 통한 돌봄공동체 확산 방안 모색-

정재언(서울대학교 정치외교학부)

진태원(서울대학교 정치외교학부)

황혜림(서울대학교 노어노문학과)

프로젝트 요약

Q1 〔관심 문제〕어떤 문제에 관심을 가지고 있나요?

A1 코로나로 인해 발생한 사회문제에 대해 관심을 가지고 알아보던 중, 학교 및 기타 보육 시설들이 방역을 이유로 문을 닫게 되어 자녀를 가진 부부들의 고민이 크다는 기사를 접하였다. 이와 관련한 조사를 수행하며 학교에 가지 못하여 일과 시간에 가정에 혼자 있는 아이들이 안전성과 교육의 측면에서 매우 취약하다는 것을 알게 되었다. 우리 팀은 공공 교육기관들이 코로나로 인해 제기능을 못해 발생한 돌봄공백의 해결책에 대하여 고민하였다. 지역 사회 차원에서 돌봄공동체를 형성하여 상부상조할 수 있는 사회적 자본을 만드는 것이 해결책이 될 수 있을 것이라 생각하였고, 이를 실현시키고자 연구를 진행하게 되었다.

Q2 〔연구 과정〕조사와 연구를 어떻게 진행했나요?

A2 연구를 위해 현행 사업 및 선행 연구 조사, 팀내 토론, 인터뷰 의뢰 및 관련 기관 자문 등의 다양한 방법을 활용하였다. 현행 가족품앗이 사업 및 여성친화도시 조성 사업 등을 조사하며 개선점을 모색하였고, 돌봄 공백 문제를 다룬 논문들을 조사하며 선행 연구 현황을 파악하였다. 팀내 토론을 통해 연구의 방향성을 '돌봄공동체를 전국적으로 확산시킬 수 있는 방법'으로 설정하였다. 2019년 돌봄공동체 우수사례 공모전에서 선정된 광주 남구 숲속 작은 도서관과 구로구 '개념 있는 개봉동 맘' 관계자 분께 인터뷰를 의뢰하였다. 인터뷰를 통해 우수사례의 특징과 보완되어야 할 점을 알 수 있었다.

Q3 〔아이디어〕 어떤 새로운 해결책을 제시했나요?

A3 돌봄공동체 형성을 촉진하고 이를 지역 격차 없이 전국적으로 확산시키기 위해 '돌봄공동체 통합 어플리케이션' 제작을 제시하였다. 현행 제도 조사 및 돌봄공동체 우수사례 자문 결과, 우리 팀은 돌봄공동체의 자발적 형성이 어려운 이유가 크게 지원 사업 공시의 산발성, 초기 공동체 형성 및 돌봄 전문성 보장의 어려움에 있다고 파악하였다. 유연성, 전문성, 확장성을 갖춘 돌봄공동체 형성을 위하여 누구나 쉽게 접근할 수 있는 어플리케이션 제작이 필요하다고 판단하였다. 어플리케이션의 주 기능은 돌봄공동체 수요자 간의 지역 기반 매칭, 돌봄 매뉴얼 및 정부 지원사업 통합 홍보 공간 마련, 지원 사업 관련 서류 처리의 간소화 등이 있다. 어플리케이션 상세 화면 7개를 제작하여 어플리케이션 전체 구상을 시각화 및 구체화시켰다.

Q4 〔국제적 시너지〕 한국 · 중국 · 베트남 대학생들이 어떻게 협력했나요? 이 과정에서 어떤 시너지나 어려움, 발견이 있었나요?

A4 초국적인 프로젝트를 위해 각국의 학생들은 매주 목요일 밤에 온라인 회의 플랫폼을 통해 의견을 교환하고 프로젝트를 계획, 진행했다. 코로나19로 인해 피해를 경험하는 수많은 계층 중 아동 · 청소년이 겪고 있는 어려움에 주목하였다. 우리는 3국 공동의 프로젝트를 진행하고 싶어 첫 몇 주간의 회의에서 세부주제를 교육이나 돌봄 중 하나로 단일화하고자 노력했다. 하지만 회의를 거듭하며 우리는 한국, 중국, 베트남 각국의 환경(코로나19 확산 상황, 맞벌이 가정 비율, 스마트 기기 보급률 등)이 상이하다는 것을 알 수 있었고, 다른 질병에는 다른 약이 처방되어야 한다는 데에 공감했다. 그리하여 3국 학생들은 각기 다른 프로젝트를 진행하였지만, 목요일 밤마다 서로의 진행상황을 공유하며 따뜻한 응원과 냉철한

조언을 해주었다. 덕분에 모든 국가의 프로젝트가 무사히 완료되었고, 우리는 코로나19가 종식된 후 만날 것을 약속하며 4개월의 여정을 마무리하였다.

Q5 〔자기 혁신〕**프로젝트를 마치고 나서 시민의 역할이나 Sympathy에 대해서 새롭게 느낀 점이 있다면? 또는 이 프로젝트·수업이 본인에게 어떤 의의가 있었나요?**

A5 한국 대학생들은 사회 문제 해결에 기여할 수 있는 기회가 많지 않다. 기꺼이 공기관이나 시민단체 등에서 주최하는 활동을 열심히 검색해서 참여하려는 학생들이 적기도 하지만, 중고등학생 때 의무 이수 시간을 채우기 위해 맹목적으로 했던 봉사활동과 같이 이미 설계된 활동들에 수동적으로 참여하는 것에 싫증을 느끼는 학생들이 많다. 본 수업은 대학생들에게 젊음을 활용해서 맘껏 너희들이 꿈꾸는 사회를 그려보라고 흰 도화지를 주었다. 밑그림부터 채색까지 모든 과정을 스스로 진행하며 우리는 기성 질서의 follower가 아니라 미래 세대의 leader가 되는 법을 연습할 수 있었고, 초국적인 프로젝트를 외국 대학생들과 함께 진행하며 세계시민으로서의 역량을 쌓을 수 있었다.

Ⅰ 서론

성인들에게도 코로나19라는 초유의 전염병이 불러온 상황은 당황스러운데, 한창 자아를 형성할 시기인 아동·청소년에게 코로나19는 정서적·신체적으로 곱절의 악영향을 미치고 있을 것이다. 맞벌이 부부 비율이 점점 증가하고 있는 한국에서는 코로나19로 인해 비정기적으로 등교 중지가 일어났고, 그럴 때마다 많은 부모는 자고 있는 아이를 집에 홀로 둔 채 출근할 수밖에 없는 상황에 처했다. 전통적으로는 이웃, 넓게는 마을이 하나의 단위로 아이를 돌봐주고는 하였지만 마을이 해체되고 이웃에 대한 신뢰가 약해진 현대 사회에서는 전통적 돌봄 메커니즘이 작동하기 어렵다. 따라서 아동 돌봄은 국가와 가정 두 주체가 책임지게 되었다.

유치원과 학교에서 방과후 프로그램을 확대하여 오후 늦은 시간까지 아동을 돌봐주어 학교의 역할을 강화하고, 육아휴직과 가족돌봄휴가를 법제화해 가정의 부담을 덜어주는 정부의 노력이 있었지만, 한국에서 성인이나 보호자 없이 일주일에 3일 이상 보내는 자기보호아동[1]은 약 15%이며, 이들은 평균적으로 일 126분 자기보호 상태에 처해있는 것으로 나타났다(정해련, 진미정, 2020). 코로나19는 돌봄 공백을 심화시켰다. 감염 위험으로 인해 사회적 거리두기 단계가 격상되고 등교중지가 잦아져 학교를 비롯한 공공 돌봄 서비스가 마비되고, 돌봄 부담이 가정으로 쏠리게 되어 아동이 집에 혼자 남아있는 시간이 늘어났다. 이러한 돌봄

---

[1] Rodman·Pratto·Nelson(1985)은 아동을 보호 상태로 분류할 때 성인의 보호 아래 있는 성인보호아동과 성인의 보호 없이 방과후 시간을 보내야 하는 자기보호아동으로 나누었으며, 본 연구에서는 이 개념을 차용하였다.

공백은 아동의 정서건강과 신체건강을 해치며, 생명에 직결되는 안전사고에 취약한 환경을 조성하고, 궁극적으로는 여성 경력 단절 및 저출산 문제까지 초래하는 원인으로 작용하는 심각한 사회적 문제이다.

자기보호아동은 성인보호아동에 비해 결식·수면 등 건강한 생활습관을 형성하기 어려우며, 더욱 중요하게는 각종 사고에 노출되기 쉽다(Rodman·Pratto·Nelson, 1985). 2020년 9월 14일, 전 국민의 안타까움을 불러일으킨 인천 초등생 화재 사고가 발생했다. 이 사고는 언론에 자기보호 상태의 형제 두 명이 점심을 먹기 위해 라면을 끓이다가 화재가 발생한 것으로 알려져 코로나19로 인한 돌봄 공백의 심각성이 이슈화된 바 있다. 물론 추후 경찰 조사 결과 라면을 조리하다가 발생한 화재가 아니라, 휴지에 불을 붙이는 불장난으로 인해 일어난 화재였다는 것이 향후 규명되었으나, 사고가 일어난 원인이 인지능력이 부족한 아동이 보호자 없이 집에 남겨질 수밖에 없던 돌봄 공백이라는 점은 변하지 않는다.

코로나로 인해 확대된 돌봄 공백의 심각성을 문제의식으로 설정하고 이 문제를 해결하고자 하는 본 연구는 서울대학교 사회혁신교육연구센터와 SK SUNNY와 협력하여 'COVID-19 & Children'이라는 주제를 공유하는 한국·중국·베트남 합동 프로젝트로 진행되었다. 우리 팀은 코로나19로 인해 피해를 경험하는 수많은 계층 중 아동·청소년이 겪고 있는 어려움에 주목하였다. 우리는 3국 공동의 프로젝트를 진행하고 싶어 첫 몇 주간의 회의에서 세부주제를 교육이나 돌봄 중 하나로 정하고자 노력했다. 하지만 회의를 거듭하며 우리는 한국, 중국, 베트남 각국의 환경(코로나19 확산 상황, 맞벌이 가정 비율, 스마트 기기 보급률 등)이 상이하다는 것을 알 수 있었고, 다른 질병에는 다른 약이 처방되어야 한다는 데에 공감했다. 그리하여 한국 학생들은 돌봄 문제를, 중국과 베트남 학생들은 교육 문제를 개선하기 위한 개별 프로젝트를 진행하게 되었다.

Ⅱ장에서는 코로나19로 인한 돌봄 문제의 본질적 원인을 채널 부족으로 규명하였다. 기존 돌봄 채널은 국가와 가정으로 양분된 구조를 지니고 있었다. 코로나19로 인해 공공 돌봄 서비스가 중지되자, 돌봄의 부담은 오롯이 각 가정으로 미루어졌다. 이러한 결점을 보완하는 수단을 모색하고자 Ⅲ장에서는 대안적인 돌봄 채널로서 돌봄공동체의 적합성에 대해 논하며, Ⅳ장에서는 돌봄공동체를 전국적으로 확산시킬 방법으로 '돌봄공동체 통합 어플리케이션'을 제시한다.

Ⅱ 돌봄 공백의 원인: 돌봄 채널 부족

IMF 경제위기 이후로 경제성장에 가려져 있던 취약계층 문제가 대두되었고, 경제난으로 빈곤아동이 확대되며, 위기가정의 아이들에 대한 돌봄의 사회적 욕구가 커져 지역아동센터가 설치되고, 아이들을 돌봐주는 사설 공부방이 확대되기 시작하였다. 지역아동센터와 사설 공부방에서 담당한 아동 돌봄을 학교의 영역으로 끌고 온 것은 노무현 정부였다. 사교육 시장의 과열을 문제시해 '방과후교실'이라는 이름으로 하교 후 돌봄 시스템이 마련되었고, 박근혜 정부 들어서는 맞벌이 자녀들의 아이들을 밤 10시까지 학교에서 돌봐주겠다는 취지의 '온종일 돌봄교실'을 도입하였다. 이처럼 정부는 계속하여 학교의 역할을 비대화하려고 하는 한편, 일선 학교는 부담이 커지는 것에 대해 반발하는 불협화음이 지속적으로 발생하였고, 결국 학교 돌봄의 질이 낮아져 아동의 안전을 보장하는 신체적 돌봄의 정도에 돌봄 서비스가 머무르게 되었다. 그럼에도 불구하고 적극적인 정책 개입의 시도가 공공의 역할을 확대해 과거보다 가정의 부담을 덜어준 것은 분명하다. 하지만 한국 사회의 돌봄 공백은 여전히 남아있는 상황이고, 코로나19라는 초유의 전염병 사태로 학교를 비롯한 공적 돌봄 서비스가 붕괴되자 그 부담은 오롯이 가정이 떠안게 되었다.

코로나19는 우리 사회 각계각층에 다양한 파장을 일으켰다. 특히 질병에 취약한 계층인 학생들이 집합하는 장소인 학교는 코로나 사태가 악화될 때마다 비정기적으로 등교가 중지되어 왔다. 코로나19가 국내에 확산된 지 2개월도 지나지 않은 2020년 1학기 개학 시점에는 전국이 3주 개학 연기되었고, 2학기 개학 시점에도 9월 20일까지 수도권 학교 전면 등교중지 되었고, 집필 시점인 2020년 12월에는 수도권 중심으로 코로나19가 확산되며 수도권 전체 학교를 포함해 2020년 12월 23일 기준 총 2만 740개 학교·유치원 중 9,759개가 휴교하였다(교육부, 2020). 학교 기능 마비 사태는 예측 불가능하고 산발적이라는 점에서 부모들의 고민 거리가 되었다. 교육적인 문제도 크지만, 특히 유치원생과 초등학생은 집에 혼자 남겨지는 시간이 증가함에 따라 아이들의 안전 문제가 심각해졌다.

1. 돌봄 공백의 구체적 문제점

돌봄 공백은 어떤 문제를 일으킬까? 눈앞에 가장 크게 보이는 문제는 신체적인 안전 문제일 것이다. 집에 홀로 방치된 아동은 낙상사고, 화재 사고, 납치, 강도 등에 더욱 취약한 환경에 놓이게 된다. 실제로 2020년 9월에는 집에 보호자가 없는 상황에서 인지능력이 부족한 나이의 초등생 형제가 불장난을 하다가 화재가 발생하여 동생이 사망하고 형이 전신 화상을 입는 인천 초등생 형제 화재 사건이 발생한 적 있다. 혼자 남겨진 아동은 신체 성 아동은 신체능력과 인지능력이 모두 부족한 발달단계에 있기 때문에 생명과 직결되는 안전사고를 예방하려면 보호자의 감독 하에 있는 것이 필수적이다.

더욱 보편적으로는, 돌봄 공백은 아이들의 전반적인 건강상태를 해친다. 정해련·진미정(2016: 17)은 성인보호아동과 자기보호아동의 '수면, 식사·간식, 개인건강관리, 기타'의 4가지 개인유지영역 활동참여시간을 비교하여, 개인유지영역에 자기보호아동이 할애하는 시간이 성인보호아동에 비해 약 1.5배에서 2배 적은 것을 보였다. 또한 돌봄 공백에 놓인 아동은 혼자 식사를 해결해야 하기 때문에 건강한 식단을 구성하기 힘들어 비만을 겪을 확률이 높다(Greene, 2013). 성장기에 있는 아동에게 부실한 식사와 모자란 건강관리는 치명적인데, 앞서 말했듯 혼자 집에서 시간을 보내는 아동이 많다는 점에서 이는 보편적인 문제이다.

신체적인 안전과 발달뿐만 아니라 정서적인 발달 또한 아동의 성장에 중요한 문제이다. 아동은 가정에서는 부모와 상호작용하고, 학교에서는 친구들과 상호작용을 하며 선생님의 지도를 받는 등 타인과 교류할 때 정서가 발달한다. 하지만 아동이 학교에 가지 못하면 친구들과 교류할 수 없게 되어, 필연적으로 정서 발달이 미진해질 수밖에 없다. 이는 코로나19와 같은 국가재난사태로 인해 장기적으로 등교중지 되었을 때뿐만 아니라, 평시에는 여름·겨울방학부터 주말에도 해당되는 사항이다. 물론 형편이 받쳐주는 가정에서는 평일 방과후, 주말, 방학에 학원이나 축구교실과 같은 사교육을 통해 자기보호아동의 정서발달을 보완할 수 있다. 그러나 이는 근본적인 해결책이 아니고 저소득층이 활용할 수 없는 방안이며, 국가의 보육 역할을 시장에 전가한다는 점에서 바람직하지 못하다.

돌봄 공백의 거시적인 문제점 중 하나는 가정의 부담이 확대된다는 점이다. 돌봄 공백은 가정의 부담, 특히 전통적으로 돌봄의 주체였던 여성의 부담을 필연적으로 증대할 수밖에 없다. 실제로 2019년 4월 시행된 지역별고용조사에 따르면 38.2%의 경력단절여성은 경력단절의 사유로 육아를 지목하였고, 전년 동기에 비해 약 3만 명, 4.7% 증가한 수치라는 점(통계청, 2019)에서 아동돌봄 문제는 수많은 기혼여성의 경력단절이라는 거시적인 사회문제까지 이어진다고 이해할 수 있다. 코로나19로인해 공적 돌봄 서비스가 축소되며, 가정 내 여성의 돌봄 부담이 특히 확대되었다. 돌봄 부담의 증가는 여성의 경력단절을 유발하는 주요 원인중 하나이다. 코로나19 이전에도 경기도 거주 경력단절여성 중 36.8%가육아와 자녀의 교육(초등생)으로 인해 직장을 그만둔 것으로 나타났으며(경기도, 2017: 95), 또한 응답자의 36.4%는 코로나19로 인해 '돌봄위기가지속될 경우 일을 그만둘 가능성이 높다'고 답변하여(김명숙, 2020) 돌봄문제의 사회적 심각성을 확인할 수 있었다. 여성의 육아 스트레스 증가와 경력 단절은 출산율을 낮추는 주요 원인으로 작용한다는 점에서 돌봄 문제의 심각성이 아주 크다고 할 수 있다.

2. 코로나19로 심화된 돌봄 공백에의 대응책

코로나19가 한국에서 유행하며 공공 돌봄 서비스가 마비되어, 정부는 코로나19로 확대된 돌봄 공백에 대해 다양한 대응책을 도입하였다. 첫째로 긴급돌봄 서비스를 도입하여 초등학교와 지역 내 다함께돌봄센터에서 긴급돌봄을 운영하였다. 하지만 급작스러운 개학연기로 인해 폭증한 수요에 비해 초등돌봄교사나 시설이 부족해 거리두기가 이루어지지 못했으며, 시설에 대한 충분한 방역도 부재한 실정이었다. 심지어 조사 결과 돌봄전담사의 71.5%는 확진자 가정이 아동을 보내는 것을 사전에 방지할 방법이 없다고 말한 바 있다(유하라, 2020). 코로나19 감염 위험 때문에 학교가 문을 닫고 긴급돌봄을 운영하고 있는데, 긴급돌봄 역시 코로나19 감염 위험에서 자유롭지 못한 아이러니한 상황인 것이다.

실제로 긴급돌봄을 이용하지 않은 학부모 중 69.1%가 자녀가 코로나19에 감염될까봐 서비스를 이용하지 않은 것이라고 응답하였고, 실제로 전체 가구 중 53.1%가 긴급돌봄을 전혀 이용하지 않았고, 맞벌이 가정 중 38.4%가 긴급돌봄을 이용하지 않았다(김영란, 2020: 6). 또한 긴급돌봄을 신청한 학생들도 긴급돌봄에 실제로는 참가하지 않는 등, 긴급돌봄은 코로나19에 대응하는 적합한 돌봄해결책으로 기능하지 못하였다.

둘째로, 정부는 아이돌보미 서비스 운영을 운영해 찾아가는 서비스를 제공하고 있다. 아이돌봄서비스는 집에 혼자 남겨지는 만 12세 이하 아동의 가정에 아이돌보미가 직접 방문하는 형태로 이루어진다. 각 지방자치단체는 휴교가 장기화되자 아이돌봄서비스 수요가 늘어날 것이라고 예상해 서비스 지원금·지원시간을 확대하였다. 그러나 오히려 코로나19 유행 이전인 2020년 1월 대비 개학이 연기된 3월에 서비스 이용률이 66%에 그치는 등 아이돌봄서비스 이용률은 감소하였다(정소희, 2020). 코로나19에 감염되었을지도 모르는 외부인이 집에 들어오는 것에 대한 위험성에 대한 반감으로 인해 정부의 지원 확대에도 불구하고 이용률은 코로나19 사태 발생 이전보다 감소한 것이다.

이외에도 정부는 코로나19로 확대된 돌봄 공백에 대처하기 위하여 다양한 정책을 확대·시행하였으나, 이들 모두는 코로나19 감염이라는 근본적인 걱정을 해소하지 못했기 때문에 이용률이 낮았고, 따라서 돌봄 공백을 해소할 수 없었다는 한계를 지녔다.

3. 기존 대응에 대한 평가

코로나 사태는 학교 등 공적 돌봄 서비스와 가정을 중심으로 한 기존 돌봄 시스템의 한계를 여실히 드러냈다. 돌봄 부담을 공공 서비스와 가정에 양분하는 기존 시스템 속에서 공공 서비스가 제대로 작동하지 않을 때 돌봄 부담이 오롯이 가정에 향할 수밖에 없음이 증명된 것이다. 이러한 기존 시스템의 한계는 코로나 사태 이전부터 여러 차례 지적되어온 우리 사회의 고질적인 문제라고 할 수 있는데 우리 사회는 주로 기존 돌봄 서비스의 양적 보완으로 문제에 접근해왔다(장수정, 2012).

그러나 이러한 해결방식은 일선 학교의 반발을 초래하고 가정에는 여성 경력 단절 등의 문제를 일으켰고, 코로나19와 같은 국난으로 공적 돌봄 시스템이 마비될 경우 각각의 가정이 돌봄 부담을 온전히 감당해야 한다는 한계를 드러냈다. 결국 돌봄의 부담이 오직 두 주체, 공공과 개인에 치중된다는 문제의 본질을 해결하지 못한 것이다. 코로나 확산으로 인한 등교 중지 때문에 발생한 대란도 급작스럽게 찾아온 것이 아니라, 지난날부터 이어져온 돌봄 주체 편중 문제를 해결하지 못했기 때문에 발생한 것이다. 그렇다면 가정, 학교 외에 어떤 채널이 돌봄을 위해 활용될 수 있을까?

본 연구는 개인과 공공으로 부담이 양분된 현행 시스템을 바꾸기 위해서는 마을공동체라는 보완적 주체가 보다 활성화되어 이전보다 적극적인 역할을 해야 한다고 주장하는 바이다. 마을공동체란 마을이라는 일정한 지역 내에서 구성원들이 친밀한 상호작용을 통해 정서적 유대감을 형성하고, 공동의 목표와 가치를 추구하는 집단이라고 할 수 있다(한그루, 하현성, 2019). 그리고 이러한 마을공동체를 돌봄의 주체로 활용한 것이 돌봄공동체라고 할 수 있다. 마을공동체의 일원으로서 각 가정이 돌봄공동체에 적극 참여할 여건이 만들어진다면, 돌봄 문제에 공동체 전체가 함께 대처하며 학교와 가정이 겪던 기존의 돌봄 부담 과다 문제를 상당 부분 해결할 수 있을 것이다.

III 문제의 해결의 실마리: 돌봄공동체

1. 돌봄공동체의 개념과 이점

돌봄공동체는 돌봄의 새로운 주체로서, 가정과 공적 서비스 중심의 현행 돌봄 시스템의 문제점을 해결할 수 있는 여러 이점을 갖고 있다. 첫 번째로, 돌봄공동체는 현행 시스템으로 해결하기 어려운 돌봄 사각지대 해소와 돌봄 부담 완화에 효과적이다. 돌봄의 핵심 주체인 가정이 돌봄을 완벽히 수행할 수 없는 현실에서 학교나 긴급돌봄 서비스 등 공적 돌봄은 사전 등록 및 신청을 요구하는 등 갑작스러운 돌봄 공백에 유연하게 대처하기에는 한계가 있다. 그러나 돌봄공동체 하에서 돌봄이 이루어지는 상황이라면 돌봄 사각지대 문제가 상당 부분 해결된다. 상호 신뢰를 기반으로 돌봄을 함께 해나가는 돌봄공동체에서는 돌봄이 일시적으로 작동하지 않을 때 공동체 내 이웃이 그 역할을 대신 수행해줄 수 있기 때문이다.

두 번째로 돌봄공동체는 또래 아이들과의 접촉 기회를 높이고 친밀한 관계 형성을 도와 아이의 사회성 발달에 효과적이다. 출산율 저하와 맞벌이 가정의 증가에 따라 아이가 집에 혼자 있는 시간이 늘고 있는데, 이는 가정 내 관계만으로도 충분한 사회성 발달의 기회가 주어졌던 과거와는 상황이 달라졌음을 보여준다. 코로나 사태로 인해 학교와 어린이집이 휴교한 상황에서 아이들이 사회성 발달을 이룰 창구는 더욱 좁아졌다. 이러한 부정적 현실에 돌봄공동체는 효과적 해결책이 될 수 있다. 돌봄공동체는 또래 아이들이 주기적으로 모여 친밀한 관계를 형성할 기회를 직접적으로 제공하기 때문이다. 형제, 자매가 없거나 있어도 한 명 정도인 대부분의 아이들에게 돌봄공동체는 형제, 자매의 부재를 해소할 수 있는 만남의 장으로서, 사회성 발달의 기회 부족이라는 문제를 해결하는 데 많은 도움을 준다.

세 번째로 활성화된 돌봄공동체는 사회적 자본 형성에 이바지한다. 돌봄공동체의 특성은 사회적 자본의 핵심 요소들을 그대로 담고 있는 것이기 때문에 돌봄공동체의 확산과 활성화는 그 자체로 사회적 자본을 형성하는 효과를 담고 있다고 볼 수 있다. 실제로 서울시의 경우 마을공동체 사업의 일환으로 공동 육아 등 돌봄공동체 활성화를 지원하고 있으며, 후술할 돌봄공동체 우수사례에서도 역시 돌봄공동체를 통해 지역사회 전반에 사회적 자본이 형성되었음을 관찰할 수 있다. 따라서 돌봄공동체와 이를 기반으로 형성된 사회적 자본은 거버넌스 운영에 큰 도움을 주는 민주주의 토대일 뿐 아니라, 코로나 사태와 같은 예측치 못한 돌봄 비상상황에 유연하게 대응할 수 있게 해주는 돌봄의 토대라고 할 수 있을 것이다.

2. 돌봄공동체 확산를 위한 정책적 노력

기존 돌봄 시스템의 한계가 드러나기 시작하자 정부 각 부처와 지자체는 돌봄공동체의 여러 이점에 주목해 관련 정책을 펼치기 시작했다. 그 중에서 가장 주축이 되어 돌봄공동체 문제를 총괄하는 주체는 여성가족부이다. 여성가족부는 돌봄공동체 활성화를 위해 여러 정책을 추진해왔는데, 특히 가족품앗이 사업과 여성친화도시 조성 사업은 돌봄공동체 형성 및 확산 지원에 가장 중요한 사업이라고 할 수 있다.

가족품앗이 사업은 2008년에 3개월 동안 10개의 건강가정지원센터가 시범사업으로 실시한 공동육아품앗이 사업에서 발전한 것인데, 2011년 초 전국 23개 건강가정지원센터에서 가족품앗이 및 공동육아나눔터 사업이라는 새로운 이름으로 시범사업을 한 것을 시작으로 지금까지 이어져오고 있다(차성란, 2011). 가족품앗이란 이웃들이 자녀를 함께 돌보며

육아 부담을 더는 부모 자조 모임 및 품앗이 그룹이라고 할 수 있는데, 주로 3개 이상의 가구로 구성되며 건강가정센터 산하 공동육아나눔터를 기반으로 운영된다. 공동육아나눔터는 아이돌봄지원법 제19조 1항[2]에 의거해 설립된 돌봄 기관으로 핵가족화로 인한 육아부담을 경감시키고 지역중심의 자녀양육환경을 조성하는 것을 목적으로 하며, 가족품앗이 사업의 홍보, 활동비 지원, 품앗이 교육 등 가족품앗이의 원활한 운영 및 활성화를 지원한다. 가족품앗이에 참여하는 돌봄공동체 구성원들은 자체적으로 계획을 수립하고 공동육아나눔터에서 매달 지원해주는 3만 원 가량의 지원금과 교육 키트 등을 활용하여 자율적으로 돌봄을 진행하되, 운영계획서 및 월별 활동일지를 공동육아나눔터에 제출해야 한다.

2009년 여성가족부 주도로 시작된 여성친화도시 조성 사업 역시 돌봄공동체 형성에 기여하고 있다. 여기서 여성친화도시란 지역정책과 발전과정에 여성과 남성이 평등하게 참여하고 여성의 역량강화, 돌봄 및 안전이 구현되도록 정책을 운영하는 지역을 말한다. 여성친화도시는 특히 형평성, 참여, 소통과 더불어 돌봄을 여성친화도시 4대 가치로 꼽을 정도로 돌봄에 대한 지역 사회의 책임 강화를 중시한다. 구체적으로는 5대 목표 중 하나인 가족친화 환경 조성의 주요 과제로 돌봄 서비스 내실화와 돌봄 인프라 접근성 향상, 마을 단위 돌봄 확대 등 돌봄공동체 지원을 제시하고 있다.

실제로 이러한 정책들은 돌봄공동체 형성 및 확산의 촉진제로서 효과를 발휘하고 있으며, 정부 및 지자체는 기존 사업들을 확장해 그 효과를 높이려고 하고 있다. 가족품앗이의 경우 사업이 시작된 이래로 가족

---

2   아이돌봄지원법 제19조(공동육아나눔터) ①: 국가 및 지방자치단체는 아이양육 관련 정보교류, 부모교육 등을 위하여 공동육아나눔터를 설치·운영할 수 있다.

품앗이 평균 참여인원수가 계속 증가하고 있는데, 사업이 본격적으로 시작된 2011년에 평균 참여인원이 675명에 그쳤다면 2017년에는 2618명으로 증가하는 등 뚜렷한 상승세가 관찰된다(한국건강가족진흥원, 2018). 이에 정부는 2021년까지 공동육아나눔터를 64개 늘려 총 332개의 공동육아나눔터를 운영하겠다고 밝히며 돌봄공동체 확산을 지원하려는 의지를 보였다. 여성가족친화사업 역시 2009년 2개 지역에서만 운영되었으나, 2014년에는 49개 지역, 2020년에는 92개 지역에까지 확대되면서 더 많은 지역에서 돌봄공동체 지원이 이루어지게 되었다.

그러나 가족품앗이 사업과 여성친화도시사업의 확대에도 불구하고 두 사업은 한정적인 지역에서만 운영 중이며, 확산되고 있는 돌봄공동체 문화 역시 기존 돌봄 시스템이 해결하지 못한 돌봄 공백을 해소할 정도로 충분히 활성화되었다고 볼 수 없다. 여전히 많은 부모들이 돌봄공동체 개념에 익숙하지 않고, 대다수가 가정과 공적 돌봄에 의존하는 기존의 시스템으로 아이들을 돌보고 있다.

이를 해결하기 위해 2020년 4월 여성가족부는 '돌봄공동체 지원사업'을 실시했다. 돌봄공동체 지원 사업은 가족품앗이 사업, 여성친화도시 조성 사업 등 여러 사업에 파편적으로 분포되어 있던 돌봄공동체 지원 정책을 하나의 틀로 묶어 발전시키려는 시도로서, 학교나 시설 위주의 공적 돌봄의 한계를 보완하고 자체적으로 틈새 돌봄을 해결할 돌봄공동체를 전국적으로 확산시키기 위해 올해 처음으로 추진되는 사업이다.

표1은 정부의 목표가 기존 돌봄 우수사례를 모델화하여 전국적으로 돌봄공동체를 확산시키는 데 있음을 보여준다. 1단계에서는 지난 10년간 여성가족부가 지원한 돌봄공동체 우수 사례를 발굴하여 주민주도형 돌봄공동체 우수사례 워크숍을 개최하였으며, 2단계에서는 시범사업으로 10개 지자체에서 36개 우수 돌봄공동체를 선발해 활동비 지원, 전문

표1   돌봄공동체 지원사업 추진 방향

1단계	공동육아나눔터, 여성친화도시 사업을 통해 형성된 다양한 형태의 주민주도형 돌봄공동체 사례 발굴 (19년 완료)
2단계	돌봄공동체 육성 확산을 위한 시범사업 실시 및 모델 개발 (20년 진행 중)
3단계	사업 확대 및 네트워크 강화로 돌봄공동체 모델의 성장과 전국 확산 유도 (21년부터 진행 예정)

출처: 여성가족부 가족정책과

가 컨설팅 등을 지원하고 있다. 그리고 2021년부터는 1,2단계에서의 경험을 기반으로 돌봄공동체를 전국적으로 확산시키는 것이 목표이다. 기존의 돌봄공동체 사업이 공동육아나눔터가 위치한 곳, 여성친화도시에 선정된 곳에서의 확산을 목표로 했다면, 2020년부터 추진된 돌봄공동체 지원사업은 돌봄공동체를 새로운 돌봄 주체로 발전시켜 더 많은 역할을 부여하고 전국적으로 확산시키겠다는 보다 확장된 목표를 세운 것이다.

이와 같이 돌봄공동체 지원 사업은 돌봄공동체를 돌봄의 주요 주체로 성장시켜 전국적으로 확산시키고자 한다는 점에서 본 연구와 목표를 공유한다고 할 수 있다. 따라서 본 연구는 돌봄공동체 지원사업 1, 2단계에서 우수사례로 선정된 돌봄공동체를 분석하여 추후 전국에서 결성될 돌봄공동체가 본받아야할 우수사례의 특성을 도출해내고, 그들이 돌봄공동체를 결성 및 유지하는 과정에서 겪었던 어려움에 대한 분석을 기반으로 돌봄공동체가 전국적으로 확산되기 위해 반드시 해결되어야만 하는 과제를 제시하고자 한다.

3. 돌봄공동체 우수사례의 특성

돌봄공동체의 전국적 확산을 위한 조언을 얻고자 구로구 '개념 있는 개봉동 맘'(이하 개개맘)과 광주 남부 '숲속 작은 도서관'과 인터뷰를 진행했다. 개개맘과 숲속 작은 도서관은 2019년 돌봄공동체 우수사례

공모전에서 각각 최우수상과 대상을 수상한 바 있으며 돌봄공동체 지원 사업의 세 가지 공동체 유형 중 품앗이형과 마을공동체형의 대표 사례이기 때문에 돌봄공동체 확산을 위한 조언을 구하는 데 적합하다고 판단했다.

먼저 두 돌봄 공동체에 대해 간략히 소개하자면, 개개맘은 2014년 결성된 후 2018년부터 구로구 공동육아나눔터에 소속되어 가족품앗이 활동을 공식적으로 진행하고 있는 품앗이형 돌봄공동체이다. 결성 당시 여섯 가정 모두 맞벌이 가정이었기 때문에 공동육아를 통해 돌봄 부담을 완화해야 했고, 형제 없이 혼자 자라는 아이들에게 서로 돕고 배우며 사회성을 기를 기회를 제공하고자 가족품앗이를 결성했다. 다문화가정, 장애인가정, 맞벌이가정 등 다양한 유형의 가족들이 개개맘에서 함께 돌봄을 수행하고 있으며, 다양한 프로그램을 준비하여 주 1회 이상 정기적인 교류를 진행하고 있다. 개개맘에서는 순서를 정해 공동체 자녀들의 등하원을 돕고 부모 재능기부 프로그램 운영, 지역 자원 봉사에 참여하는 등 체계적이고 효과적인 돌봄을 진행하고 있다.

숲속 작은 도서관은 자원봉사, 재능기부 등 주민들의 자발적 참여로 2011년부터 운영되고 있는 마을공동체형 돌봄공동체이다. 결성 당시, 아파트 단지 내 맞벌이 가정이 많았고 아이들을 위한 놀이 공간이 없어 충분히 돌봄을 받지 못하는 아이들이 많았는데 이를 안타깝게 여긴 이웃들이 힘을 모아 집에서 아이들을 함께 돌본 것에서 숲속 작은 도서관이 시작됐다. 이후 돌봄 규모가 커지고 공간이 부족해지자 주민들은 아파트 내 공동공간을 수리하여 그 곳에 도서관을 열었고, 도서관 개관을 기점으로 공식적인 돌봄공동체가 수립되었다. 숲속 작은 도서관은 유아 및 아동 틈새돌봄, 초등방과후돌봄, 야간돌봄, 방학 점심 제공 등의 활동을 통해 돌봄 사각지대 해소에 노력하고 있으며, 경력단절 여성을 돌봄

교사 및 프로그램 강사로 채용하여 여성친화도시 우수사례로 뽑힌 바 있다.

본 연구는 개개맘, 숲속 작은 도서관과의 인터뷰 진행하고 돌봄공동체 우수사례 워크샵 자료집을 참고하여 성공적인 돌봄공동체가 가진 공통적인 특성을 도출할 수 있었다. 돌봄공동체의 전국적 확산을 추진함에 있어서도 이러한 특성에 주목해야 효과적인 돌봄공동체를 대거 양산할 수 있을 것이다. 돌봄공동체 우수사례의 특성은 다음과 같다.

1) 돌봄의 유연성

공적 서비스와 개별 가정이 돌봄의 책임을 대부분 떠맡는 기존 돌봄 시스템 하에서는 돌봄 공백이 발생할 수 밖에 없다. 부모의 맞벌이 등의 상황으로 인해 돌봄 환경이 항상 일관되지 않기 때문이다. 그러나 돌봄공동체는 돌봄의 책임을 공동체 구성원들이 함께 수행하기 때문에 가정이나 공적 돌봄서비스보다 갑작스러운 돌봄 공백 상황이 발생하더라도 유연하게 대처할 가능성이 높다. 특히 개개맘과 숲속 작은 도서관을 비롯한 돌봄공동체 우수사례들은 모두 공통적으로 돌봄 공백을 돌봄공동체 내에서 유연하게 대처할 기반이 탄탄하게 마련되어 있었다.

"내가 시간이 안 될 때는 이웃이 되고, 이웃이 시간이 안 될 때는 내가 되는 법이니까요. 벌써 돌봄품앗이를 시작한 지 7년이 되었는데 지금은 서로에게 아이를 맡기는 게 서슴없이 자연스럽죠."(개개맘 김인희씨)

"저희 도서관은 마을과 함께 365일 언제나 열려있어요. 갑자기 긴급한 돌봄이 필요할 때, 어린이집 하원 후 아이 혼자 남을 때, 학교가 방학해 아이가 밥 먹을 곳이 없을 때 언제든 안전한 돌봄을 제공하고 있

어요."(숲속 작은 도서관 김진화 관장)

한 가정을 제외하고는 모두 맞벌이 가정으로 구성된 개개맘은 돌봄 여력이 안 될 때 다른 가정이 돌봄을 조금 더 책임지는 방식으로 돌봄 공백에 유연하게 대처하고 있다. '함께 잘 키우자'라는 슬로건이 보여주듯 남의 자식이 아닌 우리 모두의 자식을 돌본다는 생각으로 돌봄에 임하고 있는 것이다. 개개맘이 품앗이 방식의 돌봄 유연성을 보여준다면 숲속 작은 도서관은 마을공동체형으로서 마을 차원의 돌봄 서비스를 제공해 문제를 해결한다고 할 수 있다. 숲속 작은 도서관은 공적 돌봄 서비스가 완전히 메울 수 없는 돌봄의 틈새를 육아틈새돌봄, 긴급돌봄, 방과후돌봄 등을 통해 마을 차원에서 유연하게 대처하고 있다. 즉 두 돌봄공동체 모두 돌봄을 공동체 공동의 임무로 인식하고 있는 것이다.

이러한 돌봄공동체의 장점은 코로나 사태에서 더 빛을 발했다. 공적 돌봄 서비스가 작동하지 않고 가정이 모든 돌봄 부담을 안게 된 상황 속에서 돌봄공동체의 유연한 돌봄 제공이 돌봄 공백을 효과적으로 메워준 것이다.

"개개맘은 코로나 상황에 부모와 아이들이 생존할 수 있게 해준 보금자리였어요. 아이들은 학교에 안 가고 부모들은 직장생활을 하는데 이웃들이 없었다면 아무 것도 할 수 없었을 테니까요."(개개맘 김인희씨)

"우리 마을은 코로나 이전에도 맞벌이 가정이 많은 지역인데, 학교와 어린이집이 문을 닫으니 도서관에 도움을 요청하는 어머니들이 더 많아졌어요. 그래서 교육 프로그램 참여 학생 수를 조정하여 긴급돌봄, 틈새돌봄을 늘렸죠."(숲속 작은 도서관 김진화 관장)

학교, 유치원이 문을 닫은 상황에서도 개개맘과 숲속 작은 도서관의 돌봄은 중단되지 않았다. 돌봄공동체는 기존 시스템의 돌봄 주체인 국가와 가정에서는 찾아보기 힘든 돌봄의 유연성을 갖고 있기 때문이다. 이처럼 전국적으로 새롭게 형성될 돌봄공동체 역시 돌봄 문제에 유연하게 대처할 수 있는 역량을 갖추어야 할 것이다.

2) 돌봄의 전문성

개개맘과 숲속 작은 도서관을 비롯한 돌봄공동체가 단순히 돌봄 공백을 없애는 일에만 몰두한 것은 아니다. 이들이 무엇보다 고민했던 문제는 바로 돌봄의 내용이었다. 즉 비는 시간에 이웃의 아이를 돌보는 수준을 넘어 돌봄공동체만의 전문성 있는 돌봄 프로그램을 만드는 것이다. 개개맘과 숲속 작은 도서관은 학교, 가정과 같은 기존 돌봄 공간에서는 경험하기 힘든, 혹은 기존 돌봄 공간보다 뛰어난 돌봄 프로그램을 체계적으로 기획하여 돌봄의 질을 높였다.

개개맘이 2020년 한 해 동안 진행한 돌봄 프로그램 내용을 살펴보면 마을 정화활동, 다문화 교육, 성교육, 아빠와의 유대관계 활동 등이 있다. 이러한 프로그램들은 개개맘 돌봄공동체 부모들이 직접 기획한 것이며, 성교육을 제외한 모든 프로그램 진행 역시 부모들이 도맡아 진행하였다. 이러한 체계적 프로그램을 위해 필요한 것은 부모들의 참여와 노력이다. 부모들은 돌봄 계획 수립에 단순히 참여하는 것을 넘어, 돌봄이 좀 더 체계적이고 전문적이게 이루어질 수 있도록 따로 공부하거나 스터디를 만드는 등의 노력을 기울이고 있다. 또한 부모들의 재능기부역시 돌봄의 전문성을 한층 높이는 데 기여하였다. 유아교육과 출신 엄마가 진행하는 미술 공부, 축구 강사인 아빠가 진행하는 체육활동 등 부모들의 전문성을 살린 프로그램 진행은 돌봄의 질적 성장을 이끈 중요한 요인이었다. 이와 더불어, 부모의 재능기부 활동을 통해 아버지들이 이전보다 돌봄에 더 많이 참여함으로서 여성에게 치중되어 있던 돌봄 부담 문제를 많이 개선했다고 한다.

돌봄에서 전문성이 필요하다는 사실이 부모가 돌봄을 위해 일방적으로 희생해야한다는 것을 의미하지는 않는다. 각 가정들이 돌아가면서 활동을 이끌기 때문에 오히려 가정에서 개별적으로 아이를 키울 때보다 부담이 줄어들고, 부모들 역시 돌봄 프로그램을 준비하며 많은 것을 배우기 때문이다. 개개맘 구성원들은 전문적인 돌봄을 위해 노력하는 과정에서 이전보다 질 높은 돌봄의 확보는 물론 부모들 스스로도 많이 성장했다고 말한다.

"성교육 프로그램을 준비하고 아이와 함께 참여하는 과정에서 지금까지 내가 알아왔던 게 차별일 수 있겠구나 하는 생각이 들었어요. 예전에는 여자는 여자다워야 한다, 남자는 남자다워야 한다 이런 게 있었잖아요. 우리 아이한테 그러면 안 되겠다 싶어 책도 사고 엄마들과 스터디도 하고 공부를 많이 했어요. 그러니까 세상이 달리 보이더라고요." (개개맘 김인희씨)

숲속 작은 도서관은 유아교육과 등 돌봄과 직결된 분야를 전공한 봉사자들이 돌봄 교사 역할을 하기 때문에 체계적이고 전문적인 돌봄이 손쉽게 이루어지고 있다. 결성 초기에는 돌봄에 관심 있는 마을 주민들의 품앗이 형태로 돌봄공동체가 운영되었으나 점차 돌봄 규모도 커지고 활동도 체계화되기 시작하자 전문성 있는 봉사자들로 자연스레 교체된 것이다. 숲속 작은 도서관이 가진 돌봄의 전문성을 가장 잘 보여주는 것은 교육 프로그램이라고 할 수 있다. 교육프로그램은 기존 돌봄 프로그램과 함께 숲속 작은 도서관의 주요 활동인데, 교육프로그램의 강사로 전문성 있는 경력 단절 여성을 고용해 전문적이고 체계적인 교육활동을 수행하고 있다. 프로그램은 퍼포먼스 미술, 영어, 요리, 전래놀이 등 다양한 과목으로 구성되어 있으며 아동의 수준에 맞춘 분반 시스템도 갖추고 있다. 이러한 돌봄의 전문성은 숲속 작은 도서관에 대한 신뢰를 높이는 데 많은 기여를 했다.

> "돌봄 프로그램이 튼튼해지면 돌봄 이용자들이 자동으로 늘어나는 것 같아요. 우리 프로그램의 전문성이 다른 마을에서까지 전문성을 인정받자, 멀리서도 우리 도서관을 알게 되시더라고요. 여기는 전문성이 있으니까 믿어도 되겠다고 생각하시는 거죠."(숲속 작은 도서관 김진화 관장)

이렇듯 돌봄공동체의 전국적 확산이 성공하기 위해서는 돌봄공동체의 전문성 함양 역시 중요하게 다루어져야 할 것이다.

3) 돌봄의 확장성

성공적인 돌봄공동체는 공통적으로 돌봄의 효과가 공동체 내부 수준에 머무르지 않고 마을 전체로 확장된다는 특성을 갖고 있다. 즉 성공한 돌봄공동체 하나가 마을 전체의 돌봄 문제 해결에 크게 기여한다는 것이다. 먼저, 성공적 돌봄공동체는 그 자체로 돌봄공동체 확산에 최고의 홍보 수단이 된다. 아직 돌봄공동체에 대한 대중의 인식이 부족한 상황에서 우리 마을에 성공한 돌봄공동체가 있다는 사실은 대중들이 돌봄공동체라는 새로운 돌봄 주체에 확신을 갖고 공동체 돌봄을 시도해보도록 하는 좋은 계기가 될 수 있다. 개개맘 인터뷰에 따르면, 개개맘의 성공적 돌봄을 보고 마을 내 학부모들이 가족품앗이와 공동육아나눔터에 관심을 갖게 되었다고 한다. 보다 직접적으로는, 여러 성공적인 돌봄공동체는 자신의 자녀뿐 아니라 마을 내 다른 아이들에게까지 돌봄의 범위를 확장하는 모습을 보였다. '우리 자식'의 범위가 자기 공동체를 넘어 마을 전체로 확장된 것이다.

> "에그타르트 만들기, 공예 등 활동을 진행할 때마다 최대한 많은 아이들을 흡수할 수 있도록 노력하고 있어요. 30,40명이 온다면 힘들겠지만 그래도 많으면 많을수록 더 좋잖아요."(개개맘 김인희씨)
> "우리가 하는 프로그램들을 최대한 알리려고 스티커도 만들고 현수막도 만들고 있어요. 이런 활동들이 힘들다 생각하면 힘든 것이겠지만, 우리 모두에게 좋다고 생각하면 좋은 것이니까요."(개개맘 김현희 대표)

> "우리 도서관은 지역, 나이 상관없이 모두에게 열려있어요. 우리 아파트 단지에 살지 않더라도 돌봄이 필요하면 언제든 도서관으로 오시면 되거든요. 그런 마음으로 아이들을 돌보니 이제는 우리 아파트 단지, 우리 마을을 넘어 다른 마을에서까지 우리 도서관을 찾으시더라고요."(숲속 작은 도서관 김진화 관장)

이와 더불어 성공적인 돌봄공동체는 마을공동체 회복의 장이 된다. 이웃과 함께 돌봄을 수행하면서 마을에 애착을 갖게 되고, 마을 역시 돌봄을 마을 전체의 문제로 인식하면서 돌봄에 참여하기 때문이다. 실제로 가족품앗이 활동을 한 사람들은 이웃들을 사귈 수 있었다는 것을 가족품앗이의 최고 효과로 꼽았다(유해미, 김문정, 2013; 김현희, 2015). 다시 말해, 돌봄공동체의 성공은 사회적 자본 형성에 중요한 역할을 하는 것이다. 돌봄이라는 공동의 목표를 달성하기 위해서는 이웃과의 호혜적인 신뢰 네트워크가 필요하기 때문이다.

> "우리 도서관은 마을 소통의 장이에요. 마을운동회, 마을소풍 등 마을 주민들 누구나 참여할 수 있는 행사를 열어, 마을 주민들끼리 자연스럽게 만날 수 있는 자리가 마련되거든요. 또 마을주민들은 도서관 운영방향을 함께 논의하고 재능기부 등 다양한 방식으로 돌봄에 참여하면서 도서관에 애착이 강하세요. 도서관이 돌봄뿐 아니라 마을공동체 회복에도 큰 역할을 하고 있는 거죠." (숲속 작은 도서관 김진화 관장)

4. 돌봄공동체 확산을 위한 해결과제

앞서 언급한 돌봄공동체의 장점을 고려해보았을 때 유연성, 전문성, 확장성을 갖춘 우수한 돌봄공동체가 전국적으로 확산되는 것은 분명 우리 사회 전체에 큰 이익이 될 것이다. 그러나 돌봄공동체가 정책적으로 강조된 지 10년이 지났으나 여전히 성과는 미진하다. 본 절에서는 돌봄공동체가 돌봄의 주요 주체로 떠오르는 데 실패한 원인을 분석함으로써 개개맘, 숲속 작은 도서관 같은 성공적인 돌봄공동체를 전국적으로 확산시키기 위해 반드시 해결해야 할 문제점들을 제시할 것이다. 이는 본 연구가 해결책으로 제안하는 '돌봄공동체 통합 애플리케이션'이 풀어내고자 하는 해결과제라고도 할 수 있다. 달성 과제는 크게 '어떻게 결성할 것인가'와 '어떻게 유지할 것인가'로 구분할 수 있다. 기존 돌봄공동체 관련 정책은 결성과 유지의 문제를 효과적으로 풀어내지 못했고 이는 돌봄공동체의 전국적 확산 속도가 더딘 원인으로 작용했다.

1) 돌봄공동체 결성을 위한 해결과제

돌봄공동체를 주요 돌봄 주체로 발전시키기 위해서는 먼저 현대사회에서 돌봄을 함께 수행할 이웃을 찾기 힘들다는 문제를 해결해야 한다. 돌봄공동체가 결성되기 위해서는 우선 이웃을 알고 신뢰해야 하는데, 한국 사회에서 이웃은 모르는 사람 수준이기에 돌봄공동체가 결성되기 어려운 것이다. 그러나 현재 돌봄공동체 관련 정책은 돌봄공동체 결성과 관련한 도움을 거의 주지 못하고 있다.

> "다 함께 돌봄을 해보자고 개개맘을 결성했을 때, 지자체나 정부의 도움은 전혀 없었어요. 원래 알고 있던 엄마들끼리 삼삼오오 결성한 거죠."(개개맘 김현희 대표)

이렇듯 현행 돌봄공동체 관련 정책은 신규 돌봄공동체 결성보다는 이미 만들어진 돌봄공동체 지원에 집중하고 있다. 결성 후 이루어질 지원의 유무는 함께 공동체 돌봄을 진행할 이웃도 찾지 못하는 대부분의 부모들에게 유명무실한 지원이다. 개개맘과 숲속 작은 도서관 등 우수사례의 결성 배경을 보면 이 문제가 명확히 드러난다. 우수사례들은 대부분 부모들 간에 이미 유대가 존재해 있었으며 이를 기반으로 돌봄공동체를 구성했다. 즉 두 사례는 결성 단계에서부터 예외적이었다. 이웃을 서로 잘 알지 못하는 경우가 대부분인 상황에서 돌봄공동체 확산이라는 목표는 결성 단계에서부터 근본적 문제를 내포하고 있는 것이다. 따라서 돌봄공동체가 결성되기 위해서는 가장 먼저 돌봄을 함께 하기를 희망하는 이웃을 파악할 수 있는 창구가 마련되어야 한다.

그러나 다행히도 돌봄이라는 공동 목표는 미약했던 이웃 간 유대감을 끌어올리는 최고의 매개물이다. 그렇다면 비록 현대사회에서 이웃

간 유대가 급속도로 낮아졌다고 하더라도, 자녀 돌봄이라는 공통의 관심사를 공유한다면 이웃과 돌봄공동체를 형성할 유인은 충분하다고 볼 수 있다. 실제로 맘카페 등 육아 관련 커뮤니티에서 함께 아이를 돌보자는 글을 쉽게 찾을 수 있으며, 이러한 경로를 통해 민간에서 돌봄을 위한 부부모임들이 종종 만들어지고 있다. 그러나 자발적 부부모임이 개개맘, 숲속 작은 도서관 같은 완전한 돌봄공동체로 발전하는 경우는 드물다. 가족품앗이라는 개념 자체를 모르고 공동육아나눔터와 같이 공동체 돌봄에 직접적인 도움을 줄 수 있는 기관을 접하지 못해 돌봄공동체 결성 단계에까지 이르지 못하는 것이다. 이는 결국 돌봄공동체 결성을 위해서는 돌봄공동체 제도와 참여방법에 대한 홍보가 선행되어야 함을 보여준다. 내가 사는 지역에는 어떤 돌봄공동체 지원 정책이 있고, 지원받을 수 있는 기관은 어디인지에 대한 제대로 된 홍보가 이루어져야 하는 것이다. 지금까지 돌봄공동체에 대한 홍보는 공동육아나눔터나 건강가정지원센터가 해당 지역 맘카페에 홍보 게시글을 올리는 방식 및 희망자들이 직접 검색해서 찾아야 하는 건강가정지원센터 자체 홈페이지 내 홍보글 게시 방식으로 주로 진행되었다.

그러나 이러한 홍보방식은 크게 효과를 거두지 못한 것으로 판단된다. 이는 개개맘과의 인터뷰에서도 지적된 사항인데, 가족품앗이와 같은 돌봄공동체에 대해 모르는 사람이 대부분이며 알게 되더라도 홍보를 통해서보다는 개개맘에 구성원들에게 전해 들어서 관련 정보를 접하는 경우가 대부분이었다. 따라서 돌봄공동체가 전국적으로 확산되기 위해서는 돌봄공동체 결성에 필요한 정보들을 통합적으로 쉽게 접할 수 있는 새로운 홍보 방식이 필수적이다.

2) 돌봄공동체 유지를 위한 해결과제

돌봄공동체 결성만큼이나 중요한 것은 돌봄공동체를 오래 유지하는 것이다. 일단 돌봄공동체가 결성되었다고 하더라도 단지 한두 차례 서로의 아이를 돌보아주는 것만으로는 공동체 구성원들이 공동체 돌봄에 적극적으로 참여하게 만드는 유인이 부족하기 때문에 오래 유지되는 우수한 돌봄공동체를 만들지 못할 것이다. 따라서 돌봄공동체를 유지하기 위해서는 돌봄공동체가 제공하는 돌봄의 질을 높여 돌봄공동체를 유지하고자 하는 유인을 높일 필요가 있다. 이를 위해서 가장 먼저 선행되어야 할 것은 보다 많은 돌봄공동체들이 우수한 돌봄 프로그램을 쉽게 접할 수 있게 함으로써 돌봄의 질을 개선하는 것이다. 돌봄공동체 우수 사례에서 본 것처럼 돌봄공동체의 전문성은 아이들의 성장을 도울 뿐만 아니라 돌봄공동체를 더욱 끈끈하게 만듦으로써 돌봄공동체 유지에 지대한 역할을 한다.

그러나 개개맘이나 숲속 작은 도서관처럼 모든 부모들이 돌봄공동체 발전에 전력을 다하고 전문적인 프로그램을 개발하는 것은 쉽지 않다. 돌봄공동체가 필요한 가정은 대개 시간적 여유가 부족한 맞벌이 가정이고 숲속 작은 도서관의 사례처럼 대부분의 부모들이 돌봄 관련 전공자가 아님을 고려할 때 돌봄공동체의 전문성을 무조건적으로 높이라는 요구는 현실적이지 않다. 또한 현행 돌봄공동체 지원 체제가 컨설팅 제공 등을 통해 개별 돌봄품앗이의 전문성 강화에 노력하고 있다고는 하더라도, 이 지원은 공동육아나눔터 등 정부 기관에 등록되어 기관이 주기적으로 요구하는 것들을 수행하는 공동체만을 대상으로 제공되는 것이기 때문에 추후 돌봄공동체가 전국적으로 확산되어 지금과 같은 전문적 지원을 받지 못하는 미등록 돌봄공동체의 수가 늘어날 상황에서는 큰 도움이 되지 못한다.

이 근본적 문제를 해결하기 위해서는 돌봄공동체 우수사례들이 실시한 돌봄 프로그램이나 여성가족부가 추천하는 돌봄 프로그램 등 전문성 있고 가정에서 쉽게 따라할 수 있는 우수 돌봄 프로그램들이 신생 돌봄공동체들에게 제공되어야만 한다. 그리고 그 정보들은 지금처럼 기관에 등록되어 정식 지원을 받는 돌봄공동체뿐만 아니라 민간에서 만들어진 미등록 돌봄공동체까지 쉽게 접할 수 있는 플랫폼을 통해 공유되어야 할 것이다.

이와 동시에 돌봄공동체 유지를 위해서는 관련 행정절차를 쉽고 간편하게 해결할 수 있도록 개선할 필요가 있다. 현행 돌봄공동체 지원 정책은 지원이 이루어지기 위해 서류 작성 등의 여러 복잡한 행정절차를 거칠 것을 요구하고 있는데, 이는 기관에 소속되어 지원을 받으며 돌봄공동체를 오래 유지하는 데 무시할 수 없는 장애물로 작용하고 있다.

> "지원을 받는 게 좋기는 한데 그만큼 작성해야 할 서류가 너무 많아요. 나라 돈 쓰는데 당연히 해야 할 일이기는 한데, 서류 작성이 너무 많으니 이래서 다른 엄마들이 잘 하지 않으려고 하나 싶기도 하죠."
> (개개맘 김인희씨)

개개맘 인터뷰에서 알 수 있듯이, 돌봄공동체 구성원들이 요구하는 것은 행정절차를 없애달라는 것이 아니다. 이는 현실적으로 불가능하고 적절하지도 않다. 다만 이들이 바라는 것은 서류작성에서 간소화할 수 있는 것은 간소화하고 작성 방법 역시 기존보다 간편하게 함으로써 공동체 구성원들이 돌봄공동체를 유지하는 것을 번거롭게 느끼지 않도록 해야 한다는 것이다. 지원 관련 행정절차뿐 아니라 장소 대여 관련 행정절차도 개선되어야 한다. 장소 대여 문제는 돌봄공동체 유지의 주된 애로사항으로 지적되어 왔다. 물론 장소 대여 문제를 해결하기 위해서는 돌봄에 사용할 수 있는 장소들을 더 많이 건설하는 것이 최고겠으나, 현실적인 여건을 고려해볼 때 돌봄에 충분히 사용될 수 있는 공간임에도 대여하는 절차가 복잡하고 공간 관리자들이 돌봄공동체라는 개념 자체에 익숙지 않아 공간을 대여하지 못하는 행정절차적 문제를 해결하는 게 우선적으로 실행되어야 할 것이다.

> "집 근처에 평생교육관 같은 공공시설이 있는데, 쉽게 사용하지 못하는 게 현실이죠. 분명 돌봄을 위해 사용할 수 있을 것 같은 공간이기는 한데, 절차가 복잡해서 쉽게 접근하지 못하고 있어요." (개개맘 김현희 대표)

> "좋은 공간들이 잘 찾으면 많은 것은 사실이에요. 또 신청만 하면 빌릴 수 있다고 듣기도 했고요. 그런데 돌봄공동체 사업이 아직 활성화되지 않아서 공간 대여하려고 해도 담당자들이 돌봄공동체가 무엇인지 몰라서 빌리지 못할 때가 많았어요. 우리 주변에 있는 공간부터라도 쉽게 빌릴 수 있다면 많은 도움이 될 것 같은데, 그 부분이 아쉽죠." (개개맘 김인희씨)

이처럼 공동체 지원부터 공간대여까지 행정절차가 조금만 더 간편해진다면 돌봄공동체 유지에 큰 도움이 될 것이다. 이를 위해서는 서류 작성이 지금보다 간단한 방식으로 어디에서나 가능하도록 개선되어야 하며, 돌봄 공간 문제 역시 지금처럼 일일이 기관에 문의해 대여 가능 공간을 찾을 필요 없이 한 눈에 공간을 찾고 손쉽게 대여할 수 있도록 시스템이 개편되어야 한다.

Ⅳ 돌봄 공백 해결 방안: 돌봄공동체 통합 어플리케이션

1. 해결방안으로서 어플리케이션의 적합성

앞서 제시된 현행 제도를 살펴보면, 여성가족부의 돌봄공동체 지원 사업이 잘 마련되어 있음을 알 수 있다. 그러나 국민들이 현재 마련되어 있는 제도와 프로그램을 더욱 잘 이해하고 활용하기 위해서는 돌봄 관련 프로그램 정보에 대한 편리한 접근성, 프로그램 진행을 수월하게 하는 절차 간소화 및 산발적으로 공시된 지원사업 정보를 한 곳에서 모아 볼 수 있게 하는 종합성 확보가 필요하다. 우리는 이러한 문제의식을 기반으로 돌봄공동체의 전국적 확산을 도모할 수 있는 방안을 고민하였고, '돌봄공동체 통합 어플리케이션' 제작이 필요하다는 결론에 이르렀다.

'돌봄공동체 통합 어플리케이션'의 장점은 크게 두 가지로, 기존의 정책에서 '편리성'과 '종합성'이 보완된 형태이다. 그동안 다양한 웹 페이지에서 돌봄 관련 프로그램의 홍보가 이루어져왔으나, 보호자들의 입장에서 매번 여러 웹 페이지에 접속하여 정보를 확인하는 방식은 신속한 정보 접근에 있어 한계가 있다. 반면 어플리케이션의 경우 정보 통합 플랫폼의 역할을 하여 정부 및 지방자치단체가 한 곳에 지원사업 정보를 게시할 수 있기 때문에 사용자가 통합적으로 정보를 받아볼 수 있으며, 어플리케이션에서 제공하는 알림 기능을 통해 관심 정보를 상시 받아볼 수 있다는 장점이 있다.

어플리케이션은 컴퓨터를 이용한 문서 작업보다 작업이 수월하고 접근성이 좋기 때문에 복잡한 행정 절차의 문제점을 해결해준다. 컴퓨터로 문서 작업을 많이 하지 않는 사람이라고 하더라도 매일 사용하는 스마트폰으로 사진을 촬영하여 업로드하고 글을 쓰는 것을 크게 부담을 느끼지 않을 것이기 때문이다.

2. 어플리케이션 구성 및 기대효과

앞서 서술한 것처럼, 돌봄공동체가 전국적으로 확산되기 위해서는 돌봄공동체 우수사례들을 참고해 지금까지 돌봄공동체 확산을 가로막았던 장애물들을 해결해야만 한다. 공동체 결성 관련 해결과제로는 공동체 돌봄을 함께할 이웃 파악 창구 마련, 돌봄공동체 인식 제고를 위한 홍보 방식 개선이 있으며, 공동체 유지 관련 해결과제로는 돌봄의 전문성 달성, 행정절차 간편화를 통한 공동체 유지 장애 해소가 있다. 본 절에서는 본 연구가 해결책으로 제시한 '돌봄공동체 통합 어플리케이션'이 이러한 해결과제들을 어떻게 달성할 수 있는지 구체적으로 보이고 최종적으로는 돌봄공동체의 전국적 확산이라는 목표 실현에 어떻게 기여할 수 있을지 밝히고자 한다.

1) 돌봄공동체 결성 효과: 이웃 파악 창구 마련

돌봄공동체의 전국적 확산에 가장 근본적 장애물은 돌봄을 같이할 이웃을 찾기 어렵다는 것이었다. 비록 자녀 교육이라는 공통의 관심사가 이웃 간 관계 증진에 가장 주요한 동인이라고 하더라도, 내 주변에 누가 돌봄공동체를 결성하고 싶은지 알지 못한다면 이 문제는 해결될 수 없다. 하지만 '돌봄공동체 통합 어플리케이션'이 활성화 된다면 이 문제는 상당 부분 해소될 수 있다.

그림1은 어플리케이션의 홈 화면으로서, 사용자는 홈 화면에 나온 정보들을 통해 자신과 같은 동네에서 돌봄공동체를 결성하고자 하는 이웃을 한 눈에 찾을 수 있다. 아이의 성별과 나이, 돌봄필요시간대를 간략하게 파악하여 함께 돌봄공동체를 꾸려갈 이웃들을 추려낼 수 있는 것이다. 만약 적절한 이웃을 찾지 못한다면 그림2의 필터링 기능을 통해 자신의 조건에 들어맞는 이웃을 찾아낼 수 있다. 필터링 기능이 추천한 이

웃 중 적합한 이웃을 발견했다면 클릭 한 번으로 그림3 돌봄이웃 프로필 상세페이지로 넘어갈 수 있다. 이 화면에서는 그림1에는 생략되었던 이웃과 아이의 정보를 확인할 수 있는데, 부모와 아이의 성향, 돌봄 가능활동 등을 참고해 돌봄공동체 결성에 필요한 다양한 정보들을 간편하게 파악할 수 있다. 일련의 기능들은 결국 돌봄공동체를 함께할 이웃을 찾아 매칭시키는 것을 목적으로 한

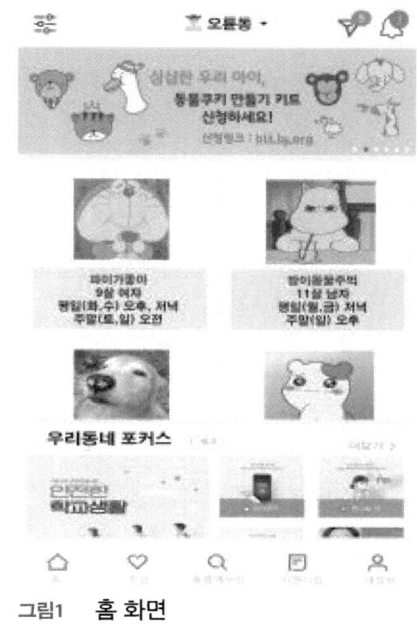

그림1 홈 화면

다. 이웃과의 관계가 갈수록 약해지는 상황에서, 우수사례처럼 원래부터 탄탄했던 이웃 간 유대를 기반으로 돌봄공동체를 결성하는 것은 예외적이기 때문에 돌봄공동체의 전국적 확산을 위해서는 이러한 인위적 매칭 서비스가 필요할 수밖에 없다. 더욱이, 돌봄공동체 결성 이전에 미리 이웃의 관심사, 돌봄가능시간, 양육관 등을 알아볼 수 있기 때문에 사용자는 자신의 돌봄 상황에 적합한 이웃들과 돌봄공동체를 결성할 수 있으며 이는 공동체 결성 이후 발생할 수 있는 오해와 갈등의 여지를 줄이는 효과까지 낳을 수 있을 것이라 예상된다.

2) 돌봄공동체 결성 효과: 홍보 방식 개선

지금까지 돌봄공동체에 대한 홍보는 주로 육아 관련 커뮤니티에 홍보글 작성, 기관 홈페이지에 홍보글 게시의 방식으로 이루어져 왔다. 아

그림2   필터링 페이지 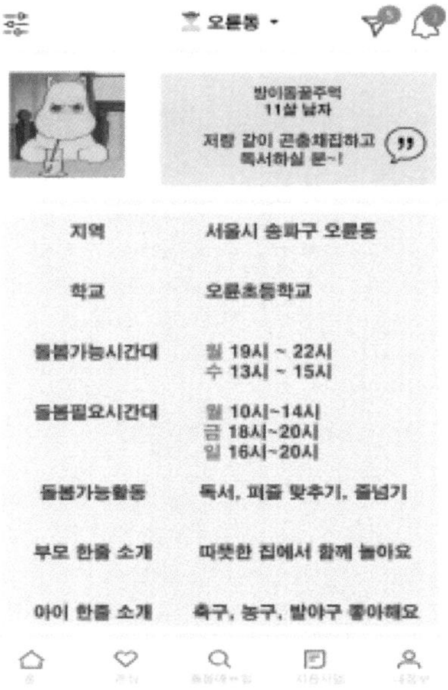   그림3   돌봄 이웃 프로필 상세페이지

직 돌봄공동체 개념에 생소한 사람들이 대부분이기 때문에 돌봄공동체 우수사례 구성원들과 학계의 연구자들 모두 돌봄공동체 확산을 위해서는 효과적인 홍보가 선행되어야 한다고 강조해왔다. 그러나 이러한 강조에도 불구하고 지금까지의 돌봄공동체 홍보는 그리 성공적이지 못했다. 돌봄공동체 희망자들에게 많은 노력을 요구하는 불편하고 산발적인 방식이었기 때문이다. 따라서 돌봄공동체의 확산을 위해서는 자신에게 필요한 관련 정보를 누구나 쉽고 빠르게 접할 수 있는 새로운 홍보 방식이 필요하다. 본 연구가 제시하는 '돌봄공동체 통합 어플리케이션'은 이러한 요구를 잘 반영하고 있다.

　　그림4는 키워드 알림을 통해 사용자의 관심사를 반영한 맞춤형 홍보 기능을 담고 있다. 이전에는 돌봄공동체 결성을 희망하는 사람들이 직접 해당 지역 기관 홈페이지에 들어가 정보를 찾아내야 했으나, 대부

그림4　알림 페이지　　　　**그림5　지원사업 페이지**

분의 희망자들은 해당 지역에 어떤 돌봄 기관이 있는지 제대로 알지 못하고 알고 있더라도 매번 홈페이지에 방문할 수 없기 때문에 자신에게 필요한 정보를 충분히 얻을 수 없었다. 그러나 키워드 알림 기능은 자신이 설정한 지역, 관심사 등을 고려해 관련된 모든 정보들을 즉시 받아볼 수 있게 한다는 점에서 이전보다 훨씬 효과적인 홍보 방식이라 할 수 있다. 최적의 정보를 수고 없이 얻을 수 있는 것이다. 그림5의 지원사업 페이지 역시 기존 홍보 방식의 한계 해결에 많은 도움을 줄 것이다. 돌봄공동체 관련 정책은 여성가족부뿐 아니라 다른 정부 부처, 지자체가 담당하는 경우가 많기 때문에 여러 기관들이 산발적으로 홍보를 진행할 때가 많다. 일과 돌봄에 지친 대부분의 부모가 이러한 산발적 홍보에서 제대로 된 정보를 얻는 것은 현실적으로 힘들 수밖에 없다. 하지만 그림5와 같이 지원사업들을 한 곳에서 통합적으로 볼 수 있다면 사용자들은 자신이 필요한 정보를 쉽게 찾아낼 수 있으며, 정책 추진 기관들 역시 이전의 산발적 방식보다 훨씬 높은 홍보 효과를 거둘 수 있다.

3) 돌봄공동체 유지 효과: 돌봄의 전문성 달성

우수한 돌봄공동체를 전국적으로 확산시키기 위해서는 돌봄공동체가 제공하는 돌봄의 질이 높아져야만 한다. 그러나 우수사례 수준으로 모든 돌봄공동체들이 자체적인 전문성을 개발하기를 바라는 것은 현실적으로 무리가 있다. 따라서 돌봄의 전문성을 높이기 위해서는 이미 그 효과를 입증 받은 돌봄 프로그램을 보급하는 것이 효과적일 것이다. 여성가족부는 돌봄공동체 지원사업 1,2단계에서 돌봄공동체 우수사례를 선정하고 이를 모델화하는 작업을 마쳤으며, 이제 남은 과제는 이를 기반으로 돌봄공동체를 전국적으로 확산하는 것이다. 따라서 모범모델이 이미 확보된 상황이기에, 돌봄의 질 향상을 위해서 보다 노력해야 할 것은 모범모델의 전문성을 전국적으로 보급하는 것이다.

그림6에 제시된 돌봄 매뉴얼이 바로 그 역할을 수행한다. 돌봄 매뉴얼은 여성가족부가 우수사례를 토대로 모델화한 돌봄공동체 운영방법을 담을 예정이다. 그림에서 볼 수 있듯 돌봄 매뉴얼은 신생 돌봄공동체가 돌봄의 전문성을 위해 참

그림6　돌봄매뉴얼 페이지

고해야 할 다양한 정보를 제공해준다. 전문성 개발 관련 기존 지원은 기관 등록 돌봄공동체에게 제공되는 컨설팅이 주를 이뤘는데, 앞으로 더욱 늘어날 기관 미등록 돌봄공동체들은 이러한 지원에서 사실상 배제될 수밖에 없다. 그러나 돌봄 매뉴얼을 통해 안전사고 예방수칙, 우수사례에서 성공적으로 수행했던 돌봄 프로그램 리스트 등 전문성 있는 돌봄 자료들이 어플리케이션에서 공개된다면 더 많은 돌봄공동체들이 시행착오 없이 질 높은 돌봄을 수행할 수 있을 것이다.

4) 돌봄공동체 유지 효과: 행정절차 간편화

행정절차의 복잡성은 돌봄공동체를 장기적으로 유지하는 데 애로사항으로 여러 차례 지적된 바 있다. 이 문제는 앞서 언급한 해결과제들에 비해 심각한 것은 아닐지라도 정부 지원을 받기 위해서는 모든 돌봄공동체가 반드시 수행해야 하는 것이기 때문에 번거로움을 최소화해 공동체 운영에 차질이 생기지 않도록 할 필요가 있다. 따라서 '돌봄공동체 통합 어플리케이션'은 플랫폼이 가진 특성을 최대한 활용해 사용자가 행정절차를 최대한 간편하게 처리할 수 있게 해야 한다.

그림7에 제시된 내 정보 페이지가 그 역할을 수행한다. 이 화면에서는 사용자가 참여 중이거나 참여 예정인 지원사업

그림7　내 정보 페이지

을 한 눈에 볼 수 있는데, 별도의 과정 없이 이 페이지 내에서 곧바로 지원서나 활동 계획서를 작성할 수 있다. 이 항목을 이용한다면 작성해야 할 문서들을 한 번에 파악할 수 있고 어플리케이션 양식에 맞추어 휴대폰에서 바로 사진 첨부 및 내용 작성이 가능하기 때문에 기존의 방식보다 간편하게 행정처리를 할 수 있다. 이와 더불어 그림7에서는 사용자가 관심 장소로 등록한 돌봄 공간을 손쉽게 대여할 수 있는 기능이 포함된다. 기존에는 대여 가능한 돌봄 공간을 일일이 찾아야 했고 대여 절차가 복잡해 돌봄공동체를 효과적으로 운영하는 데 큰 장애가 있었다. 그러나 '돌봄공동체 통합 어플리케이션'을 통해서라면 언제든 휴대폰만으로도 지역 내 대여 가능 공간을 한 눈에 파악할 수 있고 손쉽게 대여할 수 있도록 행정절차가 간편화될 수 있을 것이라 기대된다.

V 중국/베트남 프로젝트 소개

이처럼 한국 팀이 돌봄 공백 해소를 목표로 돌봄공동체 통합 어플리케이션 개발을 통한 돌봄공동체 확산 방안을 제시한 한편, 중국 팀은 학교 기능 마비로 심화된 교육 격차의 해소를, 베트남 팀은 부모 간 교육적 상호작용 증가를 목표로 설정하였다. 물론 한국도 코로나19가 야기한 환경적 변화로 인해 교육 불평등이 심화되었다. 그러나 교육부에서 발 빠르게 화상 수업 인프라 구축 및 EBS 콘텐츠 제작을 하였고 사각지대에 있는 학생들을 대상으로 정부·기업 등에서 스마트기기를 보급하는 사업을 추진하였기에, 한국 팀은 교육적인 문제보다는 아동의 안전상태를 결정짓는 돌봄 문제에 집중하였다.

중국 팀은 녹화강의 및 zoom 활용, 온라인 숙제 채점 등 원격 교육 기술의 사용을 확대하고자 했다. 원격 교육 기술사용이 갖는 첫 번째 장점은 코로나19와 같은 전염병에도 끄떡없는 교육환경을 만들 수 있다는 것이다. 둘째로 녹화 강의 등의 기술은 학생들에게 수준별·과목별로 각자 다른 수업을 들을 수 있는 강의선택권을 보장해주어, 성적에 따른 분반 없이도 맞춤형 수업을 제공할 수 있다. 셋째로는 외딴 지역에 있는 학교에 자원봉사자들이 오가는 이동시간을 줄이고, 그 시간에 더 나은 교육 컨텐츠를 제작하는 등 효과적으로 시간을 운용할 수 있다는 것이다. 자원봉사자들을 필요로 하는 학교가 주로 외딴 지역에 있음을 고려할 때, 온라인 기술 도입의 효과는 배가 될 것이다. 온라인 기술이 사용되었을 때 기대했던 효과가 나올 수 있을지를 살펴보기 위해 중국 학생들은 빈곤 아동을 돌보고 교육해주는 야구캠프인 'Power Baseball'과 협업하여 캠프의 교사들이 사용할 수 있는 교육용 키트를 만들었다. 교육용 키트는 구체적으로 온라인 기술 도입계획 작성, 목표 달성 체크리스트, 학생들의 성적 및 공부습관 변화 기록 등으로 구성되어 있었다. 실제로 학생들은 온라인과 오프라인 교육을 혼용해서 교육을 받았을 때 더 높은 집중도와 성취도를 보이는 것으로 드러났다. 이는 코로나19와 같은 위기 상황뿐 아니라 평시에도 온라인 기술의 활용은 효과적이라는 것을 보여주었다는 점에서 놀라운 성과였다. 이러한 아이디어를 구상하고 'Power Baseball' 기관과 협업해 파일럿 프로그램을 실행한 Yolanda, Hari, Jennifer는 향후 모든 학교가 온·오프라인을 배합해 효과적으로 학생들을 교육할 수 있게 하기 위해 온라인 교육기술의 보급과 상용화 사업을 지속적으로 추진하기로 하였다.

한편 베트남 팀은 코로나19로 인해 등교가 중지되어 집에 혼자 남겨진 학생들이 처한 문제 중 학생들의 교육결핍과 부모-자녀 간의 소통 부족을 해결하고자 하였다. 코로나19로 인해 자기보호아동의 비율이 증가하고 자기보호 시간도 길어졌다. 특히 코로나19로 인해 실외활동이 어려운 현재, 자기보호 상태의 학생들은 전자기기를 사용하는 데에 많은 시간을 할애하고, 학교에서 수업을 받는 평시보다 절대적인 학습량이 부족하다. 베트남 팀은 이 문제의 해결책으로 가정에서 사용할 수 있는 교육용 키트를 제작하였다. 이 키트는 베트남 민속놀이, 직업체험게임, 교육 매뉴얼까지 세 가지 내용물로 구성되었다. 키트 사용 전후를 비교한 설문에 의하면, 베트남 민속놀이는 아이들이 생산적으로 시간을 보낼 수 있도록 도왔고, 교사/의사/엔지니어 등 다양한 직종이 포함된 직업체험게임은 아이들에게 진로를 탐색하는 시간을 제공해주었다.

한편 베트남 팀이 키트에 돌봄 매뉴얼을 포함시킨 것은 코로나19로 놀이공원 등 아이들과 기존에 했던 야외활동이 불가능해지면서, 아이들과 무엇을 하면서 시간을 보내야 할지 모르겠다는 부모들의 고민을 해결하기 위해서였다. 베트남 팀은 돌봄 매뉴얼에 집에서 할 수 있는 놀이, 자녀와 공감하며 시간을 보낼 수 있는 컨텐츠 등 다양한 내용을 수록하여 부모와 자녀 간의 상호작용을 돕고자 하였다. 더 많은 부모들이 돌봄 매뉴얼을 활용할 수 있게 하기 위해, 베트남 팀은 페이스북 페이지를 개설하고 돌봄 매뉴얼을 업로드하였다. 200명이 넘는 사람들이 이를 다운로드하였고, 사용자들은 이 매뉴얼을 통해 자녀와 소통할 수 있었다고 평가했다.

VI 결론

코로나19 확산이라는 초유의 전염병 사태로 인해 등교수업 중단 조치가 취해지며, 아침부터 이른 오후까지 아동의 돌봄을 맡아주었던 학교가 제 기능을 하지 못하게 되었다. 정부는 유치원생 및 초등학생들을 대상으로 다함께돌봄센터와 학교 등에서 긴급돌봄을 시행하였으나, 코로나19 감염 우려를 해결하지 못했다는 점에서 다수의 학부모들은 이를 이용하기 꺼려하였다. 가정에 남은 선택지는 세 개, 부모가 가족돌봄휴가를 사용하여 아이를 돌보거나, 아이돌보미가 직접 가정에 방문하는 아이돌봄서비스나 사설돌봄 서비스를 이용하거나, 아이를 방치하는 선택지이다. 하지만 코로나19 사태의 장기화로 세 가지 방안은 지속 가능하지 않다는 것이 명백히 드러났고, 여전히 돌봄 공백은 큰 사회적 문제로 남아있다.

　본 연구는 돌봄 공백에 대한 다양한 정부, 지방자치단체 차원의 해결책이 제시되었음에도 불구하고 여전히 문제가 해결되지 않은 이유로, 돌봄주체가 공공과 가정으로 국한되었다는 점을 제시하며, 새로운 돌봄주체이자 돌봄 공백 해결의 실마리로 돌봄공동체를 제안한다. 물론 돌봄공동체에 대한 연구 및 지원이 기존에도 이루어져왔다. 하지만 결성 관련 지원이 부족하고 홍보가 여러 주체에서 산발적으로 이루어지기 때문에 돌봄공동체 결성이 어려웠다. 결성된 돌봄공동체들은 전문성의 현실적 한계와 복잡한 행정절차를 충족해야한다는 어려움으로 인해 오래 유지되지 못하였다. 본 연구는 이러한 한계를 보완해 돌봄공동체를 전국적으로 확산시킬 수 있는 방편으로서 '돌봄공동체 통합 어플리케이션'을 제시하였다. 앞서 제시한 돌봄공동체가 돌봄 공백의 보편적인 대안으로서 기능하지 못하는 각각의 이유를 보완할 수 있는 방법으로 어플리케이션이 적합하다고 판단하였기 때문이다. 어플리케이션은 돌봄공동체를 결성하는 과정을 돕는 매칭 서비스로서의 형태적 적합성, 모든 서비스를 한 화면에 담아낼 수 있는 종합성, 핸드폰을 통해 누구나 접근 가능하며 복잡했던 행정절차를 간소화할 수 있는 편리성을 지니고 있어, 기존의 한계를 보완해 돌봄공동체의 전국적 확산을 유도할 수 있다.

돌봄공동체 우수사례로 선정된 구로구 '개개맘'과 광주 남구 '숲속 작은 도서관'과의 인터뷰에서, 돌봄공동체는 코로나19와 같이 국가적 재난 상황에서 확대된 돌봄 공백의 해소, 직장-가정의 균형 붕괴 방지, 경력 단절 여성 재취업 도모라는 순기능을 가진다는 것을 파악하였다. 궁극적으로 돌봄공동체의 전국적 확산은 한국 사회의 구조적 문제를 해결하는 데에 기여할 것이다. 먼저 돌봄공동체는 돌봄 부담을 경감하고, 이는 현대 사회의 주요한 문제인 저출산 문제의 해결을 돕는다. 출산 기피 주요 사유 중 하나가 가족, 특히 여성에 편중된 현행 돌봄 시스템이었다는 점에서 돌봄공동체가 구축할 새로운 돌봄 시스템은 출산을 장려하는 효과를 가질 것이다. 또한 돌봄공동체의 활성화는 사회적 자본을 형성해 현대사회의 해체된 마을공동체를 회복시킬 수 있다. 돌봄이라는 공유된 목표를 매개로 이웃끼리 소통하면서 형성된 사회적 자본이 풀뿌리 민주주의의 발판이자 국가적 위기 대처의 기반으로서 대한민국이 성장하고 탄력적으로 회복하는 데에 기여하기를 기대한다.

참고문헌

국내 문헌

경기도 빅데이터담당관. (2019). 경기도 사회조사 보고서 2017년. 경기도.

교육부. (2020). 교육분야 코로나19 대응 현황 자료(12.23.).

김명숙. (2020). 코로나19가 여성의 임금노동과 가족 내 돌봄노동에 미친 영향. 코로나19 위기를 넘어 성평등 노동으로 토론회 발제문. 한국여성노동자회.

김영란. (2020). 코로나19 시기 가족생활과 가족 정책 의제. 코로나19로 인한 가족의 변화와 정책과제 토론회 자료집. 한국여성정책연구원. 1-38.

김현희. (2015). 자녀양육과 돌봄의 대안모델, 육아품앗이. 부산여성가족 Brief(24). 1-8

유해미·김문정. (2013). 지역사회 공동육아 활성화 방안. 육아정책 연구소.

장수정. (2012). 여성주의 관점에서 본 지역 돌봄 공동체 사례 연구. 한국여성학 28(2). 1-31.

정해련·진미정. (2016). 가구소득에 따른 자기보호아동의 방과후 생활시간 사용 양태. 통계기초자료 우수활용사례 공모전 출품 논문.

차성란. (2011). 가족품앗이 및 공동육아아눔터 성과발굴 및 운영모델개발 연구. 여성가족부 가족정책과, 1-207.

통계청. (2019). 2019.4월 지역별고용조사.

한국건강가족진흥원. (2018). 2018 가족지원사업 연간실적보고서.

한그루·하현상. (2019). 마을공동체 사업의 지속성에 대한 영향요인 분석: 리질리언스 시각을 통한 체계적 접근의 시도. 지방정부연구 23(1). 209-240.

해외 문헌

Greene, M. D. (2013). Cultivating childhood obesity. Turku university of applied sciences.

Rodman, H., Pratto, D. J., & Nelson, R. S. (1985). Child care arrangements and children's functioning: A comparison of self-care and adult-care children. Developmental Psychology 21(3). 413 – 418.

인터넷 자료

유하라. (2020). 코로나19 긴급돌봄 운영 실태 "돌봄 선생에게 책임 떠넘긴 학교가 대다수". 레디안. 2021.02.22. www.redian.org/archive/141581. 2020.12.30.

정소희. (2020). 코로나19로 서비스 취소 급증해도 대책 없는 아이돌보미. 매일노동뉴스. 2020.05.15. www.labortoday.co.kr/news/articleView.html?idxno=164542. 2021.02.22.

4장

분야별 전문가 특강

-코로나19 문제 분석과 시민주도적 해결을 위한 조언-

최진영 교수(서울대학교 심리학과)

이봉주 교수(서울대학교 사회복지학과)

윤순진 교수(서울대학교 환경대학원)

포스트코로나 시대의 심리사회적 웰빙

최진영(서울대학교 심리학과 교수)

인류에게 행복과 번영을 약속한 산업화와 현대화는 오히려 사람들을 마음의 병에 더 취약하게 했다. 산업화로 인한 도시화와 가속화된 현대화는 불안, 우울이나 외로움으로 고통 받는 사람들에게 사라진 공동체의 건설적 대안을 제공하지 못했고 사람들은 마음의 고통을 잠시라도 잊기 위해 다양한 중독에 빠져들기도 한다.

인류가 4차 혁명을 막 시작하려는 시점에 코로나19는 홀연히 찾아와 전 세계를 강타하고 250만 명의 목숨을 일년 좀 남짓한 시간에 앗아갔다. 사는 곳마다 정도와 방법은 조금씩 달랐지만 코로나19 팬데믹으로 사람들의 활동과 사회적 만남은 급격히 제약받았고 일상은 크게 달라졌다. 이 달라진 일상은 사람들에게 커다란 스트레스가 되었고 나아가 심리사회적 위기에 처하게 했다. 이 글에서는 코로나19와 같은 위기 상황에서 심리사회적 건강을 위협하는 요인들과 이로 인한 스트레스에 대한 인간의 대처 반응과 회복 탄력성에 대해서 먼저 살펴보고, 이어서 코로나19로 중요성이 부각되는 지금 한국인의 삶의 질과 심리사회건강에 대한 고찰로 갈무리하겠다.

Ⅰ 코로나19로 인한 심리사회적 위기

예로부터 감염병이 창궐하면 '민심'이 흉흉해진다고 하였다. 지금으로 말하면 심리사회적 안녕감이 낮아진다는 것으로 이해할 수 있겠다. 현대의학으로 통제되지 못한 코로나19 바이러스는 2020년을 시작하며 전 세계로 퍼져 마침내 팬데믹으로 규정되었고 전 인류에 극심한 스트레스와 공포를 유발시켰다. 다행히 1년이 지나며 백신은 개발되었으나 지구상에서 코로나19가 종식되는데는 시간이 걸릴 것으로 예상되고 우리의 '정상'적인 삶으로의 복귀는 아직도 불확실한 상황이다. 더우기 감염병을 예방하고 통제하기 위한 사람들 간의 물리적 장소에서의 만남과 교류가 금지 혹은 제한되고 이것이 장기화 되면서 많은 사람들의 심리사회적 건강이 위협받고 있다.

이제 만성 스트레스 분기점인 6개월을 두 번 넘긴 시점에 보다 분명해진 사실은 이 팬데믹의 심리사회적인 부담이 고르지 않고 더 취약한 사람들이 있다는 것이다. WHO를 비롯한 국제 기구들은 팬데믹으로 건강 및 교육 불평등(Health and Education Disparity)이 심화될 것을 우려하고 이에 대한 대책 마련을 촉구하고 있다.

한편, 국가나 사회의 감염병에 대한 대응하는 방법과 방식이 이 심리사회적 위기를 완화하거나 악화시킬 수 있다는 점이다. 이번 팬데믹에서 확인되고 있는 주요 심리사회적인 위기의 근원은 크게 경제적인 어려움, 고립감 및 외로움 증가, 아동과 청소년의 교육과 돌봄공백, 노인과 장애인들을 위한 돌봄공백과 고립감, 가정폭력 및 약자에 대한 폭력 증가와 실제 코로나19 감염으로 인한 사망, 건강악화 및 후유증 등 6가지로 요약된다.

1. 일, 직장 등 경제적인 위험

코로나19로 인한 심리사회적 위기 중 사람들이 일이나 직장을 잃거나 생계가 막연해지는 경제적인 어려움이 가장 급하거나 어느 사회에서도 가장 비중이 크게 고려되고 있다. 감염병으로 인해 사회적 거리두기나 집합금지 등의 조치들은 특히 장기적으로 유지될 때 경제 활동을 위축시킨다. 이로 직접적인 영향을 받는 사업들에서는 실직자나 휴직자들이 대거 발생하는 것은 물론 파산하는 사람들도 많아지면서 경제적 압박감으로 인한 극심한 불안과 또 박탈감으로 인한 우울 등 부정적인 정서를 경험하는 사람들이 급증한다. 이들의 악화된 심리사회적 건강은 심지어 자살 등 극단적 선택으로까지 이어지질 수 있다(Gunnell et al, 2020).

한국을 비롯한 중상위 경제개발국가들에서는 재난 중 경제적인 어려움을 겪는 사람들에게 재난지원금이나 실업 급여 등을 지급하므로 사회복지 인프라가 어느 정도 완충하는 역할은 할 수 있으나 팬데믹의 장기화로 극심한 경제적 고통을 경험하는 이들의 문제를 다 해결할 수는 없는 것이 현실이기도 하다. 특히 생계가 어려워질 정도의 경제적 어려움은 극심한 상실감과 우울과 절망감 또 때로는 분노의 감정을 동반하여 자살 위험을 높이는 것으로 파악되고 있다(Gunnell, 2020). 주의를 기울여야 하는 점은 이들은 경험하는 심리적인 고통의 원인을 경제적으로만 인식하기 때문에 심리적 고통을 해소하기 위하여 심리서비스를 찾을 가능성이 낮다는 점인데 이를 우회할 수 있는 전략적인 심리서비스 정책이나 제도를 마련하는 것은 자살 예방에 효과적일 수 있다. 특히, 한국 사회 특유의 경제고 비관 가족 동반자살에 대한 체계적 이해와 대책 강구가 최상위 자살율 억제 면에서 중요할 수 있다.

2. 고립과 외로움의 위험

21세기를 진입하며 선진국을 중심으로 인간 관계의 단절과 고립감 또 이로 인한 외로움이 정신건강은 물론 신체 질병의 위험 요소가 되어 사망에도 관여한다는 사실들이 확인되고 있다(Steptoe et al., 2013). 영국과 같이 국가보건서비스(National Health Service)의 경제적인 효과성을 제도적 효과성과 함께 매년 보고하는 나라의 경우는 몇 년 전 외로움 장관을 임명하기도 하였다. 여기에 더해진 코로나19 팬데믹은 현대 사회의 고립감과 외로움 문제를 한 층 더 심화시킨 계기가 되었고 이로 인한 심리사회적 위험은 가장 높아진 상황이다. 최근 일본이 고독 및 고립 담당 장관을 신설한 것도 이러한 맥락을 반영한 것으로 보인다. WHO는 2020년 10월 5일자 뉴스레터에 팬데믹을 통제하기 위한 사회적 거리두기로 인한 심리서비스 접근성이 어려워진 점이 정신건강에 위협이 된다고 보고하며 각국에 팬데믹 중 심리서비스의 접근성을 높이거나 적어도 유지할 것을 권고하였다.

다만 이번 코로나19 팬데믹 상황에서 각국이 취한 록다운을 비롯한 사회적 거리두기의 강도와 방법, 또 COVID19 백신의 보급 정도, 그리고 이후 효과적인 치료제가 얼마나 신속히 보급될 수 있느냐에 따라 팬데믹으로 유발된 사회적 고립과 외로움으로 인한 우울 등 심리사회적 건강 문제들의 발생 빈도가 다를 수 있겠다(Kampfen et al., 2020; Armbruster & Klotzbücher, 2020).

한국을 비롯한 동아시아 국가들은 유럽이나 아메리카 대륙에 비하여 팬데믹 초기에 사회적 거리두기를 광범위하고 오랫동안 유지하여 감염병 통제에는 매우 성공적이었으나(Qian & Jiang, 2020) 사회적 고립과 외로움에 따른 심리사회적 건강 악화에 대한 고려는 다소 소홀하였다고 할 수 있다. 특히 수년 전부터 공동체 지수, 행복지수 등 삶의 질 지표들이 OECD 국가 중 최하위에 또 자살율은 최상위를 유지하고 있는 한국의 경우(보건사회연구원, 2019)는 팬데믹이 장기화되는 이 시점에 사회적 고립과 외로움으로 인한 심리사회건강을 완충할 수 있는 장기적인 계획이 필요할 수 있다.

3. 노인과 장애인의 고립과 돌봄 공백의 위험

사회적 고립으로 가장 취약한 사람들 중 노인과 중증 장애인들이 있다. 이들은 이미 상대적으로 사회적 활동과 자원이 적은 인구인데 코로나19가 고령이나 기저 질환이 있는 사람들에게 치명적이라는 사실과 사회적 거리두기로 이들 대상 돌봄서비스가 대부분 중단되어 노인과 장애인들의 심리사회건강에 특별한 주의가 요구되고 있다. 특히 장애인에 대한 돌봄서비스의 중단은 혼자 살고 있는 경우 좌절감과 고립감, 심지어는 생명에 위험이 될 정도의 어려움이 있을 수 있는 반면 가족과 동거하는 경우에는 돌봄부담이 한 가족원에게 집중될 수 있어 가족의 일상생활 영위가 어렵게 되는 경우들이 발생하고 있다. 더하여 코로나19로 인한 사회적 거리두기는 이미 주변화되어 있는 장애인과 가족들의 심리사회적 문제들을 증폭시키고 심각한 정신건강문제를 야기하고 있다(IASC, 2020).

코로나19로 인한 노인들의 정신건강을 조사한 연구들은 노인들의 가족 및 지역 사회 지지와 심리적 자원의 중요성을 이야기하고 있다(Vahia, Jeste, Reynolds, 2020). 일반적으로 지역 사회에 독립적으로 살고 있는 노인들의 경우에는 청년과 중년 인구에 비해 코로나19 기간 중 우울이나 불안이 유의미하게 적게 관찰되고 있다. 그러나 선진국에 비해 사회경제적 자원이 적고 건강 문제가 많은 한국 노인들은 주로 복지시설 혹은 종교기관을 통해 사회적 활동을 하고 돌봄서비스를 받고 있었기에 코로나19로 집합금지와 거리두기로 여러 가지 어려움을 겪고 있다. 특히 다른 세대에 비하여 온라인 연결과 소통이 어려워 고립감이나 가족이나 사회로부터 배제되었다는 부정적인 감정이 이들의 심리사회건강을 해칠 가능성도 있다.

한편 한국 노인들의 경우 저학력자들이 다수여서 치매 위험이 높은 편인데 그나마 사회적 활동과 복지관 강좌를 통해 그동안 인지 혹은 사회적 기능을 나름 잘 유지하고 있던 노인들의 인지 노화가 가속화되어 치매 발병 위험을 높일 수도 있다(조지현, 2021; WHO, 2020). 지난 1년 동안 정부나 대학 등 연구기관에서 하던 심리사회 및 인지 조사나 검사들이 행정명령이나 지자체장들의 정책적 판단에 따라 중단된 경우가 대부분이어서 정확한 실태 조차 파악되고 있지 못하다. WHO가 주장하는 것처럼 다양한 특성을 지니고 서로 다른 요구사항들이 있는 노인 인구들에 대한 세심한 심리사회적 건강 서비스를 제공하기 위해서는 코로나19 팬데믹 하 노인들의 심리사회건강 실태 파악이 중요하겠다.

4. 아동과 청소년의 교육 및 공적 돌봄 공백

코로나19 팬데믹으로 인해 스웨덴을 제외한 전세계 거의 모든 국가에서 휴교와 탁아 기관들의 서비스가 중단되었고, 국가마다 기간과 범위에 있어 차이들이 존재했던 것으로 파악되고 있다(UNESCO, 2020). 여성 사회경제 참여가 일반화된 스웨덴을 포함한 북유럽의 경우 학교 휴교는 상대적으로 더 짧고 꼭 필요한 교육과 탁아서비스는 제공한 반면, 한국을 비롯한 아시아 국가나 확진자가 많았던 중남미에서는 작년 대부분의 공적인 교육이 중단되거나 온라인으로 진행되어서 교육 공백과 사교육에 있어서 교육 편차가 큰 것으로 파악되고 있다.

영국의학저널인 BMJ 소아학회지는 open-ed를 통하여 주로 어른들을 위한 감염병 통제를 위한 사회적 거리두기가 코로나19 팬데믹에서 아동들에게 다양한 피해를 준 것으로 보고하고 있다. 학교가 정상 운영이 되지 않고 온라인 혹은 휴교 등으로 대체되므로 발생하는 교육과 돌봄의 공백 및 편차 외에도 사회적 고립, 심리사회건강, 아동보호 측면의 피해가 컸으며 특히 빈곤 아동들의 경우 거의 치명적인 영향을 미친 것으로 진단하고 있다(Crawley et al., 2020). 지난 한 해 동안 빈곤 아동들이나 가정폭력에 노출된 아동들의 사고 사망 소식이 유난히 많았던 점은 우리 사회가 되돌아 봐야 할 부분이다.

한편 노인 및 장애인의 돌봄 공백에서도 언급했듯이 공공교육과 탁아서비스가 없어지면서 한국 사회에서는 여성들의 가정 내 돌봄 부담이 크게 증가하여 이들의 심리사회건강에 대한 대책이 강구될 필요가 있다. 우리 사정과 달리 부모가 모두 일하는 경우가 대다수인 북유럽 국가들에서는 꼭 필요한 돌봄 공백이 생기지 않도록 다양한 방법으로 학교나 탁아 시설을 부분적으로 운영한 점은 시사하는 바가 크다(UNESCO, 2020).

5. 가정폭력 및 약자에 대한 폭력 증가의 위험

지난 해 봄 세계보건기구(WHO)와 미국심리학회(APA)는 팬데믹으로 인한 가정 폭력과 아동 학대가 증가하는 추세에 대하여 일찍감치 경고했다(Abramson, 2020). 지난 6월 한국심리학회가 회원인 국제심리학연맹(IUPsyS)과 글로벌심리학연대는 가정 폭력 근절을 위한 행동 연대를 선언하고 예방할 수 있는 방법 등을 공유했다. 그럼에도 불구하고 팬데믹 장기화로 가정 내부 스트레스 지수가 높아지고 미숙한 아동보호제도 또 공공 교육 및 육아 시설 중단에 따라 아동보호기능이 약해져 학대 사례가 늦게 발견되면서 아동 폭력 수위가 높아지고 있다. 작년 한 해 동안 벌써 치명적인 아동 학대로 사망하는 사례들이 수차례 발생하여 국민들의 안타까움과 분노를 사고 있지만 아직 취약층 아동 보호에 있어 학교를 비롯한 공적 교육시스템의 중요성이 간과되고 있는게 한국의 현실이다.

6. 코로나19 감염과 후유증

조사에 따라서 35~80%까지 코로나19 감염 사례에서 후유증이 보고되고 있고(CDC, 2020; Huang et al., 2021; George, 2021) 이로 인한 환자나 그 가족이 겪는 스트레스와 심리적 문제는 심각할 수 있다. 후유증으론 만성 피로, 두통, 주의집중장애와 우울 및 불안이 자주 보고되고 장기 손상으로 인한 심각한 건강문제들도 있을 수 있다. 한편 한국에서는 감염에 대한 낙인과 사회적 배제로 인한 고립감 등을 호소하는 경우가 높게 보고되고 있어 사회적 거리두기 시행을 촉진하기 위하여 활용된 감염에 대한 두려움을 극대화한 전략 및 절차들에 대한 효과성을 심리사회건강 측면에서도 분석이 필요할 수 있다.

서울대학교 보건대학원 코로나19기획연구단이 지난해 9월 발표한 보고서 '코로나19와 사회건강'에 의하면 우리나라 사람의 75%가 방역과 인권 사이의 균형보다는 방역을 위해 인권이 희생되어야 한다는 응답을 했다(동아사이언스, 2020.11.24.). 국제 저명 학술지 *Nature*와 *Lancet*에는 북미와 유럽에서 중국 및 아시아인에 대한 혐오가 증가하는 것에 대하여 과학적으로 근거가 없고 궁극적으로 이러한 혐오 및 낙인 등이 의심 증상자들이 의료 기관에 오는 것을 저지하여 감염병 통제에 방해가 된다고 주장하며 자제해 줄 것을 당부하였다.

한편 한국 사회에서는 논의가 거의 없는 코로나19로 인한 죽음으로 인한 심리적 여파가 유족들에게 평상 시 보다 더 길고 고통스러울 수 있다는 점을 언급할 필요가 있다. 방역지침에 따라 임종을 지키지 못하거나 장례절차가 생략된 코로나19 환자 유족들에게는 큰 상처와 상실감 혹은 죄책감이 오래 지속될 수 있다(Jones, Mallon, Borgstorm, 2020). 특히 한국의 경우 코로나19 환자 사망 시 임종 및 장례에 관한 절차적 지침 및 제도가 심리사회적 고통에 대한 배려 없이 전적으로 감염병 통제 차원에서 마련되었다. 또한 사회적인 낙인으로 유족들은 망자를 공식적으로 애도하는 경우가 거의 없었던 것도 현실이다. 애도할 기회가 없었던 유족들의 상실감과 슬픔은 상대적으로 심리사회건강을 해칠 가능성이 더 크다. 이 이외에도 코로나19가 통제되지 못하여 사망률이 높을 때 지역 사회와 의료진들이 경험했던 트라우마는 국내에서는 팬데믹 초기 지역적으로 잠깐 발생하였으나 해외에서는 이로 인한 심리사회건강의 악영향에 대한 보고들이 다수 있다(Jones, Mallon, Borgstorm, 2020).

II 코로나19와 함께 찾아온 정신건강문제

팬데믹 전 정부에서 조사한 정신건강문제 실태조사에 따르면 한국인의 65%가 정신건강문제를 경험했지만 절반도 안되는 22%만이 정신건강서비스를 이용하였다(보건복지부, 2016). 이러한 상황은 코로나19 팬데믹이 시작할 때 앞에서 언급한 심리사회적인 위기에 처한 한국인들이 정신건강문제에 취약할 수 있음을 시사한다. 코로나19와 같은 감염병의 유행은 급작스러운 삶의 변화와 스트레스를 유발하는데 이에 대한 회복탄력성이 떨어지거나 주변지지 등이 없으면 불안, 우울 및 만성 스트레스나 트라우마증후군 혹은 중독 행동 등의 정신건강문제들로 악화될 수 있다. 또한 이러한 문제들을 처음 경험할 때 신속히 개입이 이루어지지 않으면 문제가 질병으로 전환될 수 있어 중증 정신건강질병 유병률과 자살율이 증가할 수 있다는 우려가 정신건강 전문가들로부터 제기되었다.

이에 한국심리학회는 감염병의 국내 유입이 본격화된 2020년 3월부터 무료 전화상담을 1,028건(7월 31일 현재) 진행했다(장은진, 2020). 1년 넘게 진행된 전문가 무료 심리상담은 국가에서 제공하지 못하고 있는 정신건강문제에 대한 예방과 조기 개입을 처음으로 도입한 사례로 기록되었고 심리상담을 통하여 팬데믹 중 일반 국민들이 어떠한 심리사회건강 문제를 경험하는지 확인할 수 있었다. 연령과 상담시점에 따라 주요 이슈에 약간의 변동은 있었지만 7월말까지 전화상담 중 빈도가 가장 높은 것은 코로나19과 관련된 감염불안(22.5%)과 우울(21.2%)이었고 가족갈등(10.3%), 학업·진학·취업 관련 내용(9.5%) 순이었다.

고려대학교 심리학과 최기홍 교수팀은 종단적인 실태조사를 통해 코로나19 기간 중 변화하는 정신건강추적 연구를 진행하고 있는데(박영천 외, 2020) 3회의 조사를 통해 팬데믹 시작 6개월 동안 한국인의 우울경험은 1차 조사 33.9%에서 3차 조사 38.4%로 가파르게 증가하는 것이 확인되었고 여성의 증가세가 두드러졌다(2020.09.19. 동아일보). 또한, 이 연구에서 코로나19 대응에서 개인적인 성격이 기여하는 부분도 확인되었다. 연구팀에서는 내향적인 사람들이 코로나19 기간에 외향적인 사람들보다 사회적 고립이나 우울을 경험할 가능성이 높다고 보고했다. 연구자들은 내향적인 사람들은 사회 관계망이 작아 팬데믹 중 기본적인 대인관계 욕구나 관계를 유지할 추동이나 리소스가 적어 사회적인 보상경험이 급감한 것이 원인일 수 있다고 판단하였다. 또 이러한 성격적인 개인차에 대한 이해에 기반하여 고립에 취약한 사람들을 위한 맞춤형 심리학적 서비스가 필요하다고도 제언하였다(Han et al., 2021).

1. 스트레스 대처 반응과 회복 탄력성의 개인차

코로나19 팬데믹 중 남성에 비해 왜 한국 여성들은 우울감 증가가 더 컸을까? 사람에 따라서 또 상황에 따라서 스트레스나 위기에 직면했을 때 일상으로 돌아오는데 소요되는 시간이 다르다. 또 스트레스 사건의 부정적인 효과가 얼마나 해소되느냐도 다를 수 있는데 이렇듯 극심한 스트레스를 경험한 후 개인이 회복할 수 있는 능력을 일컬어 회복 탄력성(resilience)이라고 한다(Cincetti, 2010). 사람들은 심한 스트레스 사건이나 트라우마를 겪은 후 시간이 걸리지만 대체적으로 일상을 회복한다. 그러나 이후 지속적으로 심리사회적 기능이 저하되고 역기능적 심리 증상들이 발현하는 사람들도 분명 있다. 연구는 어린 시절 학대, 방임 및 양육자와 이별 등의 역경과 발달적인 문제, 낮은 사회경제적인 지위, 신체질병이나 정신장애와 만성적인 스트레스 등의 요인들에 의해 스트레스에 대한 대응 능력 혹은 회복 탄력성이 제대로 기능하지 못하거나 아예 발달하지 못할 수 있다. 생물학적 관점에서 우리가 스트레스에 성공적으로 대처하기 위해서는 우리 뇌와 신체의 변화(allostasis)가 요구되는데 이 지점에서 그 요구가 너무 큰 경우 과부하(allostatic overload)가 일어나고 이를 스트레스 과부하 상태라고 표현하기도 한다(McEwen 2005). 이때 정신건강문제가 발생하기 쉬운데 이미 만성적 스트레스, 심리적 자원의 고갈, 발달 이상이 있게 되면 과부하가 더 쉽게 일어나게 된다.

스트레스 대처 변화와 회복 탄력성이란 개념 모두 코로나19 팬데믹 기간 중 한국 여성들의 우울감이 남성들에 비해 유의미하게 더 높아진 이유를 설명하는데 도움이 된다. 광범위하고 지속적인 거리두기로 인한 다양한 공적 돌봄공백을 여성들이 상당히 많이 부담한 점과 한국 여성들의 취약한 사회경제적 지위 등은 이번 팬데믹 중 이들이 스트레스 반응에서 과부하를 일으켰을 가능성과 함께 이미 회복 탄력성이 남성에 비해 적어져 있어 우울감이 더 많이 유발되었을 가능성을 시사한다.

한편 정신건강문제는 우울로만 표현되지 않는다는 점도 유념할 필요가 있겠다. 특히 동북아시아 문화권에서는 자신의 감정 표현 특히 부정적인 감정을 억압하는 것을 바람직하게 평가되는 전통이 있어 심리적 고통을 잊기 위한 중독 행동들이 문화처럼 보편화되는 경향이 있다. 이에 지난 해 8월 온라인으로 진행된 한국심리학회 연차학술대회에서 특별 국제 행사인 한중일 심리학 심포지움에서 팬데믹 중 세 나라에서 관찰된 중독 행동과 이에 대한 이론 및 개입방법에 대하여 한중일 심리학자들이 발표하고 토론하였다. 국가들마다 약간의 차이는 있었지만 예상과 달리 세 나라에서 비슷하게 알콜 중독은 늘지 않거나 감소한 반면 도박, 게임 및 인터넷 과몰입 행동들이 유의미하게 증가한 것이 확인되었다. 코로나19 블루나 불안을 잊거나 사회적 단절 속 지루함을 해소하기 위한 몰입 행동이 큰 폭으로 증가한 것이다. 과몰입 행동에 대한 대안적인 활동이나 심리서비스를 사회적 거리두기 상황에서도 효과적으로 전달할 수 있는 방법들에 대한 모색이 논의되었다.

Ⅲ 포스트코로나 시대 심리사회적 웰빙을 준비하며

1. 국민 삶의 질 개선 정책과 제도 구축

3년 전 한국은 소득 3만 불 이상 인구 5천만 이상의 국가들을 지칭하는 3050클럽에 세계에서 7번째로 진입하였다. 또 2020 기준 GDP는 세계 10위이다. 그런데 한국인들은 행복하지 않고(UN 행복지수 61위) 삶의 공동체는 많이 해체되었다(OECD 공동체 지수 36위). 이러한 경제와 삶의 질 간의 부조화는 여러 가지 심리사회건강 문제와 정신질병을 야기시키고 있다. 이제 국민들도 이전 보다 향상된 국민의 삶을 가능하게 하는 사회적 제도 및 시스템을 대한민국에 기대하고 있다. 특히 과거 집중적인 경제 개발 속에서 상대적으로 소홀하게 다루어진 국민의 심리적 안녕 및 행복감 등이 이제 매우 중요한 국가 의제가 된 것이다(최진영, 2019).

우리 보다 앞서 1999년대 자살율이 세계에서 제일 높았으나 현재 가장 행복한 나라로 자리잡은 핀란드를 비롯한 행복지수 상위 국가들은 OECD How's Life 지수나 국가 자체 주관적 안녕감 혹은 삶의 질 지수를 주기적으로 국민에게 보고하고 정책에 반영하고 있다(국회미래연구원, 2019). OECD에 의하면 이러한 국민의 심리사회건강을 증진시키는 노력들이 국가 경제의 효과적 운영에 도움이 되는 것으로 조사되고 있다(OECD, 2018).

2. 심리서비스 인프라 구축

2013년 OECD는 한국 정부에 정신건강문제들이 발생 초기에 개입할 수 있도록 전 국민을 대상으로 심리상담 접근성을 획기적으로 높일 것을 권고하였다. 이는 한국 정신건강제도와 정책이 입원 중심의 증증 정신질병에 국한되어 있는데 앞으로는 정신건강문제가 질병화되기 전 예방 혹은 조기 개입을 통하여 치료 효과를 높이므로 국민들의 심리사회적 웰빙을 증진시키고 인권친화적인 제도를 마련하라고 강도 높은 변화를 주문하였다. 한국인이 OECD 회원국 평균의 삶의 질을 누릴 수 있도록 노력할 필요가 있다고 한 것이다.

WHO는 정신질병을 경도 및 중등도(mild to moderate)와 중증 정신질병(severe mental illness)으로 분류하고 예방 및 치료 전략을 구별한다. 이에 따라 OECD는 회원국들에게 두 가지 정신건강상태를 구별하여 실태를 조사하고 정책 및 제도를 권고한다. 한국은 동아시아 많은 국가들과 비슷하게 신체건강에 비해서 정신건강에 대한 정책과 제도화가 다소 늦게 발전하며 효과성에서 개선의 여지가 많다고 평가받고 있다. 특히 대부분의 OECD 회원 국가에서 운영하고 있는 심리사 제도가 아직 도입되지 않은 한국 심리서비스의 취약성은 국민들의 심리사회적 웰빙에 위협이 된다고 지적한 것이다.

부재한 국가 심리서비스 제도를 매꾸기 위해서 재난 발생할 때 가동되는 국가트라우마센터가 위기 시 역할을 하고 있으나 직접 재난피해자와 가족만이 서비스 대상이다. 이번 코로나19 팬데믹을 통해서 경험했듯이 재난이 발생하여 일반 국민들이 심리사회건강에 위협을 받더라도 국가 심리서비스를 받을 수 없었던 것이 사실이다. 20여 년 전부터 수요가 급증한 심리서비스는 아직까지 민간에 맡겨진 상황이어서 무자격자들의 비전문적이고 비윤리적인 서비스의 위험 때문에 전문적인 심리서비스에 대한 일반 국민들의 접근성이 매우 낮은 것이 현실이다. 코로나19 팬데믹 중 서울시를 비롯한 지자체에서 심리지원 및 심리방역을 제공하고 있으나 수혜를 받을 수 있는 인구는 소수이다. 현재 병원이나 각 지자체에 설치된 정신건강센터가 있으나 이들은 중증 정신질환 중심의 정신건강시스템이기에 경도나 중등도의 정신건강문제가 있는 국민들에게 가장 필요한 심리서비스를 효과적으로 전달하기에 적합하지도 않다. 특히 전문인력 심리사들이 거의 없어 심리서비스가 제대로 이루어지기 힘들다. 지역사회 정신건강센터가 현재의 중증 정신질환자들의 수요에도 충분히 대응하지 못하고 있다는 점도 지금 우리 정신건강시스템이 수요를 충족시키지 못하고 있음을 말하고 있다.

코로나19 팬데믹에 대처하기 위하여 보건복지부는 한국심리학회와 대한정신신경의학회와 함께 국민들의 정신건강을 위한 대책들을 강구하였고 한국심리학회는 무료 심리상담를 지원하기도 하였다. 이를 통하여 우려하던 급격한 자살율 증가를 막는데 어느 정도 기여했다는 평가를 받고 있다. 다만 팬데믹으로 인한 정신건강문제들은 지연되어 발병하는 경향이 있어 지속적인 예방과 조기 개입이 필요하다. 포스트코로나 시대의 국민의 심리사회적 웰빙을 증진시키기 위해 2021년부터 시행되는 정신건강복지 5개년 기본계획을 바탕으로 전문 심리서비스를 제공할 수 있는 국가 차원의 법과 제도를 도입하는 것이 중요하겠다.

한편 역설적으로 이번 코로나19 팬데믹이 한국인의 심리사회적 웰빙에 도움이 된 면이 있다. 지금까지 우리 사회는 정신질병에 대한 편견이 심하고 심리사회적 건강이 악화될 때 전문적인 도움도 받지 않는 경향이 높았는데 이번 팬데믹으로 모든 사람들이 함께 스트레스를 경험하며 정신건강문제가 누구에게나 일어날 수 있다는 점을 깨닫게 해준 면이 있다(Chey, 2020). 전문적인 용어는 아니지만 코로나 블루, 코로나 레드나 코로나 블랙으로 비슷한 시기에 함께 경험하는 심리적 고통을 표현할 수 있게 된 것은 우리 사회가 좀 더 심리사회적 건강에 관심을 갖게 되어 국가적 차원에서 심리사회건강과 웰빙이 향상될 수 있는 계기가 될 수 있다. 최근 코로나19백신들이 국내에 도입되면서 판데믹 종식에 대한 희망이 생기고 있는 이 시점이 어쩌면 우리 사회 심리사회적 웰빙 향상을 위한 노력을 해야 하는 최적기일 수 있겠다.

참고문헌

국내 문헌

국회미래연구원 (2019). 한국인의 행복측정 기반 연구보고서. 국회미래연구원.

김민수, 김우현, 고재원 (2020.11.24.) [코로나 시대 혐오]①우리는 왜 위기 앞
　　에서 증오하는가. 동아사이언스.

박용천 외 (2020). COVID-19, 한국에서의 심리적 영향: 예비 연구. Korean
　　Journal of Clinical Psychology - Vol. 39 , No. 4 , pp.355-367.

장은진 (2020). 이영한 외 '포스트 코로나 대한민국: 집단지성 27인의 성찰과 전
　　망' 중 10장. 코로나19와 심리방역. 서울: 한울아카데미.

전진아 외 (2020). 정신건강복지 기본계획 (2021~25) 수립 연구. 보건사회연구
　　원.

조지현 (2021). 노년기 사회활동이 측두엽 회백질위축에 따른 일화기억 감퇴에
　　미치는 영향. 서울대학교 대학원 협동과정 뇌과학 전공 석사학위 논문.

최진영(2019). 'OECD 국가와 대한민국 심리서비스 현황과 시사점.' [국민의 행
　　복을 위한 심리서비스 활성화 방안] 토론회 중 발표. 한국심리학회
　　주관, 기동민의원 주최.

해외 문헌

Abramson, A. (2020, April 8). How COVID-19 may increase domestic vi-
　　olence and child abuse. http://www.apa.org/topics/covid-19/
　　domestic-violence-child-abuse.

Armbruster, S. & Klotzbücher, V. (2020). Lost in lockdown? COVID-19,
　　social distancing, and mental health in Germany. https://ideas.
　　repec.org/p/zbw/wgspdp/202004.html.

Chey, J. (2020, October 22). Becoming aware of our vulnerability to men-
　　tal health challenges during COVID-19. http://www.apa.org/in-

ternational/global-insights/mental-health-challenges-covid-19

Cincetti, D. (2010). Resilience under conditions of extreme stress: a multi-level perspective.

Crawley et al.(2020) Wider collateral damage to children in the UK because of the social distancing measures designed to reduce the impact of COVID-19 in adults. BMJ Paediatrics Open/2020;4:e000701/doi:10.1136/bmjpo-2020-000701.

George, J.(2021.01.30.) 80% of COVID-19 Patients May Have Lingering Symptoms, Signs. https://www.medpagetoday.com/infectious-disease/covid19/90966.

Gunnell, D. et al. (2020). Suicide risk and prevention during the COVID19 pandemic. Lancet Psychiatry, 7, 6, 468-471.

Han, Y. Jang, J., Cho, E.,Choi, K.H. (2021).Investigating how individual differences influence responses to the COVID-19 crisis: The role of maladaptive and five-factor personality traits. Personality and Individual Differences. doi.org/10.1016/j.paid.2021.110786.

IASC (2020.07). COVID-19 RESPONSE: APPLYING THE IASC GUIDE-LINES ON INCLUSION OF PERSONS WITH DISABILITIES IN HUMANITARIAN ACTION. IASC.

Jones, Mallon, Borgstrom (2020). Grief and COVID19: Mourning What We know Who We Miss and the Way We Say Goodbye. https://www.open.edu/openlearn/health-sports-psychology/mental-health/grief-and-covid-19-mourning-what-we-know-who-we-miss-and-the-way-we-say-goodbye.

Kämpfen F, Kohler IV, Ciancio A, Bruine de Bruin W, Maurer J, et al. (2020) Predictors of mental health during the Covid-19 pandemic in the US: Role of economic concerns, health worries and social distancing. PLOS ONE 15(11): e0241895. https://doi.

org/10.1371/journal.pone.0241895.

McEwen, B. (2005). Stressed or stressed out: What is the difference? J Psychiatry Neurosci. 30, 5, 315－318.

Steptoe, A., Shankar, A., Demakakos, P., & Wardle, J. (2013). Social isolation, loneliness, and all-cause mortality in older men and women. *Proceedings of the National Academy of Sciences, 110*(15), 5797-5801.

Vahia, I.V., Jeste, D.V., ReynoldsIII, C.F. (2020). Older adults and the mental health effects of COVID19.

OECD (2018). Health at a Glance: Europe 2018. Paris: OECD.

인터넷 자료

https://www.apa.org/topics/covid-19

https://www.who.int/teams/mental-health-and-substance-use/covid-19

코로나19 대유행이 몰고 온
(플라스틱) 일회용품 전성시대: 현황과 과제

윤순진(서울대 환경대학원 교수)

I 시작하는 말

"글로벌 리더십 연습." 서울대 정치외교학부의 김의영 교수가 개설한 학부 세미나 과목이다. 학내에서 열린 어느 학술대회에서 만났을 때, 김의영 교수가 한국, 중국, 베트남 학생들이 함께 하는 수업을 진행하고 있는데 환경정책, 특히 폐기물정책 관련해서 강의를 한 번 해주면 좋겠다고 부탁하였다. 사실 당시 새로 강의자료를 만들고 수업을 진행할 여유가 없었지만 요청을 거절할 수 없었다. 김의영 교수가 대학발 사회혁신 프로젝트 방식의 수업을 열의를 가지고 이끌어가는 걸 알기에 차마 거절하기 어려웠다.

2020년은 참으로 특별한 해였다. 아마 한국 역사에서만이 아니라 세계 역사에서도 한 획을 그은 해로 기록되지 않을까? 바로 코로나19 때문이다. 코로나19 대유행을 거치면서 세계는 일찌감치 경험하지 못한 커다란 변화를 겪었다. 가치와 표준이 달라져서 새로운 정상상태 시대, 뉴노멀(new Normal) 시대로 접어들었다고 한다. 예전의 일상이 더 이상 일상이 아니게 되었다. 비접촉 비대면이 일상이 되었다. 혁신을 거듭해온 디지털 기술 덕분에 사회적 거리두기 상태에서 끊어진 오프라인에서의 연결을 온라인으로 빠르게 옮겨 가게 되었다. 이러한 상황에서 지리적 공간의 경계를 넘어 한국과 중국, 베트남에 있는 학생들이 온라인으로 소통하며 코로나19가 빚어낸 새로운 문제적 상황을 발견하고 직접 문제 현장에 뛰어들어 해결 방안을 모색하는 지역참여형이자 문제해결형 수업은 새로운 실험이었다.

학생들이 선택한 주제 영역 중 하나는 환경이었고 그 중에서도 폐기물, 특히 일회용품 폐기물 문제를 해결해야 할 핵심 문제로 제기하였다. 코로나19 상황에서 조금만 관심을 가진다면 누구나 느낄 수 있을 정도로 가시적으로 일회용품 사용이 가속화되었다. 2020년 8월 사이언스지에 실린 Lau 등의 논문에 따르면, 전 세계적으로 조치가 취해지지 않으면 2040년까지 약 13억 톤의 플라스틱 쓰레기가 발생해서 땅과 바다에 버려지게 될 것이라 한다. 이 양은 평평하게 깔 경우 영국 국토면적의 1.5배에 달하는 규모이다. 코로나19 대유행으로 플라스틱 폐기물 배출량과 속도는 더욱 커지고 빨라졌다. 바로 이러한 문제의식으로 학생들은 플라스틱 폐기물 문제를 코로나19로 인해 더욱 심화된, 그래서 반드시 해결해야 할 문제로 주목하였고 필자는 코로나와 플라스틱 폐기물의 상관성과 해결해야 할 과제에 대해 강의하였다.

애초 예상과 달리 수업 참여는 한 번의 강의로 끝나지 않고 뒤이어 학생들의 프로젝트 중간발표와 최종발표에 멘토링까지 하면서 이 수업에 함께 하게 되었고 이렇게 책까지 함께 내게 되었다. 바쁜 와중에, 그것도 방학 때까지, 시간을 내서 참여해야 했지만, 이런 의미 있는 수업에 초청 받은 것이 오히려 감사한 마음이다. 디지털기술과 온라인 세계에 익숙하고 SNS를 통한 소통이 자연스러운 학생들은 바로 그런 맥락 속에서 문제를 해결할 수 있는 방안을 모색하였다. 같은 시대를 살아가고 있지만 어쩌면 삶을 직조하는 씨실과 날실이 다른 세대이기에 개인적으로 오히려 수업을 통해 새로운 세대를 이해하고 새로운 문제해결방안을 학습할 수 있는 기회를 얻은 느낌이다.

II 코로나와 플라스틱 폐기물 문제의 상관성

플라스틱은 그 자체로 위기적 속성을 내포하고 있다. 일회용 플라스틱은 분해가 안되기 때문에 처리가 곤란하다. 매립하기엔 모두 처리할 수 있을 정도의 토지가 부족하며, 매립을 한다 해도 시간이 지나면서 아주 서서히 쪼개질 뿐이다. 소각을 하게 되면 플라스틱은 대기오염물질과 비산재, 저회, 광재(slag)로 전환되고 그 과정에서 발암물질인 다이옥신과 푸란, 중금속인 수은과 카드뮴, 납, 주요 온실가스를 배출하여 환경을 오염시키게 된다. 우선 대기오염물질 입자는 대기에만 머무르지 않고 토양과 수체로 이동해서 환경 전반을 오염시킬 수 있다. 플라스틱 폐기물이 매립이나 소각으로 처리되지 않고 토양과 강, 바다로 흘러 들어가면 정화가 불가능하다(그린피스, 2019). 바다에 유입된 플라스틱 폐기물의 경우 해수면에 떠있는 것은 일부에 불과할 뿐 2/3이상이 바다 속에 가라앉아 거대한 쓰레기장을 만든다.

플라스틱은 분해되는 데 약 500년이 걸린다고 하지만(그린피스 2000), 정확히 얼마의 시간이 걸리는지 알 수 없지만 분해되는 데 상당한 시간이 필요하다. 플라스틱 조각은 사라지지 않고 햇빛과 바람, 물, 파도 등에 부딪치고 깎여서 점점 더 미세한 조각으로 쪼개질 뿐이다. 바로 미세플라스틱이 되어 해양생물의 몸 속으로 유입되고 결국은 먹이그물을 따라 인간의 몸으로 들어오게 된다. 미세먼지가 생체에 유입되어 축적되면 인체에서 어떤 영향을 미칠지 확실하지 않은데 미세플라스틱에 독성화학물질이 포함되어 있을 경우 이러한 미세먼지를 통한 독성화학물질의 체내 축적은 확실히 문제가 된다. 플라스틱으로 원하는 모양과 가능을 가지면서 안전성과 유연성까지 갖추도록 하려면 화학 첨가제가 필요하다(British Plastics Federation 홈페이지). 프탈레이트 같은 발암내분비교란 물질도 화학 첨가제로 사용되고 플라스틱에 따라서는 위험한 화학물질이 침출되어 나와 인간의 생식체계를 비롯해서 건강에 영향을 미친다. 미국의 국립환경보건과학연구소(US National Institute of Environmental Health Sciences)애 따르면 1분마다 트럭 한 대 분량의 플라스틱이 바다로 흘러들어가서 해양오염을 야기하고 해양생물의 생명을 위협한다. 우리나라의 경우 국내 물질 재활용률은 20% 안팎으로 해양에서 발견되는 쓰레기의 82%가 일회용 플라스틱 폐기물이다(그린피스, 2019). 이렇게 오래 가는 플라스틱이 일회용품으로 쓰인다는 건 상당한 모순이 아닐 수 없다.

환경부에 따르면, 2020년 음식배달이 2019년 같은 기간 대비 76.8%, 택배가 20.2% 증가하였고 플라스틱 폐기물도 13.7% 증가했다. 사회적 거리두기가 오랜 기간 지속되었고 자가격리자들도 꾸준히 유지되면서 안전과 위생을 이유로, 거기에 편리함과 저렴함까지 더해져서 플라스틱 사용량은 나날이 늘었다. 폐플라스틱을 국내에서 재활용을 포함해서 적절한 비용으로 해결하지 못하자 수출하기도 했는데 폐플라스틱 수출은 문제 발생에 책임이 없는 가난한 국가로 처리 책임을 이전하고 개도국의 국토와 생활환경을 오염시키는 행위이기에 윤리적으로 수용되기 어렵다. 게다가 2021년 1월 1일부터 발효된 바젤협약 개정안(2019년 5월 채택)에 따라 폐플라스틱은 수출입 통제대상 폐기물로 관리된다. 윤리의 차원에

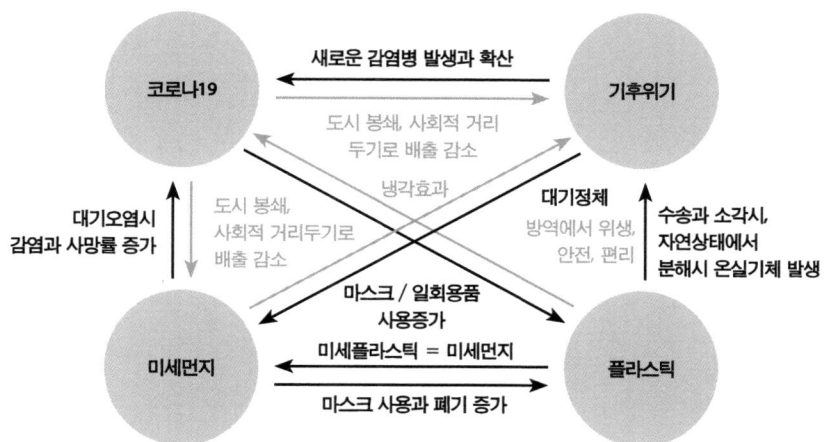

그림1 네 가지 위기의 상호연관
출처: 중앙일보, 2020/09/30 재구성

서만이 아니라 현실적으로도 이제는 정말 바뀌지 않으면 안된다.

이런 플라스틱 위기가 다른 위기들과 긴밀하게 얽혀 있다는 점 또한 문제다. 그림1에서 제시한 것처럼 다른 위기들이란 크게 코로나위기와 기후위기, 미세먼지위기를 말한다. 코로나19와 플라스틱 사용이 어떻게 상호 관련되어 있는지 보다 구체적으로 살펴보자면, 코로나19로 인해 바이러스의 확산과 감염 차단을 위한 위생과 안전이 중요해지면서, 또 편리함을 추구하면서 마스크와 일회용품 사용이 증가한다. 사회적 거리두기나 자가격리로 온라인 쇼핑이나 배달음식 이용이 늘면서 플라스틱 일회용품 사용이 늘어난다. 그래서 당장은 코로나19 바이러스 감염을 차단하고 확산을 막는 단기적인 효과를 거둔다.

하지만 이런 플라스틱 발생 증가는 다른 문제를 야기하게 된다. 플라스틱 폐기물이 재활용되지 않는다면 매립되거나 소각될 수밖에 없다. 하지만 이는 기후변화를 야기하는 온실기체나 대기질을 악화시키는 미세먼지 배출을 늘리게 된다. 플라스틱 폐기물을 수거해서 소각장이나 매립지까지 수송하는 과정에서 에너지가 소비되고 이를 소각하는 과정에서도 에너지가 소비된다. 플라스틱의 소각 자체에서도 온실기체나 미세먼지가 발생하지만 현재 폐플라스틱의 수송에 투입되는 에너지가 주로 화석연료이기에 연소과정에서 온실기체와 미세먼지가 발생하게 되는 것이다. 또한 미국 하와이대 데이비드 칼 교수를 포함한 연구진은 국제 학술지 '플로스 원(PLOS one)'에 발표한 2018년 논문에서 플라스틱이 햇빛에 노출되어 분해될 때 온실기체인 메탄과 에틸렌을 방출한다는 사실을 실험으로 확인했다고 한다(Royer et al., 2018). 메탄은 지구 복사열을 붙잡아서 지구온난화를 유발하는 온실 효과가 이산화탄소보다 21배 이상 높다. 무엇보다 플라스틱은 그 자체가 화석연료라고 할 수 있다. 플라스틱의 99%가 화석연료를 원료로 해서 만들어지기 때문이다(그린피스, 2019). 그래서 플라스틱을 태우게 되면 온실기체가 반드시 발생한다.

미세먼지가 늘게 되면 호흡이 어려워지므로 또 마스크를 사용하게 되어 플라스틱 사용량이 늘게 된다. 미세먼지 농도가 심해지면 집을 비롯해서 실내에 머물러야 하므로 다시 외출이 줄어들면서 온라인 쇼핑이나 배달음식 주문이 늘고 이는 다시 플라스틱 발생량을 늘리게 된다. 대기질이 나빠지면 코로나 바이러스 감염에 상대적으로 더 취약하고 사망률을 높이는 원인으로 작용하게 된다. 코로나19로 도시가 봉쇄되거나 사회적 거리두기로 이동이 제한되어 수송부문 에너지 소비가 줄어들면서 미세먼지 배출이 줄어들 수도 있지만 어디까지나 일시적인 현상이다.

코로나 19, 나아가 감염병 발생과 확산은 21세기 최대 난제인 기후위기와 연결되어 있다. 지금의 코로나19 바이러스가 어떻게 발생해서 전파되었는지 감염 경로에 대해 아직도 정확하게 밝혀지지는 않았다. 하지만 지난 2월 코로나19 대유행을 일으킨 'SARS-CoV-1'과 'SARS-CoV-2'라는 바이러스의 출현에 기후변화가 역할을 했을 가능성이 있다는 국제 공동연구진의 연구 결과가 발표되기도 하였다. 로버트 베이어

(Robert Beyer) 박사를 연구 책임으로 하는 영국 케임브리지대학과 미국 하와이대학, 독일 포츠담기후영향연구소가 함께 수행한 연구로, 연구 결과는 국제 학술지 '종합환경과학(Science of the Total Environment)' 2월 5일 자에 게재되었다. 이 연구에 따르면 지난 20세기 동안 발생한 전 세계 온실가스 배출로 박쥐가 선호하는 산림 서식지가 확대됨으로써 중국 남부가 코로나 바이러스의 '핫스팟(hotspot)'이 되었다는 것이다.

인수공통감염병의 발생과 확산이 어떻게 기후위기와 맞물려 있는지에 대해 이 연구와는 다소 결이 다른 설명도 존재한다. 둘 모두 숲의 파괴를 공통 원인으로 한다는 것이다(윤순진, 2021). 지속적인 개발로 경작지와 방목지, 거주지, 도로 등을 확장해가면서 숲이 파괴되고 소멸된다. 그 결과, 인간 사회와 야생동물 서식처 간 이격거리가 점점 줄어들어 야생동물을 숙주로 했던 바이러스가 사람으로 옮겨와 사람을 숙주로 삼게 되었다는 것이다(그린피스, 2020). 숲 파괴에 결정적 영향을 미친 요인에는 늘어나고 있는 육식도 있다. 농업과 산림, 토지 이용 변화에 따른 온실기체 배출이 전체 배출량의 18.4%를 차지하는데(Our World in Data 홈페이지), 그 중에서도 축산업이 심각한 배출원으로 작용한다. 1940년 이래 발생한 감염병 유행 중 60%가, 그 중에서도 특히 신종 감염병 가운데 75%가 인수공통감염병이었는데, 그 중에서 야생생물에 의한 것이 70%를 차지했다(Bartlow 등, 2019). 그런데 이런 숲 파괴는 기후변화를 야기한 원인이기도 하지만 기후변화로 인한 결과이기도 하다. 숲의 제거나 축소는 최대 온실기체인 이산화탄소의 흡수저장고를 줄임으로써 기후변화 진행을 촉진하게 된다. 기후위기로 야기되는 산불, 가뭄, 홍수 등과 같은 극단적인 기상현상은 숲을 포함한 생태계를 파괴하게 되고 그 결과 서식처를 잃은 야생동물이 목축지나 사람들의 거주지로 이동해 사람들을 숙주로 삼게 된다, 이렇듯 숲 파괴와 전염병의 발생과 확산, 기후위기는 긴밀히 관련되어 있다.

기후위기와 신종 바이러스의 출현과 확산은 다른 방식으로도 연결되어 있다. 앞서 최근 발표된 코로나19와 기후위기의 관련성을 다룬 논문에서처럼 기후위기는 바이러스 전파의 매개체 또는 숙주의 거주 영역을 확대하는 요인이 되기도 한다. 한편으로는 지구온난화에 따른 온도 상승으로 각종 감염병 매개체인 모기 서식지가 더 넓어진다. 뎅기, 말라리아, 콜레라 등 모기로 전파되는 기후 민감형 전염병 또한 더욱 확산될 수 있는 것이다. 다른 한편으로는 지표면 온도 상승에 따른 영구동토층 해빙으로 그 안에 얼어서 활동성이 멈춘 고대 박테리아와 바이러스가 깨어나게 되면 고대 질병들이 되살아날 수도 있다. 기후변화로 인한 온도와 습도, 강수량 변화로 바이러스에 변이가 일어날 수 있는데 기후변화의 양상과 영향을 정확히 알기 어렵고 불확실성이 높아지는 만큼 바이러스는 물론 바이러스 매개체의 성장과 생육, 분포와 개체수, 서식지 등이 어떻게 달라질지 이러한 변화가 전염병의 전파 시기와 속도, 강도, 확산 양상과 경로를 어떻게 바꿀지 예측하기도 더욱 어려워진다(신호성·김동진, 2008).

이러한 기후위기와 코로나19와 같은 감염병의 확산에 이번에 다룬 문제영역인 플라스틱이 연결되어 있는 것이다. 기후위기가 감염병 발생과 확산에 영향을 미칠 뿐 아니라 감염병 대응이 플라스틱의 남용으로 기후위기를 심화시키는 것이다. 감염 예방을 위해 안전과 위생을 중시하면서 마스크는 물론이고 비닐장갑, 종이컵, 플라스틱컵, 빨대 등 일회용품이 많이 사용되었고 다수의 일회용품이 플라스틱으로 제작되었기 때문이다. 사회적 거리 두기로 외출을 삼가면서 온라인 쇼핑과 음식 배달 주문이 늘어 포장재 폐기물 발생이 더욱 늘었다. 통계청과 한국통합물류협회 자료에 따르면, 음식 배달은 2019년 7조 6,604억 원에서 2020년

13조 5,448억 원으로 76.8%나 증가하였고 택배는 같은 기간 22억 8,000만 박스에서 27억 4,000만 박스로 20.2% 증가하였다. 방호복이나 기타 보호장비처럼 검진과 치료과정에서 감염 위험이 있어 고온소각처리해야 하는 의료폐기물 발생도 현저히 늘었다. 2020년 1월 20일 국내 첫 코로나19 확진자가 발생한 후 1년간 병원, 생활치료센터, 임시시설로부터 발생한 코로나19 관련 의료폐기물이 7,517톤에 달한다. 마스크와 방호복을 비롯해서 의료폐기물 상당부분이 플라스틱 일회용품이다. 안전과 위생문제 때문에 철저하게 관리되지 않으면 안되기에 어쩔 수 없는 부분이 있지만 당장의 방역으로 인해 폐플라스틱 배출량이 늘어난 것은 사실이다. 의료폐기물은 전량 소각처리되었다. 바로 이 소각과정에서도 이산화탄소가 배출된다. 늘어난 폐기물의 수집과 운반, 처리에 상당한 에너지가 투입되며 이는 온실가스 배출 증가를 야기한다. 소위 코로나 쓰레기(Corona trash)로 불리는 플라스틱 폐기물 발생량은 2019년에 하루 1757톤에서 2020년 1998톤으로 13.7% 증가했다.

이러한 4대 위기가 어떻게 결합되어 있는지 도식으로 나타내면 그림1과 같다. 이러한 문제의 동시 발생을 신데믹(Syndemic)이란 말로 표현할 수도 있다. 신데믹이란 1990년대 중반 의학 인류학자인 메릴 싱어(Merrill Singer)가 만든 용어로, 생물학적 상호 작용이 있는 집단에서 두 개 이상의 전염병이 동시적이거나 연속적으로 발생해서 질병의 예후와 부담을 악화시키는 것으로 복합대유행이라 말할 수도 있을 것이다. 다르게는 4개 위기가 상호 영향을 미치며 결합되어 있는 복합위기로 이해할 수도 있다.

III 플라스틱문제와 자원순환정책[1]

이제껏 경제활동은 대체로 '자원의 채취 → 생산 → 유통 → 소비 → 폐기'라는 선형적 구조로 이루어져 왔다(윤순진, 2020). 특히 산업화가 진전되고 대량 생산·대량 소비가 일상화되면서 생산에 투입되는 자원과 소비 후 버려지는 폐기물이 지속적으로 늘어났다. 다양한 인간활동은 모두 에너지와 자원의 투입을 필요로 하며 생산과 유통, 소비 과정을 거치며 다양한 폐기물을 발생시킨다. 그 결과 자원 고갈 가능성과 함께 다양한 환경오염과 파괴가 야기된다. 폐기물은 양만이 아니라 질에서 큰 변화가 있었다. 인구 증가와 소비 규모 증가로 발생량이 늘었을 뿐 아니라 플라스틱이나 비닐처럼 자연 상태에서 분해되기 어려운 폐기물이 갈수록 많아지고 있다.

플라스틱 제품은 애초에 일회용으로 사용하기 위해 만들어진 경우가 많다. 전 세계 플라스틱 생산량 가운데 가장 많은 분야는 포장재 및 용기 생산으로 36%를 차지한다. 그 다음이 16%로 건설재료이며 14%인 섬유가 그 뒤를 따르고 있다. 한국에도 포장재와 용기 생산이 가장 높은 비중을 차지하는데 전 세계보다 약간 높아서 40%가 넘는다(그린피스, 2020). 그 중에서도 포장재가 플라스틱 소비량이 가장 많은 분야다. 전 세계 플라스틱 쓰레기의 약 절반 가량이 포장재로, 대부분은 재활용되지 않고 소각처리가 이루어지지도 않는다. 플라스틱 포장재의 수명은 평균 6개월이 안되어서 건설재료(35년)나 전자제품(20년)에 견줘볼 때 수명이 너무 짧은 문제가 있다. 플라스틱 위기의 상당부분은 플라스틱 포장재로 인해 야기되는 것이다.

---

1 이 부분은 제주연구원에서 펴낸 『제주의 미래 2045』(2020)에 실린 윤순진의 글을 주로 참고하였음.

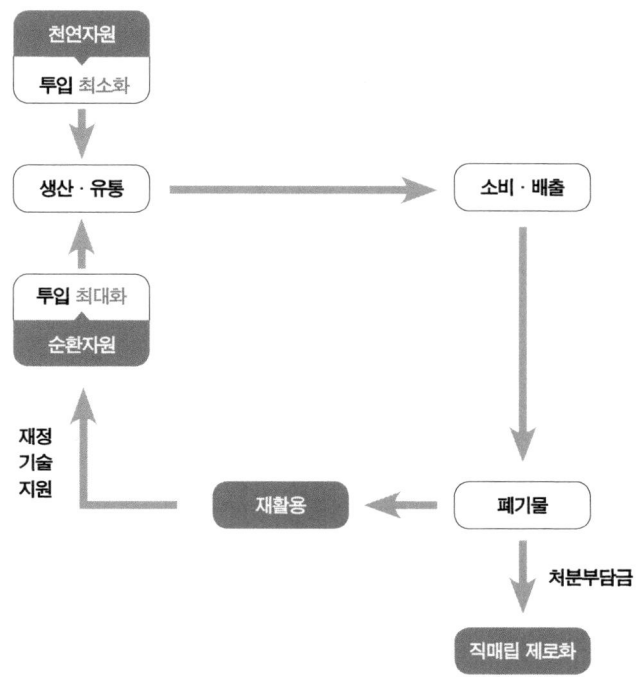

그림2 자원순환사회 체계도
출처: 한국환경산업기술원, 2018.

이제는 폐기물에 대해 다른 접근이 필요하다. 우리나라의 폐기물관리법 제2조에 따르면 폐기물이란 "사람의 생활이나 사업활동에 필요하지 아니하게 된 물질"을 말한다. 하지만 일정 용도로 한정했을 경우엔 더 이상 필요가 없게 되어 폐기물로 분류되는 물질도 다른 관점에서 접근할 경우 자원이 될 수 있다. 애초 용도로는 필요하지 않지만 다른 용도로 새롭게 사용될 수 있는 것이다. 그림2에서처럼, '자원의 채취 → 생산 → 유통 → 소비 → 폐기'의 선형으로 끝나지 않고 폐기물이 다시 자원으로 이어지게 되면 순환형이 될 수 있다. 순환자원은 폐기물 중 사람과 환경에 해가 되지 않고 경제성이 있어 유상 거래가 가능한 물질 또는 물건을 말한다(윤순진, 2020). 이 때 주의해야 할 점은 생산과 유통에 투입되는 천연자원의 양은 최소화해야 하고 폐기물로부터 생산과 유통에 투입하는 순환자원의 양은 최대화해야 한다는 점이다. 순환자원 이용 최대화로 생산과정 투입 천연자원의 양을 최소화하여 자원 효율성이 높아지면 천연자원 채취 및 가공비용을 줄여 경제성이 높아지고 환경영향 또한 줄일 수 있다.

국제 사회 전반에 걸쳐 폐기물 문제, 특히 폐플라스틱 문제의 심각성을 목격하면서 선형 경제구조를 벗어나 순환형으로 전환해야 한다는 인식이 높아지고 있다. 순환경제(circular economy)란 한정된 천연자원 이용과 관련 환경 영향을 최소화하는 경제로, 지속가능성을 담보하기 위한 순환경제로의 이행이 세계적 관심사가 되고 있다. 순환경제 실현을 위해서는 무엇보다 자원 이용량을 최대한 줄이는 감량(reduction)을 최우선이 되어야 한다. 그러면서 재사용(reuse)과 재활용(recycling), 새활용(upcycling)을 늘려나가야 한다. 안전 처리 경우에도 적정처리와 함께 회수 가능 에너지를 최대한 회수(recovery)해야 하며, 천연자원 투입 최소화와 순환자원 투입 최대화를 지향해야 한다.

이 때 중요한 것은 누가 어떤 노력을 얼마나 할 것인가이다. 현재 폐기물이 소비 단계에서 주로 발생하기 때문에 소비자에게 많은 책임과

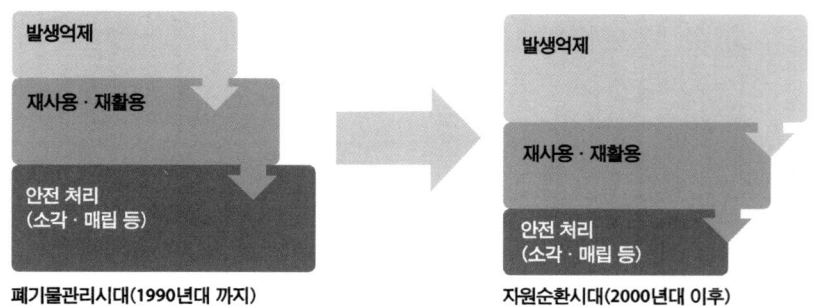

그림3 한국 폐기물 관리 우선 순위 변화
출처: 한국환경사업기술원, 2018, "제1차 자원순환기본계획의 의의와 추진 동향" 재구성

부담이 지워진 상태이다. 불필요한 소비를 제거하면서 소비의 규모를 줄이고 분리배출을 제대로 하도록 요구되고 있다. 개인 실천을 통해 플라스틱 사용량을 줄이고 재활용이 가능한 제품을 구입하며 플라스틱 소재 물품이나 포장재를 사용했을 경우 깨끗하고 정확하게 분리배출하도록 요청되고 있다. 하지만 하류에(downstream)에 위치한 소비자의 실천 행동에는 한계가 있기에 소비자의 행동에만 기댈 수 없다. 정부와 기업이 상류(upstream)에서 보다 적극적인 노력을 해야 한다. 정부는 다양한 정책과 계획을 통해 순환경제를 위한 제도적 기반을 마련해야 한다. 생산과 유통을 담당하는 기업이 애초부터 감량과 재이용, 재활용, 새활용을 염두에 두면서 제품을 생산하고 유통에 나설 수 있도록 다양한 제도와 정책을 마련해야 한다. 또한 기업과 소비자가 자원 소비와 폐기에 적정 비용을 부담하도록 세제를 정비하는 노력도 필요하다. 기업이 환경과 에너지 이용을 염두에 두고 생산과 유통을 담당하는 것이 오히려 총 비용을 줄이고 수익을 늘리는 방향이 되도록 만드는 것이 중요하다. 기업은 되도록 플라스틱 사용을 자제하여 소비 단계에서의 플라스틱 발생량 자체를 줄여야 하며 재활용이 가능한 소재(바이오플라스틱)의 제품과 포장재를 생산하고 사용하여야 할 것이다. 당장의 단기적 영리 추구에서 벗어나 사회적 책임에 기초해서 환경·사회·지배구조(ESG)를 염두에 둔 제품 및 서비스 생산과 경영활동이 결국은 기업 자체의 지속가능성을 높여줄 수 있음을 인식하고 실천해야 할 것이다.

Ⅳ 맺는 말

MIT 경제학 교수였던 월트 휘트먼 로스토우(Walt Whitman Rostow)

는 5단계로 이루어진 발전단계론을 주창하였다. 그에 따르면 모든 사회는 전통사회로부터 시작해서 과도기, 도약기, 성숙기를 거쳐, 고도의 대량 생산과 대량소비 사회로 발전해간다. 이제껏 대부분의 사회는 자원과 에너지 투입을 엄청나게 늘리면서 편리함과 안락함을 추구해왔고 그러한 성장을 통한 물질적 풍요는 다수 사회들에서 향유되고 있다. 하지만 대량 생산 대량 소비 사회는 인류가 계속 추구해야 할 또는 향유할 수 있는 마지막 단계일 수 없다. 세상에 공짜 점심은 없으며 성장지향적이고 대규모 개발 위주 산업화의 결과, 인류는 현재 이 글에서 기술한 코로나19로 대변되는 감염병 위기와 기후위기, 미세먼지 위기에 플라스틱 위기라는 복합위기를 겪고 있다. 사실 보다 본질적으로는 대부분의 사회에서는 경제위기와 불평등위기가 사회구조적 위기로 기저에 가로놓여 있다. 그런 위기의 단면이 플라스틱이라는 보다 가시적인 위기로 표면화했는지도 모른다.

글로벌 리더십 연습에 함께 한 학생들, 특히 필자가 함께했던 플라스틱 폐기물팀의 학생들은 수업 전과 후 어떤 변화를 경험했을까? 세 사회의 대다수 상식적인 시민들은 코로나19 대유행을 겪으며 플라스틱 대유행을 목도하면서 늘어난 플라스틱 폐기물 발생량에 문제의식을 가지게 되지 않았을까 한다. 최근 몇 해 동안 플라스틱 쓰레기에 대해 세계시민 다수가 관심을 가져왔는데 코로나19는 문제 상황을 더욱 악화시켜버렸다. 이제 더 이상 해결을 외면할 수 없는 상황에 놓여버린 것이다.

국가 배경이 다른 학생들이 함께 문제를 정의하고 해결방안을 찾아가는 과정에서 경제구조가 다르고 역사와 문화가 다르며 정치사회적 차이를 가진 세 사회의 개별성이나 특수성과 함께 그러한 차이를 가로지르는 세 사회의 공통성과 문제의 보편성 또한 발견하지 않았을까 싶다. 플라스틱 일회용품에 대한 사회적 문제의식을 키우면서 폐플라스틱 발생량을 줄이기 위한 실행 프로젝트를 통해 학생들은 학생 신분으로 접근성이 높고 상대적으로 변화의 가능성에 열려 있는 세 사회의 소비자들, 시민들에 주목하였다. 접근성의 차이에 따라 학생만을 대상으로 하기도 했고 쓰레기 없는 세상을 위해 행동하는 일반시민까지 포함했느냐의 차이가 있었지만 그것은 사회적 조건의 차이와 연결되어 있었기에 큰 차이는 아니었다. 학생들은 프로젝트 참여자들의 변화를 자극하기 위해 각기 다른 여건 속에서 최선의 방법으로 각자의 자리에서 각기 다른 방법으로 정보를 공유하고 소통하며 작지만 의미 있는 변화를 만들어 내기 위해 최선의 노력을 경주했다. 코로나19가 빚어내고 심화시킨 플라스틱 쓰레기 문제에 천착해서 청년의 눈으로 어떤 개입이 변화의 단초를 마련할 수 있는지를 살폈고 소통의 범위를 확장하면서 실시간 소통이 가능한 방법을 찾아 정보를 나누고 의견을 나누며 해결방안을 찾아 나갔다.

이런 현장 참여적이고 문제해결 지향적 수업의 경험은 앞으로 학생들이 살아갈 삶의 여러 상황에서 큰 자산이 되지 않을까 한다. 삶의 여정 가운데 마주하거나 겪게 될 다양한 문제 상황에서 무엇이 문제인지를 판단해서 문제 상황을 진단하고 해결을 위한 쟁점을 추출하며 나눔과 협력, 소통과 공감을 통해 문제를 해결해가는 태도를 익힌 것은 이 수업에서 건져낸 가장 큰 수확이 아닐까 한다. 또한 차이점과 공통점을 발견하고 각기 다른 상황에서 유연하고 융통성 있게 해결방안을 모색하며 소통과 이해가 주는 힘도 느끼지 않았을까 싶다. 이번 프로젝트는 수업에서는 종료되었지만 어쩌면 이제 시작된 것이 아닐까? 해결하고자 했던 문제는 여전히 남아 있고 문제 해결을 위한 갈증 또한 여전히 학생들의 마음 속에 남아 있을 것이기에.

참고문헌

국내 문헌

그린피스. 2019. "플라스틱 대한민국: 일회용의 유혹."

신호성·김종진. 2008. 「기후변화와 전염병 질병부담」 한국보건사회연구원
    2008-24-4.

윤순진. 2021. "그린 뉴딜과 포용국가,"『포용한국으로 가는 길』, 시사저널

윤순진. 2020. "자원순환사회로 나아가기 위해 무엇을 준비해야 하나?"『제주의
    미래 2045』, 제주연구원

해외 문헌

Bartlow, Andrew W., Carrie Manore, Chonggang Xu, Kimberly A. Kaufeld,
    Sara Del Valle,2 Amanda Ziemann, Geoffrey Fairchild, and
    Jeanne M. Fair. 2019. "Forecasting Zoonotic Infectious Disease
    Response to Climate Change: Mosquito Vectors and a Changing
    Environment," *Veterinary Sciences*, 6(40): 1-20.

Beyer, Robert M., Andrea Manica, Camilo Mora. 2021. "Shifts in global bat
    diversity suggest a possible role of climate change in the emer-
    gence of SARS-CoV-1 and SARS-CoV- 2," *Science of the Total
    Environment* 767 (2021) 145413.

British Plastics Federation website (undated). 'Plastics Additives.' https://
    www.bpf.co.uk/plastipedia/additives/default.aspx

Greenpeace, 2018. Crisis of convenience,

Lau, Winnie W. Y, et al. 2020. "Evaluating scenarios toward zero plastic
    pollution," *Science* (American Association for the Advancement
    of Science), 2020-09-18, Vol. 369(6510): 1455-1461

Poore, J., & Nemecek, T. 2018. "Reducing food's environmental impacts
    through producers and consumers." *Science* 360(6392): 987-

992.

Royer, Sarah-Jeanne, Sara Ferrón n, Samuel T. Wilson, David M. Karl. 2018. "Production of methane and ethylene from plastic in the environment," PLoS ONE 13(8): e0200574. https://doi. org/10.1371/journal. pone.0200574e0200574. https://doi. org/10.1371/journal.pone.0200574

인터넷 자료

State of California Environmental Protection Agency, 'Proposition 65 List.' https://oehha.ca.gov/proposition-65/proposition-65-list

US National Institute of Environmental Health Sciences, website. 'Bisphenol A.' https://www.niehs.nih.gov/health/topics/agents/sya-bpa/index.cfm

돌봄과 아동발달

이봉주(서울대학교 사회복지학과 교수)

이번 'Global Happinnovator Project'에서 돌봄팀이 주목한 사회 문제는 코로나19 팬데믹의 영향으로 발생하는 돌봄체계의 사각지대 문제이다. 팀 프로젝트를 통해서 제시한 해결책은 지역사회 차원에서 돌봄공동체를 형성하여 상부상조할 수 있는 사회적 자본을 만드는 것이다. 구체적으로는 이를 위해서 '돌봄공동체 통합 어플리케이션' 제작을 제시하고 있다.

아동돌봄 지원체계는 단순히 돌봄의 차원이 아니라 성장지원을 통해 인적자본에의 투자로서의 정책적인 의미를 가진다. 특히 취약계층에 대한 고품질의 돌봄 지원체계는 인적자본에 대한 불균형적인 투자의 차이를 해소해 모든 아동들에게 '공평한 출발선'을 제공하는 기능을 할 수 있다.

이곳에서는 방과후 방치가 왜 우리가 해결해야 하는 사회적 문제인지와 방과후 방치의 해소가 가지는 사회정책적 의미를 살펴본다. 방과후 돌봄이 아동 인적자본 형성에 도움이 되는 영역들에 대해서도 살펴본다. 마지막으로는 방과후 돌봄에 대한 영국, 미국, 일본의 우수사례를 살펴보고 그 함의를 찾아본다.

I 사회문제로서의 방과후 방치

방과후 방치의 문제는 아동의 보호를 통한 발달지원과 여성의 노동 참여 촉진을 위하여 해결해야 할 중요한 사회문제이다. 특히 코로나19 팬데믹 상황은 학교에 등교하지 못하고 가정에서 생활해야 하는 아동들에 대한 방과후 방치의 문제를 확대하는 계기가 되었다. 많은 아동들이 방과후 방치의 위험에 노출되어 있는 상황에서 지역사회 차원에서 돌봄 공동체의 구축은 시급히 해결해야 할 정책적 과제이다.

방과후 돌봄 정책의 대표적인 문제는 각 사업들간의 연계조정 기능이 취약하고 공급자 위주의 서비스 전달체계로 인하여 돌봄의 질 저하, 서비스 사각지대의 발생, 서비스 연속성의 미흡 등으로 정리될 수 있다 (이영 외, 2009). 방과후 돌봄서비스는 중앙정부 차원에서는 보건복지부와 교육부에서 추진되고 있으며, 지자체별 담당부서도 다양하기 때문에, 사업에 따른 전달체계가 체계적으로 이루어지지 못하고 있다.

그 결과 각 사업이 통일된 기준·원칙에 입각한 연계·조정 없이 추진되어 서비스의 사각지대가 발생하거나, 서비스 연속성이 미흡하고, 서비스 기관간의 위화감이 야기되는 등 다양한 부서에서 독립된 전달체계로 사업이 전개됨에 따라 다양한 문제점이 나타나고 있다. 또한 교육부와 보건복지부와의 유기적인 협조체계도 이루어지지 못하고 있는 실정이다. 따라서 이러한 교육과 복지의 협력체계 구축을 위한 다양한 방안이 필요하다(정익중 외, 2008). 교육과 복지의 협력체계 구축이 지역사회에서 협동조합 방식으로 이루어질 수 있는 방안의 모색도 시급한 실정이다.

이러한 문제점의 해결을 위해서는 통합적 방과후돌봄서비스 구축을 통하여 아동의 방과후 방치 문제를 예방하고 부모가 안심하고 아동을 맡길 수 있는 체계를 구축하는 것이 최우선적인 정책과제이다. 현재의 방과후 돌봄 사업의 경우 사업 대상자와 사업 내용이 중복되는 사업들이 존재한다. 보다 근원적인 차원에서 아동에 대한 돌봄과 이들에 대한 교육이 분리되기 어렵기 때문에 방과후 돌봄과 방과후 교육 간의 유기적인 협력 또는 통합이 중장기적으로 필요하다.

Ⅱ 방과후 방치 해소가 가지는 사회정책적 의미

본격적인 지식경제 사회로 진입한 21세기에는 아동의 인적자본에 대한 조기투자가 사회복지정책의 핵심적인 영역이다. 즉, 과거에 주로 가정에 의존하던 아동 인적자본 투자에 대한 보다 사회적인 대책이 요구된다. 아동중심적인 인적자본 투자적 사회복지 정책은 효율적이고 지속가능한 지식경제 기반 생산 시스템의 필수적인 요소이다(Esping-An-dersen, 2002). OECD(2006)에 따르면, 아동 인적자본 강화를 위한 조기개입은 공공교육과 마찬가지로 공공재로서 보아야 한다. 아동 조기개입은 직접적인 대상이 되는 아동과 가족에 대한 혜택을 넘어서는 외부효과(externality)를 가진다. 초등학생 돌봄과 같은 조기개입 프로그램은 한 국가의 아동의 전체적인 건강과 미래의 교육성취를 향상시키며, 노동시장 인력의 질을 높이며, 사회의 통합을 촉진한다.

아동 인적자본 조기 개발에 대한 사회복지 정책적 접근은 필요성은 아동초기의 서비스에서 시장실패가 발생한다는 점에서도 찾을 수 있다(이봉주 외, 2009). 이들 서비스는 소비자가 그 질을 판단하기 어려운 특성을 가지며, 한 번의 잘못된 판단이 어린 아동의 발달에 매우 심각한 결과를 초래할 수 있기 때문이다. 아동을 영악한 서비스 환경에서 옮긴다고

해서 부정적 경험을 해소할 수는 없다. 더욱이 시장에서 제공되는 서비스는 부족한 경우가 많고 질도 낮기 때문에 사회적 개입이 요구되는 경우가 많다.

사회경제적 가족배경이 인적자본 형성에 미치는 영향이 크다는 실증연구들의 결과를 종합해보면 우리사회에서도 소득격차와 빈곤의 확대에는 인적자본 형성에서의 격차가 중요한 요소로 작용하고 있음을 알 수 있다. 즉, 사회경제적으로 열악한 처지에 있는 가정의 아동들은 그렇지 않은 아동들이 이룰 수 있는 경제적 지위를 획득할 수 있는 평등한 기회를 구조적으로 제공받지 못하고 있으며, 그러한 현상은 적극적인 개입이 없이는 더욱 심화될 것임을 알 수 있다.

불평등한 인적자본의 형성으로 야기되는 소득불평등의 문제, 특히 세대 간 불평등 전이의 문제는, 소극적인 소득보장정책의 확대만으로는 해결될 수 없으며 저소득층을 대상으로 한 집중적인 인적자본 개발에의 투자를 통하여 기회의 평등을 제고하는 방법을 통하여 해결이 모색되어야 한다. 그런 의미에서 취약계층 아동들을 대상으로 하는 고품질의 돌봄서비스는 인적자본 투자 정책으로서 중요한 의미를 가진다.

Ⅲ 인적자본의 구성요소

인적자본은 인지적 역량과 사회적, 행동적, 정서적 역량을 포함하는 광의의 개념이다. 종래에는 인적자본을 주로 학업능력, 학력 등의 인지적 능력으로만 파악하는 경향이 있었다. 인적자본이 주로 인지적 능력으로 파악됨으로써 인적자본의 개발을 위한 정책방안도 주로 인지적 능력을 제고하기 위한 좁은 의미의 교육의 확대로 인식되곤 하였다. 하지만, 인적자본은 인지적 역량과 비인지적 역량을 포함하는 개념이다 (Heckman & Krueger, 2005).

인적자본 이론의 창시자라 할 수 있는 Becker는 학업년수 뿐이 아니라 컴퓨터 훈련 교육, 의료비 지출, 시간 엄수와 성실성의 중요성에 관한 강의 등도 개인의 건강을 증진시키고 소득을 증가시키는데 도움이 된다는 의미에서는 하나의 자본이라고 설명하고 있다(Becker, 1993). Weiss 같은 경우는 학력이 높다는 것 자체가 인지적 능력의 증거가 아니라 오히려 인내심이나 목표감과 같이 학업을 끝까지 수행할 수 있는 '인성'의 증거라고 설명하고 있다(Weiss, 1995). 즉, 인적자본의 개념은 인지적 능력뿐이 아니라 정서적, 사회적 능력까지 포함하는 광의의 개념으로 이해되어야 한다는 것이다.

인적자본은 단순한 인지적 능력뿐이 아니라 행동적, 정서적, 사회적 능력을 포함한 광의의 개념으로 파악되어야 한다. 그리고 그러한 인적자본의 각 구성요소는 축적되는 과정에서 상호 영향을 미치게 된다 (Shonkoff & Phillips, 2000). 즉, 기본적인 인지적 역량이 없이는 사회적 역량의 증진이 어렵고, 사회적 역량의 취약할 때는 정서적 역량도 낮게 형성되게 된다는 것이다.

이상에서 살펴본 바와 같이, 인적자본은 포괄적인 인간발달의 개념이다. 인간발달 영역은 매우 다양한 분야로 세분화할 수 있으나, 이곳에서는 일반적으로 인간발달영역의 기본 틀로 제시되는 신체, 정서, 사회적 역량 영역으로 구분하고(Zastrow & Kirst-Ashman, 2004), 특히 아동기 발달에 중요한 인지와 언어 영역을 추가하여 신체적 건강, 인지적 역량, 의사소통 역량(언어발달), 정서적 건강, 사회적 역량으로 인적자본의 핵심 분야를 설정하고자 한다(Davies, 2004).

1. 신체적 건강(Physical health)

생물학적 측면의 인간발달은 아기가 수정이 되는 태아기 때부터 이미 시작된다. 이 시기는 임산부의 연령, 건강, 약물복용 및 정서적 상태까지 태아의 발달에 주요한 영향을 미치게 된다(Zastrow & Kirst-Ashman, 2004).

영유아기 이후에도 아동의 신체적 발달은 꾸준히 지속되는데, 아동·청소년의 신체적 변화는 심리·사회적인 발달과 깊은 관련이 있으므로 더욱 관심의 초점이 된다. 예를 들면, 비만이 있는 아동·청소년은 자아존중감이나 또래관계에 영향을 받을 수 있으며, 외모로 인한 낮은 자아존중감이나 수치심 등은 섭식장애와 같은 장애를 유발할 수도 있다(홍봉선·남미애, 2007). 즉, 아동·청소년기의 영양 및 식습관 관리, 일상생활 관리, 운동관리 등은 이들의 신체적 발달에 영향을 미칠 뿐만 아니라 더 나아가 심리·정서적인 측면이나 사회적인 측면에까지 영향을 미칠 수 있으므로 통합적인 관점을 견지하고 세밀한 영역에까지 민감하게 관심을 기울일 필요가 있다.

2. 인지적 역량(Cognitive capability)

Piaget 이론은 인지적 발달에 있어 아동기 초기 사회적 환경의 중요성을 강조하는 함의를 가지는데, 왜냐하면 빈곤한 환경에 있는 아동은 다른 아동에 비해 인지 발달을 위한 환경적 자극과 지지(support)가 상대적으로 부족하기 때문이다(Zastrow & Kirst-Ashman, 2004). 청소년기에 이르면 논리적이고 추상적인 사고가 가능해지므로, 이러한 인지적 사고능력은 학교와 같이 분화된 환경적 자극에 의해 더욱 발달한다(권중돈·김동배, 2005).

또 다른 이론가인 Vygotsky는 '근접발달영역(ZPD: Zone of Provimal

Development)'이라는 개념을 사용하여 아동이 외부의 도움을 받으면 더 높은 수준의 문제를 해결할 수 있음을 주장함으로써 아동의 인지 및 언어발달에 있어 부모나 교사 등 지지적 환경의 중요성을 강조하였다(정옥분, 2002).

3. 의사소통 역량(언어발달)(Communication and language)

아동의 언어발달은 인지 및 사회적 발달과 관련이 깊다(권중돈, 김동배, 2005). 인간의 언어발달을 설명하는 대표적 이론인 상호작용이론에서는 아동의 언어발달에 있어 사회문화적 맥락을 강조한다. 대표적 이론가인 Brunner는 Vygotsky의 근접발달영역과 유사한 '언어습득 지원체계(LASS: Language Acquisition Support System)' 개념을 통해 아동의 언어발달에 기여하는 부모 역할의 중요성을 강조하고 있다(정옥분, 2002).

아동이 상징적 표현수단인 언어를 습득하여 타인과 언어적 의사소통이 가능해지면, 사회적 상호작용 역시 활발해지면서 언어발달은 더욱 빠르게 진행된다. 그러나 유아기 아동은 자기중심적 사고 때문에 사회화된 언어를 사용하지 못하고 자기중심적인 언어표현을 주로 사용한다. 초등학교시기에 접어들면 인지적 발달과정에서 자기중심적 사고를 벗어나 타인의 관점에서 바라볼 수 있는 시각을 가질 수 있게 되어 타인과의 의사소통이 원활해진다. 가족 간에 서로의 감정에 대해 이야기하는 것은 아동의 탈중심화에 도움이 된다(Zastrow & Kirst-Ashman, 2004). 학령기에는 타인에게 언어적 메시지를 정확하게 전달하는 '참조적 의사소통 기술(referential communication skills)'이 발달한다. 듣는 사람에 따라 자신이 전달하는 메시지의 내용을 조절할 수 있게 된다는 것을 의미하는데, 이는 아동의 사회언어학적 이해능력이 발달하면서 가능해진다(정옥분, 2002).

4. 정서적 건강(Behavioral and emotional health)

정서는 인간의 심리적 반응으로 표현되는 감정, 기분, 행동의 복합적인 조합으로 정의할 수 있는데, 이유는 인간의 다양한 정서적 반응이 곧 행동으로 표현되기 때문이다(Zastrow & Kirst-Ashman, 2004). 아동은 아동기 초기를 거치면서 자신의 감정을 다루는 방법을 배우게 되는데, 자신이 속한 문화의 사회적 규범을 학습하면서 자신의 감정적 충동과 사회적 요구 간에 균형을 유지할 수 있게 된다(정옥분, 2002). 때로 아동은 비합리적인 불안과 공포심을 경험하기도 하므로 부모는 아동의 감정을 이해해 주고 감정이입적 태도를 보여줌으로서 그러한 감정적 위기를 극복할 수 있도록 도와주는 역할을 할 필요가 있다(정옥분, 2002). 아동기 초기 양육자로부터 느끼게 된 거부, 고립, 위협, 무시, 부도덕성 강요 등과 같은 정서적 학대는 성인기에 낮은 자존감, 불안, 우울, 부정적 가치관 등 심리·정서적 문제를 야기할 뿐만 아니라, 학교부적응, 낮은 학업성취, 폭력, 범죄행동 등 다양한 행동적 문제에 까지 영향을 미치게 된다(Zastrow & Kirst-Ashman, 2004).

5. 사회적 역량(Social capability)

아동의 사회적 발달은 영유아기 양육자와의 애착형성을 기틀로 발달한다(Davies, 2004). 애착은 영아와 양육자 간의 친밀한 정서적 유대감으로서, 아버지와는 주로 놀이를 통해, 그리고 어머니와는 지속적 상호작용을 통해 형성하게 되는데(권중돈·김동배, 2005) 이와 같은 영유아기 시기 양육자와의 애착형성은 아동기 이후 긍정적인 대인관계를 확립하는 기초 능력이 된다(이인정·최해경, 2007). 4세 이후 아동기에 접어들면 가족을 벗어나 유치원이나 학교에서 또래관계 및 선생님과의 관계 속에서 또 다른 차원의 사회성을 발달시킨다. 특히 학교의 영향은 아동에게 매우 특별하다. 학교는 사회적 강화나 사회적 비교의 방법을 통해 아동을 사회화시키는데, 공식적인 평가방법을 통해 자주성, 성취와 같은 자기주도적 사회규범을 익히도록 한다. 한편, 아동은 또래관계를 통해 개인적 목표보다 집단의 목표를 중시하는 사고, 분업의 원리, 경쟁의 여러 측면들을 경험하게 된다(권중돈·김동배, 2005). 청소년기는 직업에 대한 준비 및 자기 존재에 대한 본질적인 의문을 가지며 자아정체감을 확립해 나가는 시기이므로 진로탐색을 위한 지지체계의 중요성이 강조된다(손병덕 외, 2008).

IV 외국의 방과후 방치 해소를 위한 정책 사례

1. 영국(England)의 열린학교(Extended School) 사례

영국의 방과후 프로그램의 개혁은 아동서비스의 핵심영역으로 부각되었다. 영국에서 국가 수준의 방과후 프로그램인 열린학교(extended school) 프로젝트는 2003년부터 "모든 아이가 우리의 귀중한 자산(Every Child Matters)"라는 기치 이루어진 영국의 교육복지 개혁사업의 일환으로 시작되었다. 영국의 교육복지 개혁을 집대성한 2004년의 아동법(Children Act)은 지자체에서의 아동서비스와 교육의 통합과 조기개입의 중요성을 강조하여 크게 5개의 아동발달 목표를 법안에서 제시하고 각 지자체 마다 그러한 목표를 달성하기 위한 구체적인 계획을 세우는 것을 의무화하였다. 아동법에서 제시된 5개의 아동발달 목표는: 1) 건강(Be Healthy), 2) 안전(Stay Safe), 3) 여가와 성취(Enjoy and Achieve), 4) 공헌(Make a Positive Contribution), 5) 경제적 자립(Achieve Economic Well-Being)으로 아동과 관련된 모든 서비스의 성과를 이러한 5개의 아동발달

목표에 따라 측정할 것을 명시화하고 있다. 즉, 이러한 목표의 달성을 위한 구체적인 지표가 설정되고 각 지자체는 그러한 목표달성 정도에 따라 중앙정부로부터 평가를 받는 시스템을 마련한 것이다.

교육과 복지의 연계, 통합은 크게 학령전 아동(0~5세)들은 보육센터로서의 기능이 강한 Sure Start 프로그램으로 학령기 아동(6-17세)들은 학교를 주축으로 한 방과후 프로그램인 열린학교(Extended School)의 정립을 통하여 이루어졌다.

취학전 아동들을 대상으로는 Sure Start(미국의 Head Start model을 이용) 센터들을 보육과 교육의 통합서비스 거점 기관으로 육성하고 있다. Sure Start는 크게 서비스 연계 형과 직접서비스 형으로 나눌 수 있는데, 서비스 연계형의 경우는 통합 욕구사정을 통하여 지역 아동서비스를 연계, 조정하는 역할을 수행하고, 직접서비스 형은 보육교사, 방문간호사, 사회복지사 팀이 Sure Start Center 보육기관에 상주하며 통합적 서비스 제공한다.

학령기 아동들을 대상으로는 방과후 프로그램 서비스 거점으로 학교의 역할을 강조하고 있다. 이러한 일련의 작업은 학교가 지역사회 방과후 돌봄의 허브 기능을 담당하도록 Every Child Matters 사업의 일환으로 2003년에 법제화되었다. 열린학교 방과후 프로그램의 핵심은 학교가 지역사회 방과후 돌봄 서비스 네트워크의 중심에서 역할을 담당하고 학교를 서비스의 장으로 개방한다는 것이다.

열린학교에서 제공되는 서비스는 핵심서비스와 부가서비스로 나눌 수 있는데, 핵심서비스는 모든 학교가 공통으로 필수적으로 제공하는 서비스이며 부가서비스는 각 지역의 실정에 맞게 선택적으로 제공할 수 있는 서비스이다.

핵심서비스는 크게 5개로 나눌 수 있는데 그 내용을 다음과 같다.

○ 학습보조: 학생들의 학업능력에 맞추어 학습능력이 저하된 아동들에게는 기초학력증진 프로그램, 학습능력이 뛰어난 아동들에게는 영재교육 프로그램을 제공. 예술과 문화 활동 프로그램 제공. 체육활동 프로그램 제공.

○ 보육서비스: 아침 8시에서 저녁 6시까지 양질의 보육시설(학교 내 혹은 학교와 연계된 학교 밖 지역 내 보육기관)을 제공. 학교 밖 기관과 연계하여 서비스를 제공하는 경우에는 기관까지 아동들의 안전하게 운송할 수 있는 장치를 마련.

○ 부모 지원 서비스: 양육 정보, 아동양육 교육 프로그램 등을 제공.

○ 전문적 서비스로의 연계망 구축: 정신건강 프로그램, 학습장애 치료 프로그램, 언어 교정 프로그램 등의 건강, 치료, 사회서비스 프로그램으로의 연계 제공.

○ 학교 시설의 개방: 연중무휴로 학교 시설을 지역사회에 개방. 성인 평생교육 프로그램의 장으로도 활용.

특기할 사항은 빈곤층 학생들에게는 이러한 서비스들을 무료로 제공하는 것을 법제화하고있다는 점이다, 일반 학생들에게는 각 학교에서 학부모와의 합의를 통하여 설정한 이용료를 소득 수준에 따라 부과할 수 있도록 하고 있다. 이때, 학교는 소득 수준에 따른 이용료 부과액수를 공개하도록 되어있다.

2. 미국의 21세기 지역학습학교(21st-Century Community Learning Centers) 사례

미국의 21세기 지역학습학교(21st-Century Community Learning Center)는 2002년부터 시작된 No Child Left Behind(NCLB) 교육개혁사업

의 일환으로 추진되고 있는 목표중심적인 방과후 프로그램이다. 21세기 지역학습학교를 이해하기 위해서는 NCLB에 대한 개괄적인 이해가 필요하다.

No Child Left Behind(NCLB) 교육개혁사업은 죠지 부쉬 대통령이 2002년에 서명을 하게 되어 법령으로 공표된다. 교육개혁사업의 배경은 1965년 이래 지속적으로 계속되어온 초중고교육법(Elementary and Secondary Education Act)에 따른 초중고 교육지원에도 불구하고 미국의 초중고생의 학력이 만족할 만한 수준으로 향상되지 않고 있다는 평가에서 비롯된다. 특히, 미국 저소득층 학생들의 학력이 향상될 기미를 보이지 않고 그러한 저소득층의 저학력 문제가 국가경쟁력의 약화와 빈곤, 폭력 등의 국내 사회문제와 밀접한 관계가 있다는 인식에서 초중고교육법의 대폭적인 개정을 추진하게 되었다.

2002년 1월 8일에 이 법안에 서명하면서 부쉬 대통령이 "이 법안을 통하여 이제 우리 모든 아동들에게 양질의 교육을 받을 수 있는 기회를 제공하게 되었다"라고 천명하게된 것은 바로 종래의 교육체계에서 낙오자가 될 수밖에 없었던 저소득층 학생들의 학력신장을 위한 노력이 새로 개정된 초중고교육법의 중요 내용임을 밝히는 대목이기도 하다.

입법 당시 공화 민주 양당의 전폭적인 지지를 받은 NCLB는 학업성취 결과에 대한 강력한 책무성, 연방정부 지원액의 사용에 있어서 주, 교육청, 학교들의 자율성 보장, 저소득 학생 학부모의 선택권의 확대, 효과성이 입증된 교육방법의 사용 등의 4가지 원칙을 천명하고 있다. 특히 동 법은 저학년 학생들의 읽기 능력의 향상, 교사들의 질 향상, 미국 모든 학생들에 대한 영어 교육의 중요성을 강조하고 있다.

21세기 지역학습센터 프로그램은 이러한 NCLB 교육복지 개혁의 한 프로그램으로 방과후에 저소득층 학생들의 학습능력제고를 주 목표로 시작되었다. 즉, 학습과 복지를 이분화된 관점에서 접근하는 것이 아니라 저소득층 학생의 학업성취를 제고하기 위해서는 복지서비스가 통합적으로 제공되어야 한다는 학습과 복지의 선순환적 관계에서 프로그램을 실시하고 있다. 프로그램 내용은 저소득층 학생의 읽기와 수학 보충학습지원, 학습에 도움을 줄 수 있는 다양한 활동 프로그램, 참여 아동의 가족을 대상으로한 평생교육 프로그램으로 이루어져있다.

21세기 지역학습센터에 대한 재정지원은 연방정부가 주 교육청을 통하여 이루어지고 주 교육청은 각 지역의 사정에 맞게 아래와 같은 다양한 프로그램들을 시행할 수 있다.

○ 기초학력보충 프로그램

○ 수학, 과학 보충학습 프로그램

○ 수학, 과학 보충학습 프로그램

○ 미술, 음악 등 예술 활동

○ 노인 자원봉사자와 멘토링 프로그램을 활용한 과외학습

○ 외국학생을 대상으로한 영어적응 프로그램

○ 여가활동 프로그램

○ IT 교육 프로그램

○ 도서관 이용시간 확대

○ 학부모를 대상으로한 아동양육지원 프로그램

○ 학교부적응 학생을 대상으로한 기초학력보충 프로그램

○ 마약, 폭력 예방 프로그램

○ 상담 프로그램

○ 인성교육 프로그램

3. 일본의 방과후 프로그램

아동들의 방과후 돌봄의 문제가 2000년대 들어 본격적인 정책문제로 대두됨에 따라, 일본 정부는 기존 문부과학성의 '지역아동교실'과 후생노동성의 '방과후 아동교실'을 통합, 연계한 '방과후 아동플랜' 정책을 실시하고 있다. '방과후 아동플랜'의 목적은 모든 초등학교에서 아동이 방과후에 안전하고 건강하게 생활할 수 있는 장을 마련하는데 있다. '방과후 아동플랜' 실시의 주체는 시정촌(우리의 경우 지자체)의 교육위원회이며 중앙에서는 문부과학성과 후생노동성이 공동으로 사업의 주체가된다.

일본의 방과후 프로그램은 특색은 시정촌 수준에서의 교육과 복지, 그리고 돌봄기능의 연계, 협조체제를 강조한다는 점이다. 그러한 연계체계를 실질적으로 담보하기 위하여 사업을 주도하는 주체로 각 시정촌에 운영위원회를 둔다. 운영위원회는 문부과학성 산하의 기구로 지자체 수준에서의 행정, 학교, 방과후 아동클럽, 사회교육, 아동복지기관 등이 참여하여 방과후 대책에 대한 계획을 세우고 자원봉사자의 확보, 사업의 운영방법 등을 실제로 결정하게 된다. 전국 초등학교에는 사업의 간사 역할을 담당하는 코디네이터를 배치하고 있다.

방과후 프로그램의 장소는 초등학교의 여유교실을 활용하는 것을 원칙으로 하고 있으나 지역에 따라서는 학교 외 공간을 활용할 수도 있다. 프로그램은 크게 4개의 영역으로 나누어지는데 그 영역은 다음과 같다.

○ 체험의 장: 전통 문화활동이나 스포츠 활동
○ 교류의 장: 지역의 성인이나 다른 아동들과의 교류 프로그램
○ 배움의 장: 학습지원활동(예습, 복습, 보습)
○ 그 외 실내활동이나 지역활동에의 참가

4. 외국 사례가 주는 함의

이상에서 살펴 본 영국, 미국, 일본의 방과후 프로그램의 공통적 특징은 교육과 복지의 통합적 서비스 제공이라는 측면에서 이루어지고 있다는 점이다. 즉, 교육과 복지를 이분화된 관점에서 보는 것이 아니라 선순환적 관점에서 접근하고 있는 추세이다. 이러한 접근의 배경은 학업성취의 제고라는(특히 저소득층 아동들을 대상으로) 목표의 달성을 위해서는 복지와 돌봄이 수반되어야한다는 이론적 토대에서 진행되고 있음을 알 수 있다.

이들 사례의 또 하나의 공통점은 방과후 프로그램이 교육복지 개혁의 일환으로 법제화되어 국가적인 차원에서 추진되고 있다는 점이다. 이러한 방과후 프로그램의 추진체계에서 학교가 방과후 프로그램 서비스 네트워크의 허브 역할을 담당하고 있다. 즉, 열린학교의 개념을 강조하고 학교 밖 서비스 기관들과의 서비스 연계망 구축을 강조하고 있다. 여기서 학교가 허브 역할을 담당한다는 것은 학교가 모든 서비스를 직접 제공하는 것이 아니라 지역사회 기관과 자원과의 연계를 통하여 필요한 전문적 서비스를 연계하여 아동과 학부모에게 전달하는 방식을 취하고 있다. 이때, 중앙정부는 방과후 프로그램에 대한 재정지원과 필수프로그램에 대한 가이드라인을 제시하고 실제 프로그램의 적용과 운영은 지방정부에서 담당하는 역할 분담을 꾀하고 있다. 목표중심적인 방과후 프로그램을 지향하고 있는 점도 특기할 사항인데, 실제 지방정부의 성과는 방과후 프로그램의 제시된 목표달성도로 평가하고 있다. 즉, 방과후 프로그램이 단순한 돌봄의 기능에 그치는 것이 아니라 학업성취, 행동성, 사회성 등 아동의 발달목표 증진에 구체적인 기능을 하여야 한다는 목표를 설정하고 그러한 목표에 따라 방과후 프로그램을 평가하는 시스템을 마련하고 있다.

참고문헌

국내 문헌

권중돈·김동배(2005). 인간행동과 사회환경. 서울: 학지사.

이봉주·구인회·정익중·홍경준(2009). 역량개발 중심의 복지정책 기초연구. 보건복지가족부·한국사회서비스연구원.

이영·이봉주·채재은·정익중(2009). 2008년 재정사업 심층평가: 아동·청소년 방과후 돌봄서비스 사업. KDI.

정옥분(2002). 아동발달의 이해. 서울: 학지사.

정익중·박현선·오승환·임정기(2008). 지역아동센터 운영모델 개발 연구. 아동복지교사중앙지원센터.

홍봉선·남미애(2007). 청소년복지론. 경기 고양: 공동체.

해외 문헌

Becker, G.S.(1993). *Human capital: a theoretical and empirical analysis with special reference to education*. Chicago: The University of Chicago Press.

Davies. D. (2004). *Child development: a practitioner's guide*. New York: The Guilford Press.

Esping-Andersen, G., Gallie, D., Hemerijck. A., and Myles, J.(2002). *Why we need a new welfare state*. Oxford: Oxford University Press.

Heckman, J.J. and A. Krueger.(2005). *Inequality in America: what role for human capital policies?*. Cambridge, MA: The MIT Press.

OECD(2006) Starting Strong: Early Childhood Education and Care. OECD, Paris.

Shonkoff, J., and D. Phillips, eds.(2000). *From neurons to neighborhoods: the science of early childhood development*. Washington, D.C.: National Academy Press.

Weiss, A.(1995). Human capital vs. signaling explanations of wages. *Journal of Economic Perspectives*, 9(4): 133-154.

Zastrow, C.H., & Kirst-Ashman, K.K.(2004). *Understanding Human Behavior and the Social Environment*(3th ed.). USA: Brooks/Cole - Thomson Learning.

5장

프로젝트를 통해 배운 합리적 공감

-수업 후기-

2020학년도 가을학기 〈글로벌리더십연습〉 수강생

✓ **조용준**(국사학과)

이번 학기 김의영 교수님의 '글로벌리더십연습'을 수강하며 SK SUN NY, 그리고 중국 및 베트남 학생들과 함께 코로나블루 극복을 위한 프로젝트를 진행했습니다. 이번 경험은 4년간의 학교생활 중에서도 가장 기억에 남을 듯한데, 아무래도 저희들의 아이디어를 실제 현실로 구체화시킬 수 있었기 때문이 아닐까 싶습니다. 그 동안 학교 수업에서 배웠던 이론적인 내용들이 실제 현실에서는 어떻게 활용될 수 있을지 알고 싶었습니다. 하지만 그 동안 대부분의 수업에서는 이론적인 학습과 과제, 그리고 시험에 집중하느라 정작 현실에서는 어떻게 적용될 수 있을지 알기 어려웠습니다. 하지만 이번 〈글로벌리더십연습〉을 통해서는 그 동안 배웠던 시민정치와 거버넌스의 개념들을 실제 압구정노인복지센터 소속 어르신분들과 함께 나눌 수 있었고, 어르신들께서 기뻐하시는 모습을 보면서 그 동안 배우고 고민해왔던 것들이 헛된 것만은 아니었음을 깨닫게 되었습니다. 특히 중국 및 베트남 학생들과 교류하며 코로나블루라는 공통된 문제에 대한 해답을 찾아나가는 과정은 매우 의미 있게 기억에 남을 것 같고, 이번 경험은 향후 사회생활을 해나감에 있어서도 협력과 실천이라는 중요한 가치를 잊지 않을 수 있게 해줄 것 같습니다. 그 동안 고생해주신 교수님, 조교님, 그리고 학우분들께 진심으로 감사드립니다!

✓ **김성현**(정치외교학부)

〈글로벌리더십연습〉을 수강하면서 직접 사회 문제를 발굴해 재정의하고, 이를 해소하기 위한 해결방안을 모색하는 전반적인 과정은 대학생으로서 사회 변화에 직접 참여할 수 있는 소중한 기회였다. 프로젝트를 수행하는 동안 코로나 블루를 겪고 있는 노인들과의 주기적인 대화를 통해서 문헌 자료로만 접했던 코로나 블루의 심각성을 실제로 체감할 수 있었고, 이러한 경험은 해결방안을 마련하고 적용해보는 단계에 스스로 열정을 갖고 임하는 데 큰 영향을 주었다. 또한 현장에서 동일한 사회 문제를 해결하기 위해 고민하는 전문가들과 상의하며 팀 프로젝트의 창의성, 문제 해결력에 더해, 지속 가능성의 측면도 중요하게 고려하게 되었고, 그 결과 프로젝트의 미래를 계획하고 고민하기 시작했다. 이에 더해, 〈글로벌리더십연습〉에서 중국과 베트남의 현지 학생들과 6개월 간 정기적인 회의를 진행함으로써 단순히 현지 상황을 전달받는 것을 넘어, 삼국 시민들의 공통된 특성을 발견하는 등 보다 생산적인 정보들을 확보할 수 있었다. 삼국에 모두 적용 가능한 프로젝트를 기획하고 수행하기 위해 의견을 적극적으로 나누는 과정에서 서로의 의견으로부터 영감을 받아 보다 나은 해결책을 마련해가는 모습이 나타나기도 했다. 이러한 긍정적인 시너지는 본 수업을 통해 현장연구와 한국, 중국, 베트남의 공동 연구를 할 수 있었기에 가능했다.

✓ **백지은**(정치외교학부)

정치학 전공수업 중 유일하게 사회실천적인 성격을 띠는 〈글로벌리더십연습〉 수업을 졸업 전에 수강하지 않는다면 무척 아쉬울 것 같아 신청하게 되었고 이번 학기에는 중국, 베트남 학생들과 함께 코로나로 파생된 사회 문제에 대한 시민 주도형 해결방안을 고안하는 것이 주된 수업 내용이었습니다. 뉴스를 통해 표면적으로 접하던 중국과 베트남의 코로나 상황의 실제를 현지 학생들에게 물어보면서 한중베 3국 공통의 문제를 찾아내고 3국 모두에서 시도해볼 수 있는 프로젝트 아이디어를 정하는 첫 단추가 사실 쉽지만은 않았습니다. 코로나 위기 수준 그리고 정신건강 문제에 대한 사회적 관심의 정도가 나라별로 상이하여 제가 속한 팀의 주제였던 '코로나 블루'의 문제 진단부터 학생들의 생각이 조금씩 달랐기 때문입니다. 다행히도 여러 회의를 거치고 SK SUNNY에서 진행한 워크숍들을 학생들이 함께 참여하며 '감정일기'와 '취미키트' 두 종류의 프로젝트로 최종 프로젝트 방향을 정할 수 있었는데 이 과정에서 있었던 소통과 협업은 매우 소중한 경험이었습니다. 그리고 각 프로젝트별로 사용할 수 있는 예산이 주어져 예산으로 파일럿 프로젝트를 바로 실행할 수 있어서, 프로젝트의 사회적 가치 창출을 직접 경험하고 그 효과를 바로 확인할 수 있었습니다. 말로만 접하던 사회적 가치 창출에 참여해보며 김의영 교수님께서 강조하시는 "Act local, think global"을 실천하게 되어 코로나 상황임에도 불구하고 값진 경험을 했던 시간이었습니다.

✓ 김두진(정치학과)

개인적으로는 여러 경험을 할 수 있어서 좋았습니다. 사회적 문제를 해결하기 위해 프로젝트를 진행하는 것 자체가 처음이었고, 여러 조사를 진행하고, 어플을 개발하고, 어플에 대한 베타테스트를 진행하고, 특히 그 과정에서 많은 사람을 만나고 배울 수 있어서 좋은 경험이 되었습니다. 여러 제로웨이스트 샵 현장을 방문하고, 관련된 유일한 논문의 저자를 만나서 얘기를 듣고, 제로 웨이스트를 실천하는 일반인들과 면담을 하고, 일반인들에 대한 설문조사를 진행하고, 팀원들과 정말 많이 했던 회의들 등 모든 경험들이 2020년 2학기의 삶을 풍부하게 해주었던 것 같습니다. 가치관에 있어서 환경이라는 평소에 중요하게 생각하지 않았던 분야에 대한 의식이 내재화된 것도 좋은 변화였던 것 같습니다.

수업에 관해서는 역시 코로나라는 제한적인 상황에 대한 아쉬움이 많이 남았습니다. 코로나가 아니었다면 정말 더 많은 활동을 재미있게 진행할 수 있지 않았을까 싶습니다. 그럼에도 불구하고 교수님과 조교님들의 지속적인 관심과 지원 하에서 무사히 프로젝트를 진행할 수 있었던 것 같습니다. 교수님께서 연결해주신 환경 멘토 윤순진 교수님의 조언들도 도움이 많이 되었고, 윤순진 교수님의 소개로 제로 웨이스트 유일한 논문의 저자와도 접촉할 수 있었습니다. SK SUNNY도 프로젝트 지원에 있어서 매거진 쓸 편집장님을 연결시켜주는 등 도움이 많이 되었습니다. 한 학기 무사히 수업을 들을 수 있도록 도와주셔서 여러모로 감사드립니다!

✓ 안주희(정치외교학부)

코로나19 위기 속에서 증가한 일회용품 폐기물 문제에 대응하기 위해, 개인들의 제로웨이스트 생활습관 함양을 돕는 모바일 어플리케이션 'Eco 발자국'을 개발하여 파일럿 프로그램을 진행하였습니다.

사실 처음에는 학생신분으로서 짧은 기간 동안 얼마나 큰 사회적 변화를 가져올 수 있을지 걱정스러웠습니다. 당초 의도했던 바와 달리, 컨택을 시도했던 배달 어플리케이션들로부터 유의미한 답변을 얻지 못해 헤맸던 기억이 납니다. 하지만 치열한 논의 끝에 다른 사람의 변화를 촉구하기보다, 먼저 저희가 직접 가져올 수 있는 조그만 변화를 시도하기로 했습니다. 그것은 바로 개인들의 평소 생활습관을 바꿔보자는 아이디어로 이어졌습니다. 개인들이 변화하면 정부와 기업에 보다 거시적인 변화를 요구해낼 역량을 갖출 수 있다는 믿음에 기반한 아이디어였습니다.

번거로울 수도 있는 친환경 '습관'이 한 순간에 만들어지는 것은 아니지만, 넛지 효과를 통해 반복적 강화를 주면 충분히 습관화가 가능하다는 것을 알게 되었습니다. 제 주변 사람들이 어플리케이션 알람을 통해 실제로 제로웨이스트 라이프스타일을 실천해가는 것을 보고, 변화는 바로 우리 자신에게서 시작한다는 사실을 깨달았습니다. 이번 경험을 통해, 앞으로도 사회적 문제를 해결하기 위해 제 자신에게서부터 태동할 수 있는 변화의 싹을 고민해보고자 합니다

✓ **황재원**(정치외교학부)

　Covid-19로 인해 많은 아쉬움이 남는 〈글로벌리더십연습〉 수업이었지만 그만큼 많은 것을 배우고 경험할 수 있었습니다. 이번 〈글로벌리더십연습〉 수업은 한국, 중국, 베트남 학생들이 함께 회의를 하고 소통할 수 있었습니다. 또한, SK SUNNY와의 연계를 통해서 충분한 지원을 받으며 한국의 다른 대학교 친구들의 활동도 공유받을 수 있는 기회가 있었습니다. 환경팀에 속해 covid-19로 인해 더 심해진 환경 문제를 해결하기 위해 우선 현황을 조사하였습니다. 그리고 이에 대해 해결책을 내놓으며 활동하는 제로웨이스트샵들과 환경 활동가들을 면담하였습니다. 그 후 정책이나 기업 차원이 아니라 개인 차원에서 환경 문제를 해결하는 데 도움을 줄 수 있는 실질적인 방안을 제안하고 앱을 개발하여 그 효과까지 실험하였습니다. 이 과정에서 평소 이론이나 토론 수업만으로는 경험하지 못하는 프로젝트형 활동들을 하며 팀원들과의 협력부터 프로젝트 기획, 주도 및 실행 능력까지 다양한 방면에서의 능력이 향상된 것 같습니다. 물론 환경 분야의 다양한 선행연구와 현황을 알아보기 위한 문헌 연구를 통해 학술 지식도 늘었다고 생각합니다. 풍부한 지원을 받으며 시도하고 싶은 프로젝트를 시도해 볼 수 있었다는 점에서 감사하고 뿌듯합니다!

✓ **정재언**(정치외교학부)

　기존 〈글로벌리더십연습〉 수업은 한 학기 동안 교수님이 제시한 주

제를 공부하고, 이와 관련된 국가 및 지역에 탐방을 가는 방식으로 진행된 것으로 알고 있습니다. 이런 이유로 코로나 시국에 〈글로벌리더십연습〉 수업이 열리지 않을 것이라 예상하고 있었는데, 다행히도 수업이 개설되어 주저하지 않고 수강 신청했습니다. 물론 아쉽게도 답사는 없었으나, 김의영 교수님께서 SK SUNNY와 함께하는 프로젝트 형 수업을 준비해 오셔서 의미 깊었던 것 같습니다. 이전부터 제가 〈글로벌리더십연습〉 수업을 듣고 싶었던 이유는 이론 중심의 정치학과 수업과는 다른 공부를 하고 싶어서였는데, 외국 답사 프로그램이 없었음에도 색다른 공부를 할 수 있었던 것 같습니다. 실천적인 결과를 도출해내는 것을 목적으로 하는 프로젝트 수업은 다른 수업에서는 배우지 못했던 많은 것들을 배울 수 있는 계기였던 것 같습니다.

또한 직접 만나지는 못했더라도 중국, 베트남 학생들과 함께 매주 회의를 하는 것도 즐거운 경험이었습니다. 인터넷이나 신문을 통해 쉽게 파악할 수 있는 유럽과 미국의 코로나 상황과 달리 중국, 베트남의 상황은 쉽게 알기 어려운데, 중국, 베트남 학생들과 이야기를 나누면서 한국과 상황이 어떻게 다른지, 대처는 어떻게 다른지 생생하게 체감할 수 있었던 것 같습니다. 글로벌 리더십 연습 수업 덕분에 이런 많은 경험들을 할 수 있었던 것 같습니다.

✓ 진태원(정치외교학부)

글로벌 리더십 연습은 사회 참여형 수업이라는 점에서 굉장히 많은 것을 배워갈 수 있었던 수업이었습니다. 정치외교학부에 사회에 직접적으로 기여할 수 있는 종류의 수업이 굉장히 적다는 점에서, 이는 아주 유익한 수업이었습니다. 저희 팀은 코로나19로 심화된 사회문제로 '돌봄 공백'을 선택하였습니다. 등교 중지가 잦아짐에 따라 아동이 혼자 남겨지는 시간이 길어지면서 인천 초등생 화재 사건을 비롯한 여러 안전 사고들이 일어났습니다. 또한 거시적으로 돌봄 공백은 여성 경력 단절과 저출산이라는 큰 사회적 문제를 일으키는 주요한 원인이므로 마땅히 해결되어야 한다고 생각하여 이를 문제로 선정했습니다. 이에 대한 해결책을 찾기 위해 여러 기관 및 돌봄공동체들과 인터뷰를 진행하는 것과, 사설 돌봄 서비스 회사 '놀담' 대표님과의 인터뷰도 굉장히 유익한 경험이었습니다. 많은 과정을 거쳐 사회 문제를 직접적으로 해결할 방안을 찾는다는 점에서 굉장히 보람찼습니다. 다만 한 가지 아쉬운 점이 있었다면, SK SUNNY에서 리포트와 별도로 요구하는 것이 다소 많고 산발적이었으며 사전에 예고되지 않았다는 것입니다. 하지만 정말 좋은 팀원들을 만나 프로젝트를 진행하며 뿌듯한 글을 쓸 수 있어 정말 좋았습니다!

✓ 황혜림(노어노문학과)

〈글로벌리더십연습〉 수업은 나에게 코로나 시대의 여러 위기들을 풀어나가기 위한 연구의 동력과 통찰력을 준 수업이었다. 소규모 수업으로 진행되어 각 팀마다 교수님의 심도 있는 피드백을 받을 수 있다는 점이 유익했고, SK 대학생 자원봉사단에 소속되어 SK SUNNY측의 재정 지원이나 멘토링 교육 지원 등이 풍부하여 연구 수행에 많은 도움을 받을 수 있다는 점 또한 좋았다. 이번 수업에서 하나의 주제를 골라 직접 발로 뛰는 조사를 수행하며 해당 분야에 대하여 더 깊은 관심이 생기게 되었고, 해당 주제를 앞으로도 계속 관심을 가지고 지켜보며 관련 연구를 수행해 나가겠다는 계획을 세우게 되었다. 앞으로 유사한 수업이 개설된다면 수강할 의향 100퍼센트라고 생각할 정도로, 사회를 더 나은 곳으로 만들어가기 위한 일에 관심 있는 학우들에게 적극 추천하고 싶은 강의이다.

사회변화를 일으키는 시민:

합리적 공감이 가능한 청년 인재를 육성하는 SK SUNNY의 활동 비전

행복나눔재단 SK SUNNY 운영팀

최주일(행복나눔재단 팀장)

곽예솔(행복나눔재단 매니저)

I 시민에게 필요한 세 가지 마음

1. 정체성(identity), 공감(sympathy), 전문성(professionalism)

이 책의 프롤로그에서는 현대사회의 '시민'이 자발·자율적으로 정치에 참여하거나 다양한 형태의 조직을 창의적으로 설립·운영하여(비영리조직이나 사회적기업, 소셜벤처 등), 공공정책에 대한 현실적인 의견이나 이성적인 토론을 활발하게 전개하는 잠재력을 가진 존재임을 확인했다. 이어서 제1장과 제3장에서는 프로젝트에 참여한 대학생들이 코로나19 문제를 주제로 이와 같은 시민력을 발휘하면서 문제해결 아이디어를 탐구해봤다. 제6장의 프로젝트 후기를 보면 이러한 실천적 교육 프로젝트를 통해 대학생들에게 어떠한 의식 혹은 마음의 변화가 이루어졌는지 알 수 있다.

행동하는 현대사회의 시민에게는 세 가지 마음이 필요하다. 2003년부터 SK 대학생 자원봉사단 SUNNY(이하 SK SUNNY)를 운영해온 행복나눔재단은 이 마음을 정체성(identity), 공감(sympathy), 전문성(professionalism)이라 정의한다.

정체성(identity)은 자기 삶의 원칙과 기준을 스스로 세움을 의미한다. 스스로 목표를 정하고, 그를 실천하기 위한 방법을 주체적으로 고민하고 선택하며, 자신의 결정에 따른 결과를 책임지는 자세이다. 이 과정에서 성장을 위해 끊임없이 학습하며, 자기 생각을 뚜렷하게 정리해 세상에 전달할 줄 아는 인재로 거듭난다.

공감(sympathy)은 서로 다른 다수의 시민이 더불어 살아감을 알고, 보다 가치 있는 사회를 만들어가기 위한 이해 능력을 뜻한다. 모두의 행복이 소중함을 알고 있으며, 더불어 사는 사회를 위해 본질적 문제가 무엇인지, 그를 해결하기 위한 최적의 대안은 무엇인지 이성적으로 고심하는 과정과 마음을 아울러 표현한다. 이때의 공감은 '감정적(emotional) 공감'이 아닌 '합리적(rational) 공감'을 의미한다.

전문성(professionalism)은 과업을 책임감 있게 완수하는 자세를 칭한다. 세상을 변화시킬 (공동체적 혹은 사회적 문제 해결을 위한) 과업을 스스로 설정하고, 흐트러짐 없는 집중력으로 깔끔하게 마무리하는 자세를 포함한다. 실패를 두려워하지 않고 새로운 도전을 통해 창의적인 해결 방법을 찾아가는 발걸음이 쌓여 전문성을 만든다. 전문성을 가진 시민은 매 순간 '함께'의 가치를 알고, 동료 및 사회와 적극적으로 소통하며 협력해 나간다.

2. '합리적 공감'의 의미와 필요성

소개한 정체성(identity), 공감(sympathy), 전문성(professionalism)은 행복나눔재단이 운영하는 SK SUNNY의 3대 인재상이기도 하다. 2003년부터 19년 동안 7만 6,300여 명의 대학생 자원봉사자와 함께 해온 SK SUNNY가 이 중에서 지금 가장 주목하는 것은 '공감(sympathy)'이다.

현대 사회는 공감을 잘하는 사람을 배려심이 강하고 도덕적인 사람으로 여기며, 타인에 대한 공감이 사회를 좋게 만드는 변화의 시작이라 칭한다. 그러나 좋은 의도가 언제나 좋은 결과를 보장하는 것은 아니다. 캄보디아에 무분별하게 지어진 고아원은 오히려 아동 유기를 증가시켰으며, 소비자의 다국적 기업 불매 운동으로 방글라데시 노동자는 일자리를 잃었다(SK SUNNY 교육 동영상 '[합리적 공감]좋은 의도만으로는 충분하지 않다, 감정적 공감의 한계' 중). 언론에 공개된 어려운 사정을 본 대중의 지지로 불치병에 걸린 아이의 수술을 앞당기는 일은 다른 위중한 환자의 목숨을 담보로 함(SK SUNNY 교육 동영상 '합리적 공감 AtoZ' 중)을 살펴야 한다. 감정적 공감은 마음 쓰이는 곳만 우선해서 비추는 스포트라이트 조명처럼, 도움의 우선순위나 더 효과적인 방법을 충분히 고려하는 대신 마음이 끌리는 성급한 결정을 이끈다(SK SUNNY 교육 동영상 '합리적 공감 AtoZ' 중). 해당 예시는 모두 SK SUNNY 활동을 시작하기에 앞서 대학생 자원봉사자가 필수 시청하는 교육 동영상에 언급된 내용이다.

이처럼 SK SUNNY는 순간의 감정에 치우치는 '감정적 공감'을 벗어나 객관적이고 이성적인 사고를 바탕으로 한 '합리적 공감'의 중요성을 인지하고, 지속적으로 합리적 공감을 기르기 위한 교육과 활동을 진행해왔다. 선행의 결과가 오히려 대상에게 피해를 입히거나 장기적인 관점에서 해악이 되는 선례를 줄이기 위해서는 합리적 공감을 바탕으로 한 문제 인식이 중요함을 알기 때문이다. SK SUNNY는 장기적으로 바람직하고 가치 있는 결과를 만들기 위해 합리적 공감을 바탕으로 고민하고, 올바른 판단에 기반하여 자신과 사회에 모두 유익한 실천을 해내는 인재상을 그린다.

II SK SUNNY : 5대 사회상을 만들어가는 주체적인 대학생

1. SK SUNNY의 활동과 비전

대학이라는 공간은 실패하기에 가장 안전한 곳이다. 열정과 도전의식을 발산할 수 있는 넓고 든든한 울타리이자 회복탄력성이 가장 큰 시공간이다. 이런 의미에서 행복나눔재단은 SK SUNNY를 조직하고, 대학생 참여를 기반으로 한 사회변화 기회를 꾸준히 만들어 왔다.

2003년 첫 발을 내디딘 SK SUNNY와 그간 함께한 봉사자 수는 7만 6,300여 명이다. 이들은 2,300여 개의 연계 기관과 협업해 23만 1,000여 명의 대상자를 만났다. 사회변화를 위해 앞장선 누적 봉사시간은 162

만 5,600여 시간에 달한다.[1]

　SK SUNNY는 매년 1회(2월 경) 전국 10개 지역(서울, 수원/경기, 인천/부천, 청주/충북, 대전/충남, 대구/경북, 부산/경남, 전주/전북, 광주/전남, 제주)을 대상으로 활동할 인재를 모집한다. '리더그룹'에 속한 이들은 리더 써니로, 1년에 1개 이상의 신규 사회변화 프로젝트를 직접 기획하고, 전년도에 성과를 보인 1개 정규 프로젝트를 이어받아 운영하며 선한 영향력 확산에 나선다. 리더 써니는 각 지역에서 프로젝트를 함께 운영할 활동 써니들과 함께 자발적으로 변화를 모색한다. 매년 60여 명의 리더 써니와 2,000여 명의 활동 써니가 전국 곳곳에서 합리적 공감을 바탕으로 한 사회변화 활동에 참여하며 청년 사회변화 인재로 성장하고 있다.

　2021년을 기준으로 19년 차에 들어선 활동인 만큼, 시간에 따라 SK SUNNY가 추구하는 인재상과 비전도 조금씩 변화했다. 프로그램 중심으로 운영된 1세대 SUNNY, 대상자 중심으로 활동을 기획한 2세대 SUNNY를 지나 현재는 5대 사회상을 조망하는 3세대 SUNNY라 칭할 수 있을 것이다. 초창기인 2000년대 초반에는 봉사활동이 재미있고 일상적임을 알리고 참여를 독려하는 것에 초점을 두고 '하이티처', 'SUNNY IT 봉사단', 벽화 그리기 등 지역봉사 프로그램 등에 집중했다. 2010년대는 사각지대 없이 대상자에 적합한 도움을 제공하고자 활동을 정교하게 다듬은 시기이다. 아동/노인/장애인 대상자 중심의 활동을 기획하고 진행했다. 2019년에는 앞으로의 10년을 보다 넓은 시야로 바라보며, SK SUNNY가 앞장서 변화를 이끌기 원하는 모습을 '5대 사회상'으로 정했다. 현재 전국의 대학생이 그 안에서 구체적으로 변화가 필요한 부분

1　SK SUNNY 홈페이지(https://www.besunny.com/main/sunnyInfo/sunnyInfo. do) 2021년 2월 기준.

SUNNY 사회상

소외, 교육, 안전, 환경, 청년 5가지 주제에 관심을 갖고
문제를 개선하고자 노력하고 있습니다

소외 없는 사회	교육이 다양한 사회	모두가 안전한 사회	환경이 지속가능한 사회	청년이 행복한 사회
• 노인소외 해결	• 전인교육	• 재난/재해 안전 교육	• 생활폐기물 감소	• 청년 취업/진로
• 장애인 차별 해결	• 진로교육	• 우울증/정신질환예방	• 대기오염 방지	• 청년 건강 개선
• 혐오문화 확산 방지	• 교육격차 해소	• 사이버범죄 예방	• 에너지 부족 교육	• 청년 재무관리 교육

그림1   5대 사회상 및 15개 세부 주제

그림2   SK SUNNY 활동 사진

을 찾아 열심히 변화를 만드는 중이다. SK SUNNY가 앞장서 변화를 도모하는 5대 사회상은 그림1과 같다.

SK SUNNY는 사회 문제를 진단하고, 조사하고, 그 과정에서 해결 아이디어를 도출하고, 함께 '활동'할 또래를 모으고, 문제 해결을 위한 방법을 실행하는 모든 과정을 '스스로' 한다는 점에서 타 사회변화 대외활동과 차별화된다. 행복나눔재단은 그네 아래 깔린 모래처럼, 이 모든 과정에서 실패로 인한 상처를 줄이고, 도전을 지지하고 응원하는 역할을 수행한다.

행복나눔재단은 다수의 대학생이 SK SUNNY라는 이름으로 시작하는 사회변화가 즐거움을 넘어, 합리적 공감을 바탕으로 공들여 학습하고 꾸준히 행동하는 일임을 널리 알리고자 한다(그림2). 자발적으로 사회변화에 앞장선 주체적 체험이 일시적인 기억에 그치지 않도록 SUNNY FAMILY 조직을 통한 재능기부, 캠페인 등을 운영하며 연 1회 홈커밍 데이 등 이벤트를 열고 있다. 이를 통해 현재 활동하는 대학생 봉사자(YB)와 이전 봉사자(OB)의 연대 기회를 지속적으로 만들고, 소통하며 연결한다.

Ⅲ 2020 GLOBAL HAPPINNOVATOR PROJECT의 시작

1. 단절을 넘어서: 글로벌 프로젝트, 온택트로 진행하다

대학생 스스로 사회변화를 시도할 기회의 장을 열어주고, 자발적인 협업을 응원해온 SK SUNNY는 열린 조직의 유연함을 지향한다. 사회변화가 더 큰 파급력을 가지려면, 지역에 국한되지 않고 공간적 한계를 벗어나 글로벌한 성장을 꿈꾸고 동시대성을 확보해야 함을 인지하고, 타국과의 연계를 고민해왔다. 이런 시도 중 하나로 행복나눔재단은 중국에 북경 SK행복공익기금회를 설립하고, 2010년 SUNNY CHINA를 발족했다. 2012년, 중국 관영매체인 인민일보 그룹의 온라인 매체가 선정한 중국 내 우수 공익사례로서 중국 인민왕 '아름다운 공익상'을 받고, 2014년 제6회 중국 CSR포럼 최고자원봉사상을 수상했다. 현재 중국 7개 지역(북경, 상해, 사천, 심천, 장수, 귀주, 길림)에서 매년 4,000여명이 사회변화 활동을 이어가고 있다. 한국·중국 간 대학생 써니 사이의 교류 또한 활발히 진행 중이다.

중국에서의 성공적인 안착을 디딤돌 삼아 2019년 SK SUNNY는 베트남과의 교류를 위한 물꼬를 텄다. SK SUNNY의 다채로운 활동 중 하나인 Global Happinnovator 프로그램의 일환으로, 한국과 베트남 양국 대학생이 방학 동안 만나 현지 배경에 관한 이해를 바탕으로 일정 기간 사회변화 프로젝트를 진행하기도 했다. 지속적인 교류를 위한 기틀을 다지던 중에 예상치 못한 코로나19 상황으로 위기에 봉착했지만, 이미 흐르기 시작한 물길을 막을 순 없었다.

2020년, 펜데믹 상황 속에서 SK SUNNY는 Global Happinnovator Project라는 새로운 도전을 시도했다. 국내 사회변화 활동 또한 비대면 방식으로 전환되고, 국가 간 자유로운 이동이 제한되며 해외 교류는 자연스레 단절됐지만, 행복나눔재단은 좌절하지 않았다. 뿌리를 돌보는 일에 골몰한 것이다. 사회변화의 주체인 대학생이 굳건한 학문적 배경 속에서 꾸준히 학습할 때 합리적 공감을 가진 인재로 자라남을 인지하고, 서울대학교 정치외교학부 김의영 교수님께 협업을 제안했다. 긍정적인 검토 덕분에 '글로벌 리더십연습' 수업 프로그램을 Global Happinnovator Project 연계로 공동 주관하며, 한국·중국·베트남 3국이 동시에 사회변화를 추진할 기회가 열렸다.

2003년부터 SK SUNNY 운영을 통한 사회변화 케이스를 축적하고, 다국적 인재를 이끈 바 있는 행복나눔재단은 서울대학교와의 협업에 더불어, SK SUNNY 네트워크를 활용하여 SUNNY CHINA와 베트남 CSIE(National Economics University 소속)과도 프로그램을 연계하였다.

한국(서울대학교)·중국(SUNNY CHINA)·베트남(NEU) 대학생이 한 팀이 되어 코로나19 확산에 따른 주요 사회문제를 설정하고, 각국 시민의 관점에서 사회혁신적 해결 방안을 탐색하는 커리큘럼이 완성됐다. 2020년 9월, 이렇게 Think Global, Act Local(글로벌 차원에서 생각하고, 지역 차원에서 행동하라)를 몸소 경험하는 한 학기의 여정이 시작됐다.

Global Happinnovator Project는 학문적 지식과 실전 경험의 융합, 세분화된 지역화(local) 멘토링에 초점을 두고 교육과정을 구성했다. 예로, 참여자는 해결하고 싶은 사회문제를 학습하고 정의하는 데에 충분한 시간을 쏟았다. Check-in Workshop에 앞서 3개국 대학생들은 행복나눔재단이 제공하는 템플릿과 가이드를 따라서 관심 있는 사회문제를 구체적으로 학습하고, 본인 국가 내에서 해결하고자 하는 사회 문제를 정의하는 사전과제를 경험했다. 이후 원격회의 클라우드 플랫폼 줌(ZOOM)을 활용해 진행한 Check-in Workshop에서 각국의 사회 문제에 대한 스터디 내용 및 문제 정의를 공유한 뒤, 같은 주제로 활동하려는 3개국 대학생들이 한 팀으로 모였다. 3개국이 함께 시너지를 낼 수 있는 사회 문제를 정의하고 솔루션을 도출하기 위해서 각 팀은 한 달여 동안 많은 회의와 꾸준한 학습을 통해 활동의 기반을 튼튼하게 다졌다. 그 후 Interim Workshop에서 각 팀의 활동 계획을 발표하고, 자문교수단으로부터 이론과 현상에 기반한 전문적인 피드백을 받았다.

Check-in Workshop과 Interim Workshop이 이론을 바탕으로 학문의 관점에서 사회 문제를 마주하는 시간이었다면, 11월부터 12월까지 이루어진 Monthly Mentoring은 참여자의 자율성을 보장하는 동시에 현장의 노하우를 익히는 시간이었다. 실제 현장에서 활동하는 멘토(선정된 주제 관련 소셜 벤처, NGO 등의 대표나 실무자)의 목소리를 듣는 것을 목표로 했다. 3개 주제별 프로젝트 진행 현황에 맞는 온라인 강연 및 멘토링을 제공하는 것뿐만 아니라, 3개 주제의 한국·중국·베트남 각 국가팀과 로컬 멘토를 1:1 매칭(총 9개 팀에 9명의 멘토 배치)해 현지 상황에 기반한 생생한 피드백을 받는 적극적이고 디테일한 로컬 멘토링을 제공했다. 또한, 활동 말미에는 프로젝트의 사회적 가치를 측정함으로써 활동의 의미와 영향력을 다시금 생각해보는 기회도 마련했다.

참여자들이 글로벌 무대에서 연대하며 사회 문제를 해결하는 협업의 의미와 연결성 느끼도록 Sharing Project`s Result Event를 기획했다. 3개 주제별 프로젝트 결과를 공유하고, 전문가 멘토로부터 최종 피드백을 받고, 활동의 의미를 깨닫도록 각자 소감을 나눴다. 참가자들의 물리적 거리는 멀었지만, 각 참여자들의 줌 화면을 지속적으로 중계 스크린에 노출해 동일한 시공간이라는 연결감을 느끼도록 행사를 설계했다.

활동 프로세스 및 일정

CHECK-IN WORK SHOP	INTERIM WORK SHOP	CONDUCT PROJECT	MONTHLY MENTORING	SHARING PROJECT`S RESULT
10월 6일	11월 1일	11월~1월	11월 1회 12월 2회	1월 17일

프로세스별 세부 활동 내용

CHECK-IN WORKSHOP

· 팀별 사전과제 템플릿 제작 및 가이드 제공

[부록 자료 2 참고]

· 협업 가이드, 온라인참여 가이드 파일 제작 및 안내

· 3개국 학생 간 팀 빌딩(team building) 템플릿 제작 및 운영

[부록 자료 3 참고]

· COVID-19 상황과 사회 문제에 관한 교육 진행

· ZOOM을 활용한 실시간 워크숍 운영

· NOTION을 통한 프로젝트 가이드 제공

· 만족도 조사 후 개선점 적용

INTERIM WORKSHOP

· 팀별 발표 템플릿 제작 및 가이드 제공

[부록 자료 4 참고]

· 노션 활용 가이드 파일 제작 및 안내

· 활동 영상 촬영 가이드 파일 제작 및 안내

· 프로젝트별 피드백 제공

· ZOOM을 활용한 실시간 워크숍 운영

· NOTION을 통한 프로젝트 가이드 제공

· 만족도 조사 후 개선점 적용

MONTHLY MENTORING

- 에누마(Enuma) 대표 등 Corona Blue, Environment, Childcare 3개 주제별 로컬 멘토 15인 섭외 및 Q&A, Feedback 진행

  [부록 자료 5, 6 참고]

- 온라인 강연 녹화 프로그램 가이드 파일 제작 및 안내
- 사회적 가치 측정에 관한 공통 교육 제공
- Google Classroom을 통한 Monthly Mentoring 교육 콘텐츠 및 과제 양식 제공
- 만족도 조사 후 개선점 적용

SHARING PROJECT`S RESULT

- 최종보고서 템플렛 제작 및 가이드 제공

  [부록 자료 7 참고]

- 프로젝트별 피드백 제공
- ZOOM을 활용한 성과공유회 운영
- 활동별 만족도 조사 후 개선점 적용

Ⅳ GLOBAL HAPPINNOVATOR PROJECT 활용 툴 및 양식

서울대학교와 함께 진행한 2020 Global Happinnovator Project 는 동일한 문제 상황(코로나19)을 경험하는 3개국 청년이 세계 시민으로서 느끼는 공통점과 각 국가의 시민으로서 느끼는 차이점을 같은 차원에 두고 면밀히 비교해 보는 소중한 기회였다. '동시대성'과 '온택트(On-tact)'의 힘을 체험했다는 점에서 의미 있는 시도이기도 하다.

글로벌 활동이 전면 차단되고 대면의 기회가 철저히 막힌 와중에 효과적인 소통과 온택트 진행을 위해 활용한 비대면 툴(tool)은 다음과 같다.

노션(NOTION): 기록, 저장, 메모 등이 가능한 올인원 워크스페이스. 2020 Global Happinnovator Project의 메인 툴로 이용했다. 팀원 정보 및 전반적인 스케줄을 항목화하고, 각 일정별 개인 과제 제출, 전체 프로젝트 운용에 활용했다. 노션을 통해 과제 및 자료를 아카이빙하고 회의록 및 활동보고서를 기록하고 공유했다. [부록 자료 8 참고]

잔디(JANDI): 채팅/파일공유 기능을 갖춘 협업 메신저. 2020 Global Happinnovator Project 참여자와 운영국인 SK 행복나눔재단의 소통에 활용했다. 프로젝트 활동 팀원 간 소통뿐 아니라 한국·중국·베트남 3개국과 운영사무국 사이의 글로벌한 소통이 가능했다. 프로젝트 운영과 관련된 내용 공지, 파일 전달 외에 일상적인 안부 확인부터 개별 피드백 등 전문적인 소통까지 가능했다. [부록 자료 9 참고]

줌(ZOOM): 화상회의 플랫폼. 정기적인 워크숍, 최종 성과보고회 등 한국·중국·베트남에 있는 모든 인원이 동시에 한 공간에 모여 의사소통할 때 활용했다. Check-in Workshop, Interim Workshop, Monthly Experts and Peer Mentoring, Sharing Project's Result Event 모두 줌

으로 진행했다. [부록 자료 10 참고]

구글 클래스룸(GOOGLE CLASSROOM) & **구글독스**(GOOGLE DOCS): 구글이 제공하는 온라인 교육 플랫폼 & 웹 기반 문서 작성·공유 툴. Monthly Mentoring 강연을 전달하고, 과제 등 자료를 취합하는 데 활용했다. [부록 자료 11 참고]

SK SUNNY X SNU 프로젝트 개요와 활동 과정

2020 SK SUNNY
Global Happinnovator Project
with Korea, China and Vietnam

Application Guidelines

Subject   Citizen-led Response to COVID-19

Specific Subject   Select one subject that you would like to participate in below

❶ Solution to the problem of care and education
in the midst of discontinuity of the children's education

❷ Solution to the problem of increasing use of disposable products
and trash problems in the city
(Alternatively, solution to environmental problems of university campus)

❸ Solution to the problem of mental stress and social connection

* Solution: various citizen-led campaigns and projects, best practices, policy suggestions,
which often take the form of multi-stakeholder collaboration with the local government

Recruitment Target	- Students who are **willing to study and solve a social issue** in COVID-19 with Korean, Chinese and Vietnamese students
	- Students who are **able to communicate in English fluently** for a cooperation project with Korean, Chinese and Vietnamese students (need to be good at speaking, listening, writing, and reading)

Submission Document	Research Assignment (PPT file)
	* Using this assignment, there will be presentation section by team at check-in workshop(10/6)

Activities	- Education about specific subjects
	- Cooperation project among SUNNY Korea, China and Vietnam
	- Final presentation about cooperation project`s result (in 2020 Jan)

Period	2020.10 ~ 2021.01

Schedule

1 **Check-in Workshop (10/6)**
- Presentation of research assignment by teams.
- Education about COVID-19 situation and specific subjects
- Team building with Korean, Chinses, Vietnamese students

2 **Interim Workshop (10/27)**
- Presentation of cooperation project`s processing plan

3 **Monthly experts and peer mentoring (Nov ~ Dec)**
* Specific schedule will be different by teams.

4 **Final Presentation (in Jan)**
* Detailed schedule will be announced soon

Benefit

✓ 300 USD for a collaboration project
✓ Collaboration opportunity with youths interested in similar social issue in COVID-19
✓ Expects mentoring to develop projects
✓ Certificate of Happinnovator from the SK Happiness Foundation
✓ Support opportunity for follow-up projects

Notification

- All of activities will be conducted **online and in English**

SK SUNNY GLOBAL HAPPINNOVATOR PROJECT :
Citizen-Led Response to Covid-19
<Research Assignment>

Team Name

Team Leader	
Team Member	

2020 SK SUNNY Global Happinnovator Project with Korea, China and Vietnam

SUNNY
SK 대학생 자원봉사단

01 Research on a subject

※ **After checking contents, please delete this box.**

- Please select and leave one subject
- Before selecting the subject, we encourage you to read a all of supplementary materials to understand each subject.

Select one subject that you are concerned abo

1. *Solution to the problem of care and education in the midst of discontinuity of the children's education

[Supplementary materials for understanding a subject]

1) COVID-19 and student learning in the United States: The hurt could last a lifetime

https://mck.co/3c6GmNn

2) Closing schools for covid-19 does lifelong harm and widens inequality

https://econ.st/3hE8Y1N

2. Solution to the problem of increasing use of disposable products and trash problems in the city

(Alternatively, solution to environmental problems of university campus.)

[Supplementary materials for understanding a subject]

1) Sea of troubles Covid-19 has led to a pandemic of plastic pollution

https://econ.st/3hFxNu4

2) Plastic waste surges as coronavirus prompts restaurants to use more disposable packaging

https://cnb.cx/3c8yMSz

3. Solution to the problem of mental stress and social connection

[Supplementary materials for understanding a subject]

1) How to reduce the mental trauma of covid-19

https://econ.st/2FP0zLx

2) Closing schools for covid-19 does lifelong harm and widens inequality

https://econ.st/32DBVGY

*Solution: various citizen-led campaigns and projects, best practices, policy suggestions, which often take the form of multi-stakeholder collaboration
    with the local government.

01 Research on a subject

Understand the problem situation through rese

1. Problem Situation
   - Related content
   - Related content

2. Problem Situation
   - Related content
   - Related content

3. Problem Situation
   - Related content
   - Related content

4.

02 Problem Analysis

Understand the persons concerned about problem situation

1. Who are the persons concerned?

2. What is the problem that the persons concerned raise?

3. What is the way that the persons concerned attempt to solve the problem?

4. What is the unresolved issues?

02 Problem Analysis

Study a domestic government or a local government about problem situation (such as a policy, good/bad cases)

02 Problem Analysis

Study similar cases in domestic or foreign problem situation.

02 Problem Analysis

※ After checking contents, please delete this box.

- Please select one problem situation
  and list up specific problems and basic causes

Problem Situation

---

03 Problem Definition

What is the specific problem you would like to solve?

What is the main cause for the problem?

Who is the main target to solve the problem?

What is the final goal that you want to achieve with problem solving?

SK SUNNY X SNU CSIER GLOBAL HAPPINNOVATOR PROJECT :
Citizen-Led Response to Covid-19

CHECK-IN WORKSHOP (Oct 6)
TEAM BUILDING

\<TEAM NAME\>

Team Leader	
Team Member	

[Self Introduction]

(1min. per person)

- Name, Nationality, etc.

- Nickname (to be called by members)

- What you want to learn from this project

- Words you want to say

[Ground Rule Setting] (10 min.)

> ※ **You can add or delete the details.**
> After setting ground rules,
> please delete this box.

General Meeting (Video Conference)	- Meeting period and method : - Date and time of the first meeting : (※There will be Notion User Guide, except Oct 7~11) - Meeting agenda pre-sharing schedule : - Rules of speaking : - Meeting Note and Activity Report upload deadline :
File Upload & Feedback	**[Compulsory]** - Share links and upload files to *Notion Archive* - Activity Photo & Video upload rule : **[Team Rule]** - -
Etc.	- TEAM NAME : -

[Ground Rule Setting] (10 min.)

Must do	- - - -
Must not	- - - -
Roles of Each Country	- Leader : - Additional required roles : - Treasurer : - Scribe :

[Ground Rule Setting] (Example)

※ You can add or delete the details.
After setting ground rules,
please delete example slides.

General Meeting (Video Conference)	- Meeting period and method : <u>Twice a week (Tuesday, Saturday) by Zoom</u> - Date and time of the first meeting : <u>Oct 9th, 17:00 (GMT+9)</u> - Meeting agenda pre-sharing schedule : <u>At least 3 hours before the meeting</u> - Rules of speaking : - Meeting Note and Activity Report upload deadline : <u>Within 24 hours</u>
File Upload & Feedback	**[Compulsory]** - Share links to *Notion Archive* - Activity Photo & Video upload rule : <u>Upload files within 24 hours after activity</u> **[Team Rule]** - <u>Communicate through WeChat</u>
Etc.	- TEAM NAME : - <u>Communicate with the office through the team leader</u>

[Ground Rule Setting] (Example)

※ You can add or delete the details.
After setting ground rules,
please delete example slides.

Must do	- <u>Read the agenda in advance and organize your thoughts</u> - <u>Join the video conference 5 minutes earlier to check your camera and audio</u> - <u>Concentrate on the meeting to spend time productively</u> - <u>Participate actively and all members speak at least once</u>
Must not	- <u>Attend late or absent the meeting without a word</u> - <u>Don't pay attention during the meeting</u>
Roles of Each Country	- Leader : - Additional required roles : - Treasurer : - Scribe :

INTERIM WORKSHOP

Interim Workshop

PROBLEM DEFINITION

What is the specific problem that you would like to solve?

- 리스트

What is the main cause for the problem?

- 리스트

Who is the main target to solve to problem?

- 리스트

GOAL

Please define goal based on desired results or direction

- 리스트

OBJECTIVE

Please define objective based on specific action to achieve the goal

- 리스트
- 리스트

PROJECT STRATEGY

Please establish project strategy to achieve the goal

- 리스트
- 리스트

DETAILED ACTION PLAN

COOPERATION ORGANIZATION

Please introduce an organization that you are hoping to cooperate briefly

Name
- 리스트

Introduction
- 리스트

EXPECTED PERFORMANCE

Please describe expected performance and the way to measure it

Quantitative performance
- 리스트
- 리스트

Qualitative performance
- 리스트
- 리스트

BUDGET BILL

↗ **BUDGET BILL**

Aa Section	☰ Details	☰ Basis of Calculation	☰ SUM(USD)	↗ Tag
				🗋 EC-UP_Kor
				🗋 EC-UP_Kor
				🗋 EC-UP_Kor
				🗋 EC-UP_Kor
				🗋 EC-UP_Kor

Aa Section	☰ Details	☰ Basis of Calculation	☰ SUM(USD)	↗ Tag
				🗋 EC-UP_Chn
				🗋 EC-UP_Chn
				🗋 EC-UP_Chn
				🗋 EC-UP_Chn
				🗋 EC-UP_Chn

Aa Section	☰ Details	☰ Basis of Calculation	☰ SUM(USD)	↗ Tag
				🗋 EC-UP_Viet
				🗋 EC-UP_Viet
				🗋 EC-UP_Viet
				🗋 EC-UP_Viet
				🗋 EC-UP_Viet
				🗋 EC-UP_Viet
				🗋 EC-UP_Viet
				🗋 EC-UP_Viet
				🗋 EC-UP_Viet

PRESENTATION FILE

Please make presentation materials as PPT format including above contents
and **attache the file at ARCHIVE** for 10/29 interim workshop presentation.

(※ File should be uploaded until 10/25)

Advisory Group

Seoul National University	Professor	Jeanyung Chey
		Bong-Joo Lee
		Sun-Jin Yun

Mentor / Lecturer

Korea University	Professor	Sujin Song
Enuma	CEO	Sooinn Lee
Todak Todak Association	CEO	Younghee Lee
Jalnoneun	CEO	Miseong Mun
Magazine SSSSL	CEO	Min-ji Bae
CSES	Senior Researcher	Sunghoon Park
SUNNY Korea Office	Manager	Wooseok Jeong
Peking University Sixth Hospital	Chief Doctor	Hui Wang
Howbottle	Manager	Supa
BottleDream	Manager	Jiajun Li
Live&Learn	Director	Do Van Nguyet
Kidtopi	Co-founder	Le Hong Tam
The Forest Vietnam	Country Director	Nguyen Thanh Tam
BasicNeeds	Country Director	Nguyen Thanh Tam
	Program Officer	Nguyen Van Manh

자료 6   **MONTHLY MENTORING 진행 화면**

자료 6-1   **11월 Monthly Mentoring_Team Environment 3개국 전원**

자료 6-2   **12월 Monthly Mentoring_Team Childcare_한국팀**

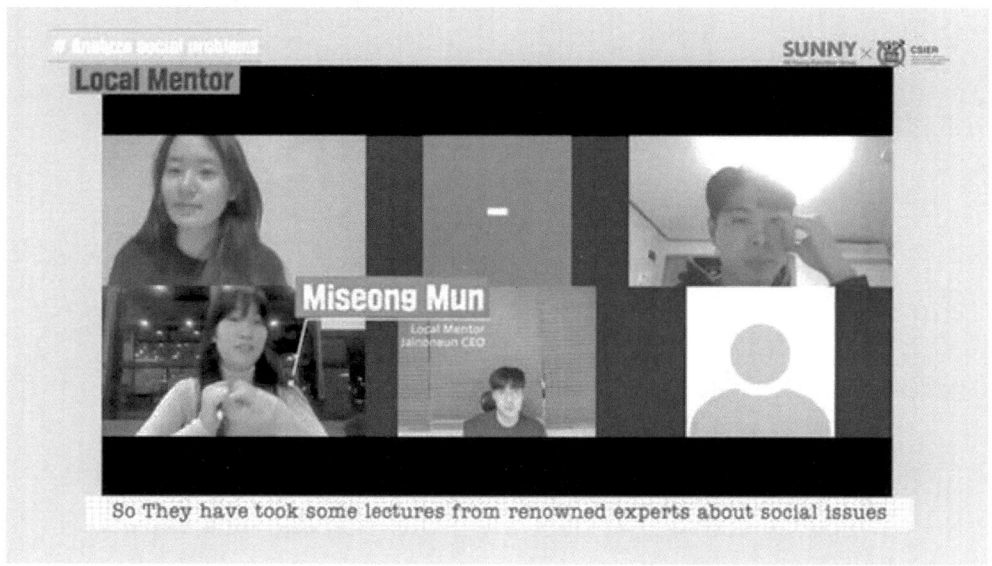

\<Final Report Form\>

No.	Section	Way to conduct	Contents
PART 1	Problem Definition	[By each country] Definition	The specific problem that you aim to solve
			The reason that you chose the problem
			The main cause for the problem
		[By each country] Research	Specific cases or analysis data about the social problem
			1) Desk research
			2) Field research
			Current state and feature about the problem
			1) Social current state and feature
			2) Cultural current state and feature
			3) Institutional current state and feature
			Examples about civic-led activity to try to solve the problem
			1) Governmental examples
			2) Nongovernmental examples
		Highlights for ♀ Nov Mentoring ♀ [With 3 countries] Discussion	Similarities or differences about the problem state among 3 countries
			1) The reason of similarities or differences
			2) Evidence to prove objectivity about the reason
Part 2	Solution	[By each country] Definition	Goal of the project
			Main target of the project
			Detailed contents of project
		[By each country] Activity	Introduction of cooperation organization (If it exists)
			Weekly plan and implementation
			Performance (Quantitative or Qualitative)
		Highlights for ♀ Dec Mentoring ♀ [With 3 countries] Discussion	If there are differences about goal of the project
			1) The reason of differences
			2) Evidence to prove objectivity about the reason
			If there are differences about main target of the project
			1) The reason of differences
			2) Evidence to prove objectivity about the reasson
			If there are differences about detailed of the project
			1) The reason of differences
			2) Evidence to prove objectivity about the reason
Part 3	Impression/ Thoughts	[By individuals] Activity	Individual impression and thought that you feel through this program.

Social Connection

TEAM NAME

Corona Blue Team

TEAM MEMBER

↗ **INTRODUCTION of MEMBER**

Ae Name(Nick Name)	⬦ Project	⬦ Nation	☰ Point of Contact	☰ Role
⬚ 2	Social Connection	China		Leader
	Social Connection	China		Scribe
	Social Connection	China		Scribe
	Social Connection	Korea		Leader
	Social Connection	Korea		Treasurer
	Social Connection	Korea		Scribe
	Social Connection	Vietnam		Treasurer
	Social Connection	Vietnam		Leader
	Social Connection	Vietnam		Scribe

ARCHIVE

Please upload **necessary files (Research Assignment, Ground Rule, Project Plan(for 11/1), Final Outcome)**.
Also, Please upload all materials and outcomes here.
After uploading original file here, make a relation with "file" cell in each database.

↗ ARCHIVE

◎ Project	≡ Category	↗ Tag	≗ Name	⦿ File	↗ Related to M...	↗ Related to TASK ...
Social Connection	Research Assignment	Corona Blue_Kor	Research Assignment_Kor	Researc...		
Social Connection	Research Assignment	Corona Blue_Chn	Research Assignment_Chn	Researc...		
Social Connection	Research Assignment	Corona Blue_Viet	Research Assignment_Viet	Researc...		
Social Connection	Ground Rule	Corona Blue	Team building_Corona Blue	Team Bu...		
Social Connection	Activity Materials		Activity Photo_1			
Social Connection	Activity Outcomes		Activity Outcome_1			
Social Connection	Activity Materials	Corona Blue	Activity Photo_2	Welcom...	Meeting Note(n	Notion Education
Social Connection	Activity Outcomes		Meeting Notes(K+C+V)_2nd week	10.18 Zo...		
Social Connection	Activity Outcomes		Meeting Notes(Korea)_2nd week	10.18 Zo...		
Social Connection	Activity Materials		Meeting Photo(K+C+V)_2nd week			
Social Connection	Activity Materials		Meeting Photo(Korea)_2nd week			
Social Connection	Activity Materials		Meeting Photo(K+C+V)_1st week			
Social Connection	Activity Materials		Meeting Note(Korea)_1st Week	10.2 me...		
Social Connection	Activity Materials		Meeting Note(K+C+V)_3rd week	10.24 K...		
Social Connection	Activity Outcomes	P	Interim Workshop Presentation File	Corona ...	Interim Worksh	
Social Connection	Activity Outcomes	P	Interim Workshop Presentation Fil	Corona ...	Interim Worksh	
Social Connection	Activity Materials		Meeting Note(K+C+V)_6th week	SK한중...	Meeting Note(K	
Social Connection	Additional Research		Interview Notes(Korea)	Apgujeo...		
Social Connection	Meeting notes		Meeting Note(K+C+V)_Nov Mentorin	Discussi...	Meeting Note (I	
Social Connection	Meeting notes		Mentor Meeting Notes(Korea -with To	Mentor ...	Mentor Meeting	
Social Connection	Activity Materials		Emotion Diary & Plant Kit production			
Social Connection			Korean team's activity video			

ACTIVITY RECORDS

↗ MEETING NOTE & ACTIVITY REPORT

≗ Name	◎ Project	↗ Team	▦ Date	◎ Week	↗ File
Meeting Note(K+C+V)_2nd Week	Social Connection		2020년 10월 18일	Oct 2nd Week	
(Activity Report) 1st Week_1	Social Connection	Corona Blue	2020년 10월 7일	Oct 1st Week	
(Meeting Note) 1st Week_1	Social Connection	Corona Blue	2020년 10월 9일	Oct 1st Week	
Meeting Note(notion education)_2nd Week	Social Connection	Corona Blue	2020년 10월 18일	Oct 2nd Week	Activity Photo_2
Meeting Note(Korea)_2nd Week	Social Connection		2020년 10월 18일	Oct 2nd Week	
Meeting Note(K+C+V)_1st week	Social Connection		2020년 10월 11일	Oct 1st Week	
Meeting Note(Korea)_1st Week	Social Connection		2020년 10월 2일	Oct 1st Week	
meeting note(China)_3rd Week	Social Connection		2020년 10월 24일	Oct 3rd Week	
Meeting Note(K+C+V)_3rd Week	Social Connection		2020년 10월 24일	Oct 3rd Week	
Meeting Note (Viet)_Oct 4th Week	Social Connection		2020년 10월 27일	Oct 4th week	
Interim Workshop Presentation	Social Connection		2020년 10월 29일	Oct 4th week	Interim Workshop Present:
Meeting Note(K+C+V)	Social Connection		2020년 11월 15일	Nov 2nd Week	Meeting Note(K+C+V)_6th
Meeting Note (Vietnam)_Nov 3rd Week	Social Connection	Corona Blue	2020년 11월 17일 오전	Nov 3rd Week	
Meeting Note (K+C+V)_Nov Mentoring	Social Connection	Corona Blue_	2020년 12월 4일		Meeting Note(K+C+V)_No
Meeting Note (Vietnam)_Dec 2nd Week	Social Connection	Corona Blue_	2020년 12월 7일	Dec 2nd Week	
Mentor Meeting (Korea)_Dec 3rd Week	Social Connection		2020년 12월 20일	Dec 3rd Week	Mentor Meeting Notes(Ko
Meeting Note (Vietnam)_Dec 3rd Week	Social Connection	Corona Blue_	2020년 12월 21일	Dec 3rd Week	[Online Meeting] E.P_ALL_I
Meeting Note (Vietnam)_Dec 5nd Week	Social Connection	Corona Blue_	2020년 12월 29일	Dec 5nd Week	
Meeting Note (Vietnam)_Dec 4nd Week	Social Connection	Corona Blue_	2020년 12월 26일	Dec 4th Week	

ACTIVITY MANAGEMENT

↗ TASK MANAGEMENT 田 표 보기 ∨

⚙ Status	≣ Name	⚙ Project	↗ Team	🗓 Date	↗ Activity Reco...	↗ File
Doing	Research for Prc	Social Connection	📄 Corona Blu	2020년 10월 6'	📄 (Activity Report	
To-do	Meeting for Pro	Social Connection	📄 Corona Blu	2020년 10월 9'	📄 (Meeting Note)	
Done	Notion Educatio	Social Connection	📄 Corona Blu	2020년 10월 1ε	📄 Meeting Note(r	📄 Activity Photo_2

PROJECT PLAN

☑ Interim Workshop

FINAL PRESENTATION

(To Be Announced on 11/1)

자료 9   잔디 사용 화면

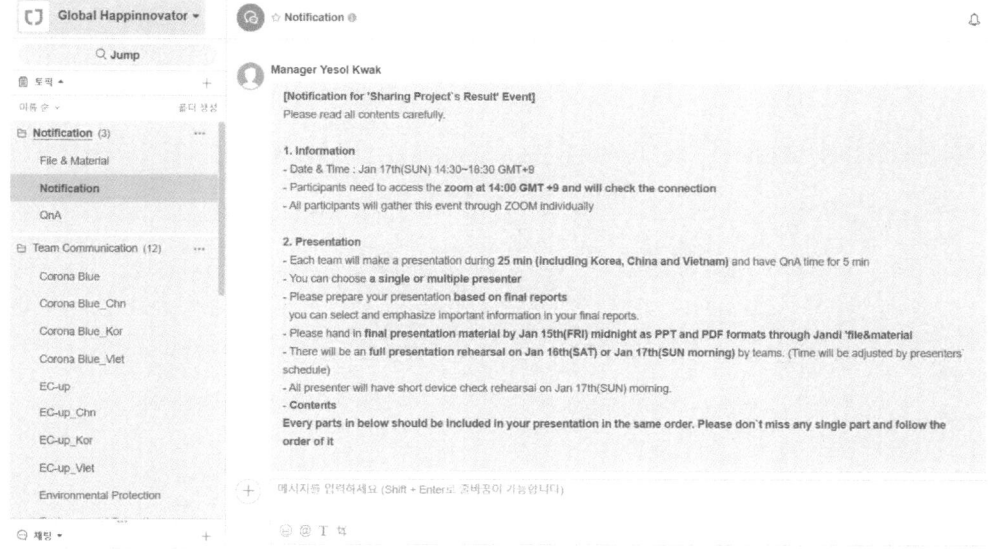

자료 10   줌 중계 현장

줌(ZOOM)을 활용해 진행한 Sharing Project's Result Event 장면

≡   Global Happinnovator_Corona Blue

[Lecture Video] November Monthly Mentoring Lectures

⋮

써니SKSunny · 2020. 11. 28. (2020. 11. 28.에 수정됨)

This is November Monthly Mentoring Lectures.
After watching this video, you will work on an assignment with your global team members.
We prepared a recorded video as one of an attempt to find out the most effective way to deliver educational contents to you.
Thank you for waiting the lecture video and we will survey satisfaction of this format for lectures later.

We invited renowned on-site experts who operate NGO or social organization and can give helpful knowledge and advice to you about your project.
We hope that this lectures would be useful for you to plan and conduct your project in your countries.

<Lectures Information>
1. Nguyễn Thanh Tâm, a Country leader of BasicNeeds, from Vietnam. (Time Stamp - 00:00~30:55)
2. YoungHee Lee, a Leader and a Counselor of TodakTodak Association, from Korea. (Time Stamp - 30:55~1:29:07)
※ Because of remote recording, there is a noise issue during 47:30~54:30.
Please understand and sorry for inconvenience in advance.
There will be a subtitle, so you can understand contents in spite of the noise.

Please take this lectures with concentration, before you have a meeting with your global team members for an assignment.
And then, please leave some questions that you want to ask to lectures through the assignment.
You will get answers about your questions in writing later.

※ If you have trouble to see lecture materials through the video, you can see attached lecture materials.

YouTube 동영상	[Lecture Material]Todak Tod... PDF

[Lecture Material] BasicNee...
PDF

[Assignment] Part 1 of a final report

써니|SKSunny • 2020. 11. 28. (2020. 12. 8.에 수정됨)

기한: 2020. 12. 11.

You will work on an assignment, after watching a November Mentoring lecture video.

The assignment is a first part of a final report, so you can prepare your final report while carrying on this assignment.
After submitting this assignment, you can also edit and add your final report.
(There will be a time to prepare and hand in your completed final report.)
Therefore, you don`t need to think that you should complete Part 1 of the final report through this assignment.

The purpose of this assignment is for you to have discussion time about your projects by following a template of the assignment with global team members "especially by thinking about similarities and differences among 3 countries and reasons of them".
There is a final reports format and a guide in it as an attachment file, so please check this format in advance.
(According to this report, you will prepare your final presentation material)
Please focus on to fill in "Ⅲ.Discussion of part 1" through the meeting with your global team members.
Expect Ⅲ.Discussion part, you can have your own time to fill in other content (" Ⅰ.Definition" and "Ⅱ.Research" part) by each countries.

You already had found and thought about Part 1 contents, so you can organize resources that you found and add some resources if needed.
Please leave some questions that you want to ask to lectures through the assignment.
You will get answers about your questions in writing later.

Please fill in this assignment format by Dec 11th.

| | Final Report Format.png
이미지 | | [Assignment] Part 1 of a fina...
Google Docs |

2020 SK SUNNY ✕ SNU CSIER

GLOBAL
HAPPINNOVATOR
PROJECT WITH KOREA, CHINA AND VIETNAM
CHECK-IN WORKSHOP

2020.10.06 | **14:00-18:00** GMT+9

Where   Online ZOOM Meeting

Subject   Citizen-led Response to COVID-19

※ Please enter the ZOOM meeting room until 13:45 GMT+9

※ ZOOM Meeting URL : url.kr/a6CRdz

Time	Section	Contents	Speaker
14:00 - 14:15		Introduction of Happinovator	· SK SUNNY Office · Seoul Nationl Uni. Euiyoung Kim Prof.
14:15 - 14:45	Introduction	[Common lecture] Understanding about Social Issue in COVID-19	Korea Uni. Sujin Song Prof.
14:40 - 14:55		Q&A	
14:55 - 15:05		Online Operation Guide	SK SUNNY Office
15:05 - 15:15		Break Time	
15:15 - 15:45	Team building	Research Assignmet Presentation · 10 min per team (7 min for presentatlon, 3 min for Q&A)	
15:45 - 16:05		Team Building · Self Introduction(1m per person) · Ground Rule Setting	
16:05 - 16:15		Break Time	
16:15 - 17:45	Subject Learning	[Subject lecture] · Care & Education · Environment · Corona Blue	· Seoul National Uni. Bong-Joo Lee Prof. · Seoul National Uni. Sun-Jin Yoon Prof. · Seoul National Uni. Jeanyung Chey Prof.
17:45 -		Q&A	

Sponser  THE HAPPINESS FOUNDATION  Support

2020 SK SUNNY ✕ SNU CSIER
GLOBAL
HAPPINNOVATOR
PROJECT WITH KOREA, CHINA AND VIETNAM
INTERIM WOKRSHOP

2020.11.01 SUN | 14:45-16:50 GMT+9

Where Online ZOOM Meeting

Please enter the ZOOM meeting room until 14:30 GMT+9
ZOOM Meeting URL : url.kr/a6CRdz

Time	Contents	An Advisory Professor
14:45 - 14:50	Opening	
14:50 - 15:25	**Project Plan Presentation** **< Team EC-up >** 15 min for presentation 20 min for QnA & Feedback from peers & a professor	Seoul National Uni. Prof. Bong-Joo Lee
15:25 - 16:00	**Project Plan Presentation** **< Team Corona Blue >** 15 min for presentation 20 min for QnA & Feedback from peers & a professor	Seoul National Uni. Prof. Jean-yung Chey
16:00 - 16:35	**Project Plan Presentation** **< Team Environmental Protection >** 15 min for presentation 20 min for QnA & Feedback from peers & a professor	Seoul National Uni. Prof. Sun-Jin Yoon
16:35 - 16:50	Closing	

Sponser SK THE HAPPINESS FOUNDATION SUNNY × CSIER SK Young Volunteer Group

Support CSIE SUNNY SK 大学生志愿服务行动

2020 SK SUNNY × SNU CSIER
GLOBAL
HAPPINNOVATOR
PROJECT WITH KOREA, CHINA AND VIETNAM
SHARING PROJECT'S RESULT

2021.01.17 SUN | 14:30-18:10 GMT+9

Where   Online ZOOM Meeting

Please enter the ZOOM meeting room until 14:00 GMT+9
ZOOM Meeting URL : https://url.kr/JgLBnU

Time	Contents	Speaker
14:30 - 14:35	Opening	SK SUNNY Office
14:35 - 14:45	Project Video Screening	
14:45 - 14:50	Opening Speech	Seoul National Uni. Euiyoung Kim Prof.
14:50 - 15:15	Presentation time < Corona Blue >	Team Corona Blue
15:15 - 15:30	QnA & Feedback	Seoul National Uni. Jeanyung Chey Prof. BasicNeed Officer Nguyen Van Manh
15:30 - 15:45	Break Time	
15:45 - 16:10	Presentation time < Child Care >	Team EC-up
16:10 - 16:25	QnA & Feedback	Seoul National Uni. Bong-Joo Lee Prof.
16:25 - 16:50	Presentation time < Environment >	Team E.P
16:50 - 17:05	QnA & Feedback	Seoul National Uni. Sun-Jin Yoon Prof.
17:05 - 17:20	Break Time	
17:20 - 17:25	Closing Speech	Seoul National Uni. Euiyoung Kim Prof.
17:25 - 17:55	Impression & thoughts	Whole Participants
17:55 - 18:10	Closing	SK SUNNY Office

Sponser  THE HAPPINESS FOUNDATION  CSIER   Support

자료 13 **활동 결과 동영상**

https://youtu.be/fbShFAa7l8M